课堂教学卷

于漪全集

上海教育出版社

悉心指导,就会有心灵感应

20世纪80年代初,圆明园留影,国耻永不忘

校园就是我的家

2017年,在上海市教育博览会上给中学生讲经典阅读的价值

出版说明

《于漪全集》是基础教育领域首部特级教师的全集，也是上海教育出版社为特级教师出版的第一部全集。它的出版，对于传承、弘扬和建设新时代社会主义文化，对于以教育自信创建自信的教育具有重要意义。

《于漪全集》收录了于漪在不同时期发表于全国各类期刊和出版于多种图书的论文、讲话、序跋等作品。难免挂一漏万，故对写作时间和文章出处不一一注明，留待日后修订逐步完善。同时，对原发期刊编辑部、图书出版单位一并致谢。

全集由上海市教师学研究会组织有关教师、专家编辑。于漪的教育思想植根于教学实践，是理论与实践的有机融合和生动阐述。有时一材多用，是为了从不同角度阐释相关问题，为读者呈现丰富的不同历史阶段的思考成果。

全集以"一辈子学做教师"为线索，根据文章内容，共分8卷21册，从基础教育、语文教育、课堂教学、阅读教学、写作教学、教师成长、序言书信、教育人生八个方面多维度展现于漪来自教育第一线的理论研究成果，力求树立当代教育家的典型形象。

目录

教学论述文章56篇

把语文课上得实惠一些,朴实一些	3
议论文教学点滴	8
要重视外国文学作品的教学	
——从日本的国语教材想起的	11
记叙文教材初探	13
伟大战士的那颗伟大的心	
——《七根火柴》的教学设计	19
谈谈课堂设计	30
随笔三则	37
备课笔记	
——读《香山红叶》	42
从上好一堂课想起	48
假如我教"诗八首"	51
也谈启发式	60
心中要有共产主义旗帜飘扬	64
愿你的语言"粘"住学生	
——浅谈教学语言	74
谈谈说明文教学中比较法的运用	80
一步一陟一回顾	88
有迹可寻	
——朗读教学一法	96

文言文教学不能以偏概全	98
口头训练好处多	104
"虫",要早捉,勤捉	108
识质与雕塑	111
响鼓更须重锤敲	117
课堂教学的节奏与容量	120
笔锋奇峭,感情深沉	
——《范爱农》教学设想	131
《闻一多先生的说和做》教学浅探	137
寓艺术魅力于事物说明之中	
——浅谈《花儿为什么这样红》《晋祠》	143
拂面清风催我醒	149
要教出散文的韵致	152
课堂教学二题	157
情思横溢,繁而有序	
——《依依惜别的深情》简析	161
镌刻	168
教师语言要有吸引力	171
教师语言内在素质浅探	174
优化课堂教学发挥语文的多功能作用	
——在苏浙沪闽百校语文教学研究会第十届年会上的发言	182
交流与沟通	188
美文教学答问	
——关于《难老泉》《海燕》《我的空中楼阁》	190
导学生入艺术佳境	
——《听潮》《闻一多先生的说和做》《第二次考试》教学思考	202

酣畅淋漓，激情澎湃
　——《少年中国说》教学谈　210
叩击学生思维的门扉
　——《说"疑"》教学管见　216
改弦更张　因树为屋
　——第二次教《事事关心》　222
如鱼饮水，冷暖自知
　——谈谈怎样写"教后"　227
让课堂充满生命活力　232
关键在有所发现、善于发现　241
让课堂精彩起来　253
课要追求"三动"的境界　266
点评是手段　目的是提高　279
珍视教学语言的价值　283
正确规范是底线　288
清晰动听易入耳　292
情真意切增温暖　296
启发思考激智慧　300
生动幽默添情趣　304
闪耀教学语言的光辉　308
每一节课都会影响学生的生命质量　312
还是要循循善诱　315
课堂教学琐议
　——以语文学科为例　319
学科教学须坚持育人为本　335

教学论述文章 56 篇

把语文课上得实惠一些，朴实一些[1]

要提高教学质量，必须减轻学生负担，改进教学方法。近来，我在改进语文教学方面也做了一些尝试，现在谈谈我的一些体会和做法。

一、要读懂教材，了解学生，有的放矢，不能凭主观设想进行教学

过去我在教学上存在的主要毛病是：想在一篇课文里解决许许多多问题，只要是自己备课时钻研到的东西，就一股脑儿地教给学生，备多少教多少，不管学生需要不需要。认为讲得越多，学生学得越好；讲得越细，学生理解得越深。因此文章不管难易，篇篇磨碎了讲，一词一句，不通过自己的嘴讲出来就不放心。有学生反映：有些课文自己看倒好懂，老师讲了以后，觉得课文变深，反而不懂了，不知道究竟怎么学才好。听到这样的话，心里很不好受，于是寻找原因，逐渐认识到自己这样做的确是胡子眉毛一把抓，不分轻重主次，把一篇完整的课文弄得支离破碎，难怪学生会感到困难重重，不知从何下手了。

---

[1] 本文发表于《上海教育》1964年第5期。1964年2月13日，全国教育工作座谈会在人民大会堂召开，主题是减负。毛泽东主席在会上发表重要讲话，指出："学生要有娱乐、游泳、打球、课外自由阅读的时间。"随后，全国推广北京、上海一些中小学减负教学经验。本文正是这类经验文章，"实惠一些，朴实一些"的提法，是作者后来"强主干，去枝叶"提法的先声。

面对存在的问题，我重新学习了《改造我们的学习》，学习了教学大纲，认识到凭主观设想进行教学的危害性，于是在下面两个方面作了改进：

1. 读懂教材，拿稳手中的"矢"。根据"文道统一"的精神钻研教材，明确每一篇教材的目的和基本要求，决定讲解的取舍详略。凡突出文章主线的词句段落就着重讲解，关系不大的就略讲，有些只一笔带过，那些脱离教材、加油加醋的东西坚决不讲，努力做到剪除枝蔓，突出重点，不平均使用力量。

2. 了解学生，摸清"的"的具体情况。处处做有心人，经常分析学生的各种练习，了解他们的读写水平，并有意识地参加他们的活动，听他们讲话，看他们写的东西，了解他们看书时遇到的问题，研究他们的学习方法。摸清"的"的具体情况，就能以此为依据，决定讲解的取舍详略，手中的"矢"才不会虚发。

读懂教材，了解学生实际，就能明确教学目的要求，纠正主观设想的错误，克服平均使用力量的毛病。现在每上一堂课，都努力做到心中有数——这个"数"就是教材实际和学生实际，都注意紧扣目的要求，摒弃一切烦琐的讲解。

拿《包身工》这篇文章来说，过去讲的内容有：时代背景、作者生平、报告文学特点、记叙、描写、议论、比喻、反语、借代、词句段落和中心思想等。讲"游说"这个词，就扯到春秋战国；讲"拿摩温"，就说到它的原文怎么写。五花八门，犹如大杂烩，文章真正要解决的问题却被淹没了。可是当时自以为讲的都是必要的知识，都必须塞给学生，至于哪些部分学生懂，哪些部分学生不懂，哪些该讲，哪些不该讲，就很少考虑了。课上讲得累死，课后又布置大量作业给学生做，结果却没有达到目的要求。这学期根据"文道统一"的精神，认真钻研教材，才认识到过去自己并没有真正读懂教材，并没有真正懂得作者的写作意图。这篇文章的主线非常明确,它深刻地揭露了帝国主义及其帮凶压迫、剥削中国工人的罪恶。这次讲的内容就紧紧地扣住了这一点,把作者生平、报告文学特点以及反语、借代、比喻等修辞知识一律舍弃不讲,词句段落也有所选择,不是什么都抓住不放。如文章一开始就揭露了工房里两种人之间的严重不平等,因此第一段文字就着重讲。又如"所以,除了'带工'老板、老板娘、他们的家族亲戚,和那穿拷绸衣服的同一职务的打杂、'请愿警'之外,这工房区域的墙圈里面,住着二千左右专替别人制造衣料而自己衣服破烂的'猪猡'"这个句子,深刻地揭露了阶级对立和阶级剥削的残酷,因此就启发学生思考,点明句子的含义。"游说"这个词,学生不理解,我只就文中的含义解释一下,不引申发挥;"芦柴棒""猪猡""机器",学生字面上理解,但其中深重的阶级压迫与阶级剥削不易领会,我就引导学生去思考体会,而不讲什么借代。记叙、说明、议论的写法只紧扣文章的脉络点拨一下,不节外生枝。有些字如"舀""栅""辊"等学生不认识,要教;文中的数字、事例是否真实,有些学生不明确,就强调一下。这样教,课时比以前减少了两个,课后并未布置作业,学生学了以后反映:"原来自己读时只知大意,经过老师有重点地讲解,我们认识了生字,懂了难的词句,理解了结构,对课文中揭露的阶级压迫和剥削也体会得比较深了。"学生对课文的理解,后来在作文中也有所反映。

在教学实践中我体会到:要提高课堂教学质量,绝不能"闭塞眼睛捉麻雀",要胸中有书,目中有人。

二、要注意启发引导,放手让学生实践,不能迷信自己的讲解,独占课堂教学时间

过去上课时,我不是认真指导学生读教科书,引导他们理解和掌握

知识,而是迷信自己的讲解,认为只要自己讲得系统、完整、生动,学生就一定能理解得透,掌握得牢固。因此就"满堂灌""唱独角戏",剥夺了学生思考和练习的机会,唯恐学生读得疙疙瘩瘩,回答问题啰啰唆唆,"侵占"自己讲的时间。这样教的结果如何呢?用一个学生的话来说:"老师的课很好'听',老师'讲'得很好,就是我们自己讲不来,读不来。"这句话道破了我教课的病根,即不从实际效果出发,忽视调动学生学习的主动性,忽视实践的重要作用,说得严重一些,就是无实事求是之意,有哗众取宠之心。

现在我改变了这种不讲实效的形式主义的做法,努力把课上得实惠些,朴素些。具体来说,我是这样做的:

1. 让学生打有准备的仗。一般地说,在教新课之前先指导学生看书,提出要注意的问题,让学生心中有底;学生在看书的过程中又会发现问题,提出问题,这样带着问题听讲、学习,就可以积极思维,打主动仗。比如教《包身工》这篇课文,共用了三个课时,第一课时就是指导学生阅读课文,提出阅读要求,鼓励他们提问题。学生反映:先看了一两遍再听讲,当然比不看就听讲理解得更清楚,记得更牢固。

2. 让学生有充分练习的机会。深入到学生中去,就可以知道绝大部分学生都是愿意读读、说说、写写、想想的,问题在自己过去教学中包办代替,使学生渐渐养成了依赖的心理,因而对读、说、写都有顾虑,怕人家笑话,不敢大胆练,特别是这些方面比较差的学生顾虑更多。因此备课时就仔细考虑,哪些内容较深,要由教师讲解;哪些只要稍经指点,学生就能理解;哪些部分可以让学生独立讲解。比如《劝学》的三段文字,第 1 段中的几个难句由教师讲解,第 2 段较易,放手让学生看、读、讲,第 3 段只要教师指点一下,学生就能翻译。从学生的实际能力出发进行练习,学生的主动性就可以得到调动。学生练习中有点滴进步,我就及时鼓励,并提出新的要求,这样,他们就逐渐树立了练的信心,学得更主动了。

3. 学生练的时候,尽可能给予具体的指导。如果只让学生练,不进行具体指导,就会影响练的效果,影响学生练的主动性。自己在学生练习之前先练,体会甘苦,摸索方法,然后具体指导学生练,可以收到较好的效果。比如要学生背书,自己就先背,体会困难所在,然后提醒学生,要他们注意,再让他们当堂读,自己又根据不同学生的实际情况进行指导,学生在课内读得比较熟,有的课文在课内就能基本达到熟读成诵的程度,他们在课后也有兴趣去读,花的时间也不多了。

议论文教学点滴

议论文是晓之以理的文章,教学时不仅要让学生懂得怎样提出问题、分析问题、解决问题,怎样运用准确、明白的语言进行逻辑论证,而且要通过语言因素的教学,有的放矢地对学生进行正确的思想观点的教育,使学生在思想观点和语言文字运用两个方面都得到收益。为此,要注意:

一、抓主要观点统率教材,突出重点

课堂教学中讲解的少而精,不能停留在数量上的加加减减,如果只从数量上增减,就会出现这个词舍不得丢,那个句子舍不得放的情况。其实,要做到少而精,必须抓住教材中的主要观点,主要观点抓牢了,次要问题就迎刃而解,教师举一,学生能反三。

《民族的科学的大众的文化》是毛主席著作,每个段落都包含着深刻的道理。究竟抓哪一点来教呢?这篇著作论述的问题很多,要解决的问题很多,如中外文化关系,对待外国文化的态度,古今文化的关系,文化为工农大众服务,文字必须改革,语言必须接近民众,等等。初看,觉得这些都很重要,都要教。深入钻研教材,就可以体会到不应孤立地、静止地看问题,因为上述所有问题都受一个观点的统率,即一定的文化是一定社会的政治和经济的反映,又给予伟大的影响和作用于一定的政治和经济。抓住这个基本观点,其他的问题全能贯串起来了。学生掌握了这些基本观点，就能理解中外文化关系、古今文化关系等问题。

二、调查研究，从学生实际出发进行教学

"没有调查就没有发言权"，不了解学生实际，就不可能有的放矢地进行教学。怎么调查呢？

首先，明确调查研究的目的是为了全面了解学生情况，有的放矢地进行教育，把学生培养成建设事业接班人，而不是专为了抓几个问题来上课；其次，放下架子，做学生的知心朋友，用一分为二的观点去看待学生，既要了解他们的不足之处，又要看到他们积极的方面，达到互教互学、教学相长的目的；再次，做有心人，课内课外通过谈话、发言、议论等方式了解学生的思想、学习、劳动、生活、家庭等情况，注意了解他们的认识能力。

如教《民族的科学的大众的文化》一文前，我了解到许多学生的思想，如：读古文有劲，特别是诗词，最好多一些；外国的东西读不懂，不高兴读；外国的东西要读一点，不读不了解情况，等等。这些想法绝大部分是平时和学生在一起了解到的，有些是上课之前有意识地找几个学生交谈知道的。我把学生的种种想法排了队，有的认识表面，有的认识片面，有的认识模糊，而这些都是由于对社会主义文化的特点缺乏正确理解，不认识革命文化对革命实践的巨大作用。于是，我就把问题分档归类，提出两个问题（对古文的态度，对外国文学的态度）启发学生思考，要求学生带着这两个问题到这篇著作中找观点，以它为指导，认识社会主义新文化的特点，解决自己对古文、对外国文学等认识问题。这个做法本身就告诉学生，正确认识客观事物要运用武器，学习这篇著作，掌握其中的基本观点，对提高思想、提高认识能力有现实意义。在培养学生的阅读能力方面也是如此。学生读《民族的科学的大众的文化》时，一读似懂，再读不懂，对每一层意思如何关联不大能领会。针对

这种情况,我就考虑先引导学生阅读全文,掌握全貌,然后重点分析第1段,阐述观点,分析结构与语言,给学生开路,启发学生认真阅读、思考。

三、加强练习,在使用中学习,讲求实效

课堂教学中不能以讲挤练,论说文教学也是如此。不能认为经典性的文章只能读,只能学,读懂了已经很好,谈不上用,谈不上学着写。其实,读书是学习,使用也是学习,而且是更重要的学习。越是好的、经典性的文章越要学,越要练,通过练真正学到手。

对练的理解不能狭隘、片面,认为动笔才是练。其实,动口、动脑也都是练;读是练,独立分析是练,观点的运用也是练。讲也好,练也好,议也好,都要讲求实效。议论必须以学生独立阅读分析为基础,否则东拉西扯,表面热闹,看上去好像很活,实际是浪费时间,收效不大。

根据这些观点,我在教《民族的科学的大众的文化》时,作了如下安排:共三课时,前两课时着重阅读、思考,后一课时着重写作。在讲读的过程中,第1段着重抡观点,理清论证的根据,谈论证的逻辑性,帮助学生思考、分析;接着要求学生把从第1段中学到的观点方法运用来阅读第2段,练观点的运用,练分析能力;第3段学生继续运用学到的观点思考分析。然后,议论、交流、阐述怎样运用学到的观点来解决自己认识上的实际问题。在写作过程中,要求先列提纲,再写短文,练观点的运用,练文字的表达。

议论文不能教成糊粥一盆,把观点淹没在词句的海洋中,要突出鲜明的观点,讲究严密的逻辑,对学生发挥教育作用。

要重视外国文学作品的教学[①]
——从日本的国语教材想起的

初冬,一个晴朗的上午,我们全国妇女访日友好代表团兴致勃勃地赴东京都港区御成门中学参观访问。该校是一所文部省的试验学校,师生热情地接待我们,并赠送我们一套中学教材。我怀着好奇心与求知欲,急切地打开他们的国语教材,立即被教材内容深深吸引住了:李白的《黄鹤楼送孟浩然之广陵》《静夜思》,杜甫的《春望》,白居易的《绝句》,鲁迅的《故乡》,《战国策》中的《冯谖客孟尝君》……看着看着,犹如"他乡遇故知",感到格外亲切。日本民族讲究文化教养,注意学生知识的广泛性。他们在中学阶段就向学生大力推荐各种文学作品,使学生广为涉猎。他们的中学国语教材中除选入外国作品名篇外,还有外国作品简介。附于书后的文学史年表中列举世界文学名著达 83 部之多,我国的《史记》《李太白集》《杜工部集》《白氏文集》《赤壁赋》《水浒传》《三国演义》《西游记》《狂人日记》《阿 Q 正传》,还有但丁的《神曲》、列夫·托尔斯泰的《战争与和平》等均列入其中。

这些作品对日本人来说是外国文学作品,但日本朋友很喜爱,很熟

[①] 本文发表于《语文学习》1979 年第 1 期。"文革"结束后,语文教材开始编入少量外国文学作品,但并没有真正受到教师的重视。作者本文以出访日本见闻为契机,呼吁"重视外国文学作品的教学",指出:"我们不仅要教育学生胸怀祖国,献身'四化',而且要他们放眼世界,对人类做出贡献。"

悉。交谈中,一位教师讲到唐诗时眉飞色舞,盛赞我中华民族文化之悠久、艺术之高超,另一位教师讲到《史记》《汉书》,更是推崇备至。这些文学、历史巨著成了宾主交流思想的纽带。我们从千年以来中日人民友谊的佳话谈到现在友好和平条约签订生效后的文化交流,友好情谊大为增进。

由此,我想到这样一个问题:我们中学语文教材中也有一定数量的外国文学作品,对待它们究竟应持怎样的态度。

前些年,由于林彪、"四人帮"对文化教育的疯狂摧残,许多外国文学名著被打入冷宫。教材中幸存的几篇,教师也不敢大胆教,也无法认真教。如若对它们作一些实事求是的历史的分析,说几句学习借鉴的话,就有可能挨"放毒""崇洋媚外"的大棒。无可奈何,只得把这些作品放入"略讲"或"不讲"之列。至于当今外国文学的动态,师生更是无从了解。林彪、"四人帮"为了实行其封建法西斯统治,其毒辣手段之一就是不遗余力地推行"闭关"政策,把中国人民与世界隔绝开来,妄图阻止中外经济文化的交流。

而今,阴霾驱除,蓝天丽日,一些阔别多年的外国文学作品又在语文教材中出现了。看了日本中学国语教材后,深感教学中必须对外国文学作品给予足够的重视,发挥它们的认识作用和教育作用。我们不仅要教育学生胸怀祖国,献身"四化",而且要他们放眼世界,对人类作出贡献。这就需要引导学生认识世界,了解别的国家的历史、现状、风土、人情,外国文学作品在这方面可起到一定的作用。恩格斯在《致玛·哈克奈斯》一文中就极其精辟地阐述了巴尔扎克作品的作用,他说他从巴尔扎克的《人间喜剧》中所学到的东西,"比从当时所有职业的历史学家、经济学家和统计学家那里学到的全部东西还要多"。在语文教学中指导学生认真阅读外国文学作品,可以帮助他们了解有关国家的真实面貌,获得生动的社会知识,提高认识生活的能力。

记叙文教材初探[①]

在中学各册语文课本中均编选了一定数量的记叙文,低年级的比重更大些。要提高语文教学质量,有效地对学生进行记叙文的读写训练,认真钻研记叙文教材,深刻领会其思想内容与语言文字的运用就显得十分重要。我在这方面进行了一些初步的探索。

一、理清文章脉络

记叙文是通过叙事写人来表达中心思想的一种文体,它通过事件的具体叙述教育读者,感染读者。钻研这类课文的第一步,是在通读全文的基础上明确文中所叙事件,然后抓住叙事线索,理清文章的脉络。一篇比较优秀的记叙文,不论其篇幅长短,不论其写一人一事或多人多事,阅读后要能用一两句话把它拎清楚。拎时抓住两个要点:谁?怎么样?使文章的主干在脑子里有清晰的印象。比如《一次难忘的航行》一文共写了11段文字,它的主要内容用一句话来说,就是:记叙了1946年旧政治协商会议期间,周总理从延安到重庆航行途中与困难和危险做斗争的动人情景。弄清楚文章的主干,寻找叙述的线索,就可理清全文的脉络。该文是以航行途中人与险情的矛盾为中心展开故事情节的。为什么会出现这个矛盾?文中交代了航行的原委和气候的恶劣,

---

[①] 本文发表于《上海教育》1979年第9期。

故事开始了。事件发生后,怎样发展的呢?文中描述了飞机遇险、脱险及再次遇到困难,战胜困难安全着陆的情况。航行的全过程也就是事情发生、发展乃至结局的全过程。一条线索贯串其中,十分清楚。线索抓住,全文三个部分就一目了然,即:第一部分引出此次"短暂而不平凡"的航行;第二部分交代航行原委,记叙航行经过;第三部分热情歌颂周总理的雄伟气概与崇高风格。

客观事物的情景千变万化,反映客观事物的记叙方法也多种多样,要抓住文章的线索也就不能用一成不变的方法,而要因文而异。有的可从时间的推移方面寻找,如上例所述;有的可从地点的转换方面考虑。人物的足迹,感情的变化,事物的特点等均可作为提供线索的依据,而这些又总离不开事情发生的时间和地点。比如《夜走灵官峡》就是以材料队长"我"的活动为线索,展现成渝一家投身于社会主义建设热潮的感人事迹;《荔枝蜜》就是以作者对蜜蜂感情的前后变化为线索,赞扬蜜蜂,更赞扬劳动人民酿造生活的蜜的高尚思想和忘我劳动。有的文章看来是散开的几个故事,仔细寻找一下,总有线索贯串其中,把几个故事连缀成有机的整体,表达一个中心思想,做到"形散而神不散"。如《小米的回忆》记叙了作者童年种谷、鲁迅爱谷米、周总理送谷米等三个生活片断,而且对谷子的种植历史、特性、保管、收藏均作了介绍,看来如风筝在天空荡漾,然而一线相牵,神聚意明。文章从"小米加步枪"的论述开始,从小米着笔,又从小米生发开去,以小米精神作为一条主线贯串全文,赞颂延安革命精神。有的文章线索,还有明线与暗线之分,如鲁迅先生的《药》,明线是用人血馒头医肺痨病,暗线是革命者为大众流血牺牲。两条线互映互衬,相辅相成。通读时须抓住线索,方能理清文章脉络。

二、掌握文章精髓 体会作者意图

要做到这一点,我们必须对文章的语言文字和思想内容进行琢磨、推敲、剖析,要在"深""细"上下功夫。为了集中说明问题,下面均以《药》为例。

1. 咀嚼词句,认真理解其内在的深刻含义

《药》的开头有这样一段描写:"秋天的后半夜,月亮下去了,太阳还没有出,只剩下一片乌蓝的天;除了夜游的东西,什么都睡着。华老栓忽然坐起身,擦着火柴,点上遍身油腻的灯盏,茶馆的两间屋子里,便弥满了青白的光。"这一段究竟写了些什么?为什么这样写呢?从词句入手,细细咀嚼领会,体会到这样写给人以阴森、悲凉的感觉。原来文章一落笔,不仅交代了故事发生的时间,而且渲染了悲凉阴森的气氛。分号前的句子已描绘出气氛,分号后面再加一笔,使气氛浓重。"华老栓"点明人物。"忽然坐起身",什么都睡着,为什么他坐起身?又为什么"忽然"?原来这是写他要去买"药"的焦急之状。一"睡"一"起",突出他的反常。灯盏"遍身油腻",反映主人劳动辛勤,无暇料理。"茶馆的两间屋子",点明地点。点上了灯,有了光,然而是"青白"的光,再次给人以阴冷的感觉。这种感觉不是轻微的,"弥满"一词传神地刻画出阴冷气氛的浓重,充满了、遍布了两间屋子。用"弥满",不用"弥漫",准确。"青白的光""乌蓝的天",屋内屋外,不仅气氛一致,而且相互衬托。对这段词句咀嚼后,明白了它内在的含义,明白了它交代的故事发生的时间、地点,点明了人物的境遇和心情,创造了阴森悲凉的悲剧气氛,一下子就抓住了读者的心。

2. 推敲语言文字运用的精妙和作者寄寓的思想感情

记叙文是通过人物形象的刻画和具体事物的描绘揭示真理的,在钻研这类教材时,对作者刻画人物、绘景状物的关键笔墨须精心推敲,潜心思考。《药》中有这样一节:"'喂!一手交钱,一手交货!'一个浑身黑色的人,站在老栓面前,眼光正像两把刀,刺得老栓缩小了一半。那人一只大手,向他摊着;一只手却撮着一个鲜红的馒头,那红的还是一点一点的往下滴。"寥寥数笔,精练深刻,活画出一个刽子手的残暴嘴脸。

初读,对刽子手的残忍有了初步印象,因为他手里拿着的是蘸着人血的馒头,而且以此来讹诈、骗钱。读到这里,毛骨悚然,憎恨之情涌上心头。再读,推敲作者的遣词造句,体会其写作意图。"喂!一手交钱,一手交货!"未见其人,先闻其声,这"声"纯系流氓口吻。声出而人现,这"黑色"的人,射着如刀的眼光,摊着的一只大手要钱,另一只手里是诈钱的货。"钱""货"是关键性的词语,谁的钱?什么"货"?谁的"货"?"钱""货"之间的关系怎样?反复推敲,体会到这样写,就人物说,深刻揭露刽子手的凶恶、卑劣、贪婪。杀了人,还用人血卖钱,而被杀的又是革命者。买"货"的呢?绝非残暴,只用"刺得老栓缩小了一半"的夸张一笔就托出他的善良、胆小、惊恐。人并未缩小,而是以"缩小"来揭示其内心世界。作者行文至此用了一个比喻,包孕了复杂的感情,既憎刽子手的残暴,又哀华老栓的愚昧。就情节说,华家、夏家各有自己的悲剧,而"交钱""交货"把两者连在一起,使读者不得不满腔怒火,讨伐制造悲剧的罪魁。三读,对作者语言运用的精妙有了深一层理解,如一个"滴"字就深刻绘出鲜血淋漓的情状,揭露非人间的浓黑与悲凉。通过推敲,声、光、色、形俱在耳畔眼前,文字似乎不仅仅是记录语言的符号,而且呈现出有血有肉的活生生的图像,读来受教育,受感染。

3. 分析思想内容与表现手法,弄清人、事、景的内在联系,吃准主题思想

《药》的第一部分,着重刻画了华老栓买"药"时的动作、神情和心理变化。去时焦急、爽快;刑场边的吃惊、踌躇、恐惧;回去时兴奋、激动。作者为何这样描写呢?前后连贯起来综合分析,懂得了这样写是为了集中表现这个穷苦老人受迷信思想毒害之深,愚昧麻木之可怜,愤怒控诉反动统治者愚民政策的罪恶。这一部分的景物描写与人物心情是互相衬托的。"路也愈走愈分明,天也愈走愈亮了",既点明时间,又衬托老栓兴奋的心情,因为此时此地,希望的诱惑使这悲伤的老人兴奋、激动。写"太阳也出来了;在他面前,显出一条大道,直到他家中",是进一步烘托老栓的心情,此时此刻,"仙丹灵药"已经拿到,一扫悲伤忧郁,前途光明,喜悦之情洋溢胸间。然而,这希望毕竟是泡影,仔细琢磨,就发现在衬托老栓兴奋、喜悦的同时又处处笼罩着阴影。如故事开头景物描写创造的阴森悲凉的气氛;去买"药"时"街上黑沉沉的一无所有,只有一条灰白的路,看得分明";太阳出来后怎样呢?不只是在他面前显出一条大道,"后面也照见丁字街头破匾上'古□亭□'这四个黯淡的金字"。"黑沉沉""灰白""黯淡"绘出景象的悲惨。这样写景寓意深刻,既预示老栓买"药"给儿子治病的悲剧结局,又揭示了时代背景。结合群众争看行刑时的场景描绘,暗示了夏瑜牺牲的寂寞,从而批判资产阶级旧民主主义革命脱离群众的错误。

每个部分综合分析后,再把全文各个部分内容汇集起来,找出它们之间的联系,归纳出文章的中心思想。如《药》,第一部分老栓买"药",第二部分小栓吃"药",第三部分茶客谈"药",第四部分母亲上坟,"药"救不了小栓的命。文章描写了华、夏两家的悲剧,正面描写老栓用人血馒头为儿子治痨病,结果没治好死了,侧面描写夏瑜在狱中宣传革命道理,惨遭杀害。两条线索各自独立发展,而又通过"药",一个人血馒头有机地联系在一起。从主要人物的表现与命运,从两个人死的结局中,能比较准确地体会到作者的写作意图,那就是:深刻揭露封建势力的罪恶,批判资产阶级民主革命脱离群众的错误,指出解救中国的真正的"药"是必须唤醒民众,砸碎几千年来封建阶级加在人民群众身上的精神枷锁。

三、领会文章的遣词造句、谋篇布局

钻研教材不仅要弄懂文章说了些什么,怎么说的,还要深入理解为

什么这么说,领会文章的思想意义和遣词造句,谋篇布局的匠心。仍以《药》为例说。《药》这样的主题思想,为什么要用两条线索来表现?为什么人物刻画要采用不同方法?紧扣主题思想比较分析,就领悟到这样一明一暗,一正一侧,有分有合的描写,便于表达深邃的思想,深沉的感情。如果单线写"药"不能治病,思想意义就单薄;如果夏瑜这根线也明写,如何在狱中宣传,如何赴刑场等,在有限的篇幅里不仅失之累赘,而且影响揭露的深刻。在茶馆里由茶客谈出,活画刽子手的凶残、帮凶的卑劣,哀叹群众的麻木不仁,赞颂夏瑜的革命精神,一笔收三用之效,使主题更为鲜明、突出。

就遣词造句来说,读夏母上坟时的词句似乎难以理解,"忽然见华大妈坐在地上看他,便有些踌躇,惨白的脸上,现出些羞愧的颜色;……"。为什么这儿要用"羞愧"这个词呢?儿子为革命牺牲,"羞"在哪里?"愧"在何处?不好理解啊!但扣紧主题思想琢磨,就立刻懂得了它的深刻含义和独到的用法。该词原指因做错事有所觉悟而感到羞耻惭愧,夏母不因儿子为革命献身感到光荣,反而觉得羞耻惭愧,这说明连革命者的母亲都不了解革命,除爱怜儿子外,对儿子牺牲的意义全无所知。运用这个词就入木三分地针砭了当时旧民主主义革命脱离群众,不宣传群众的严重弱点。

总之,钻研教材的过程也就是自己学习的过程。我们是当"先生"的,就有一个先受教育的任务,钻研时一定要认真踏实,勤查字典,勤思索,不放过似懂非懂的问题,更不能就文论文,或置身文外。只有学进去才能教出来,唯其深入,方能浅出,方能用准确、生动的语言表达出文章的精髓。

伟大战士的那颗伟大的心[1]
——《七根火柴》的教学设计

王愿坚同志的《七根火柴》是一篇感人肺腑的短篇小说。1958年在《人民文学》上发表之后，我曾一遍一遍地读。每读一次，感情的潮水总要冲出闸门，纵横奔流。艰苦的革命岁月，恶劣的草地气候，光彩夺目的红军战士形象，在心中留下了永恒的记忆。"十年浩劫"期间，尽管它被加上种种罪名，横加批判，可我常常思念它。特别自己遭受雪欺霜打之时，无名战士的高大形象总在眼前升腾、闪现，他给我以力量，使我懂得任凭环境怎样艰险，也要无限忠诚于党的事业。粉碎"四人帮"后，革命传统教育恢复，我怀着对革命烈士的无比崇敬，把这篇文章选入我校自编的初一《语文阅读教材》。通过讲读分析，再现革命的艰苦岁月，再现无名战士的英雄形象，既激励自己在新长征途中迈开坚实有力的步伐，又以烈士闪光的高尚思想感染学生。

现在的中学生对中华人民共和国的缔造的艰苦了解甚少，对战争年代革命烈士、革命前辈为国家民族利益前赴后继英勇斗争的思想与事迹也知之有限。从学生这一实际出发，根据这篇文章的主题，我把"了解红军过草地的艰难困苦，学习红军战士对党的事业无限忠诚的崇高品质"作为教这篇课文的第一个目的要求。

---

[1] 本文发表于《语文教学通讯》1980年第8期。

这篇文章在环境描写、情节结构、人物形象塑造等方面均具特色，抓特征描写景物，以景托人的方法，学生在《春》《我们把春天吵醒了》《夜走灵官峡》等课文中学过。该文结构上的巧妙安排，学生基本上未接触过。学生读过一些浅显的记叙文，了解一般的叙事记人的方法，往往误以为作者笔墨用得多的就是文中的主人公，对该文的以卢进勇为线索，紧扣七根火柴，开展故事情节，不容易一下子理解。至于截取人物性格历史的一段，通过外貌、语言、动作及细节的描绘来刻画形象，学生也接触甚少。基于这些情况，我制订了教学的第二个目的要求，即：理解本文结构情节的特点，学习截取人物性格历史的一段来刻画人物的方法。环境描写的有关知识只在教学中引导学生加以运用就行，不再列为教学的目的要求。

这篇文章有巨大的感染力，加强朗读，可以使学生受到文中高尚的人、高尚的思想感情的教育与感染，于是，我就把这定为教学的第三个目的要求。

为了引导学生准确地理解文章主题，在脑海里清晰地留下无名战士高大的形象，我将人物的刻画作为教学的重点。情节结构上巧妙安排，不仅是该文的一个特点，而且难度较大，过去又未向初一学生讲授过这方面的知识，故而作为难点处理。

教学目的要求的制订，教学重点、难点的确定建筑在对教材思想内容与表现方法深入钻研的基础之上，建筑在对所教对象的思想实际、语文知识与能力实际的了解与分析的基础之上，而又纳入教学大纲规定的分年要求之中。离开了大纲规定的分年要求，离开了教材与学生的实际，教学目的就会或失之于高，或失之于浅，或失之于空，或失之于杂，或者是一般化，没有个性没有特色。确定了切合实际的教学目的，教师上课方向就明，教学内容的组合就有准绳可依，教学活动的安排就可纳入特定的轨道。

当然，教学目的要求恰当，并不等于就能上好课，因为它只是备好课的第一步。要实现教学目的要求，达到预期的教学效果，还须花费相当心血，认真而周密地作一番课堂设计。在教《七根火柴》时，我曾作了如下考虑。

一、造成悬念，吸引学生注意力，启发他们的学习兴趣

兴趣是获取知识的动力，注意力集中是掌握知识、培养能力必不可少的前提。从这个认识出发，围绕教学目的要求，我着力在两个问题上造成悬念，于课的起始阶段就把学生注意力吸牢，集中到课文学习上来。一在"火柴"上造成悬念，二在"主人公"身上造成悬念。

第一个悬念我采取单刀直入的方法，抛出问题，促使学生进入课文，寻求解答。我设计了这样一段话："火柴在生活中可以说天天用到，看起来是那么微不足道。但是，你们可曾想过，在革命艰苦的年代里，在红军行经荒无人烟的草地时，就是这小小的火柴，发出过多少光？放射出多少热？它具有怎样的价值和意义？我们学的这篇课文，作者就是紧紧扣住火柴，给我们描述了一个动人心弦的故事，谱写了一曲感人肺腑的悲壮赞歌。你们将会看到在这一曲悲壮的赞歌中，火柴起着怎样重要的作用。"就在学生思维进入兴奋状态之时，我立即提出第二个问题，造成又一个悬念，再次激起学生心海的浪花。我采取了先端出矛盾，再挑明最易混淆之点的办法，启发学生认真学习课文，领悟其中的道理。这就是：在学生预习的基础上，先询问"这篇文章的主人公是谁"，端出矛盾，摆出分歧，不含含糊糊。在学生发表不同意见的基础上（估计学生可能有三种意见——主人公是卢进勇，是"那个同志"，是"卢进勇和那个同志"）。教师肯定其中的一种，并立即启发学生思考："为什么主人公是无名战士？既然是无名战士，为什么作者又花费那么多笔墨来写卢进勇？"挑明了容易混淆的疑难之处，以引起学生重视，促进

积极思维。

扣住文章主题,就疑难之点设计只问而不急于回答的问题,把它悬在学生脑中,引导学生顺着解决问题的途径去细读课文,理解课文。学生兴趣浓厚,学习积极性得到调动。

二、层层解决,步步拎清,降低难点的难度

该文情节结构的安排是教学中的难点,怎样教才能使学生真正理解呢?脱离课文凭空讲述,学生丈二和尚摸不着头脑;集中在某一个情节讲,难度既大,又不易有完整的印象。于是,我琢磨着这样处理:顺课文之势,拉紧卢进勇这条线索,一层一层地理清卢进勇与无名战士之间的关系,最后水到渠成地归纳出正确的答案。

具体做法是:学习课文第一部分(第1~7段)时,请学生思考:"主人公是在怎样的环境里出现的?他怎样被引到读者面前来的?"让学生明白主人公在艰苦荒凉的环境里出现,被引到读者面前,是由于卢进勇"蓦地听到一声低低的叫声"。在这部分情节中,卢进勇起的是"引出"主人公的作用。学习第二部分(第8~21段)时,引导学生弄清楚主人公的形貌是通过卢进勇的"看"展现在读者眼前的,卢进勇的"想",卢进勇的"说"都是起衬托作用的,衬托主人公崇高的思想品质。学习最后一部分时,启发学生弄懂尽管主人公不再出现,但卢进勇完成的正是主人公的"嘱托",走的正是主人公未走完的路,写卢进勇仍然为的是突出无名战士,突出无名战士牺牲的全部意义。

着眼于步步拎清,层层解决,学生就能比较具体地理解这样的结论:作者以卢进勇为故事线索,花费很多笔墨写卢进勇,并非着力刻画他的形象,而是为了能在二千字的短小篇幅里集中描绘无名战士内心世界最闪射光芒的一刹那,塑造使读者永铭心头的典型形象。作者结构上作如此巧妙的安排,笔墨功夫深厚,匠心独具。经过这样先分后总

的分析，难点也就不难了。

三、抓住语言、动作的描绘，剖析渲染，叩击学生心扉，掀起感情的波澜

无名战士形象十分感人，思想情操十分高尚，怎样把这些传送到学生心田，给他们以强烈的感染，滋润他们茁壮地成长呢？我的设计是：

剖析关键的词句，深刻揭示无名战士优美的精神世界。如：剖析一"推"一"摇"一"指"，揭示无名战士在生命垂危之际盼望同志的到来，不是为了自己的生命，不是为了自己活下去，而是另有希望，另有嘱托，颂扬他忘我的闪光思想，坚强的革命意志，使学生受到教育。

抓住扣人心弦的场景，渲染生发，努力在学生脑中形成鲜明的形象。嘱托、牺牲、丰碑，连续不断的感人场景把情节一步步推向高潮，把感情一浪浪推向高峰。首先，我运用文中描绘的"抖抖索索的手""红红的火柴头""朱红的印章"，启发学生展开想象，脑中构成火焰跳动的形象。以"焦干"与"湿漉漉"对照，以"身子底下贮满了一汪浑浊的污水"衬托，用饱含感情的语言叩击学生心扉："这哪里是火柴？分明是一个红军战士对党的事业无限忠诚的红心啊！红红的火柴头，朱红的印章，放在一只抖抖索索的手里，犹如一簇跳动的火焰，升起在无边的草地，划过阴沉沉的天空，横扫荒凉肃杀之气，给人以光明、温暖和力量。"其次，运用反复朗读，以无名战士留给人间的最后的话——"记住，这，这是，大家的！""好！好同志……你……你把它带给……"，以无名战士离开人世的最后动作——"用尽所有的力气举起手来，直指着正北方向"，进一步叩击学生的心扉，既使他们理解无名战士之所以能忍受难以形容的痛苦与折磨的思想动力，又激发他们对烈士崇敬的感情。再次，大

力渲染第 21 段描写的悲壮场面。指导学生表情朗读,渲染气氛,拨动心弦;引导学生运用学过的《人民英雄永垂不朽》中有关的知识,《生命的意义》中保尔的名言丰富自己的感受;抓住文字上"模糊"与"清晰"的矛盾,深入阐发塑造形象的独特效果——犹如在舞台上,背景逐步逐步暗下来,灯光最后集中在一只手上,分外清晰。"模糊"与"清晰"同时运用,既表现卢进勇失去战友的无限悲痛,又给无名战士高擎的手再加上一个特写镜头。两者交织在一起,伴随着整个草地的哭泣,为顶天立地的英雄唱哀歌,唱赞歌。

着力于运用鲜明的形象激起学生思想感情的波澜,矗立在茫茫草地上的烈士丰碑就会移到学生的心上。

文中的重点词语要重锤敲打,用溅出的火花照亮学生的心灵。

四、运用课外阵地,巩固课内学习成果,培养学生独立分析的能力

学习新知识往往不能一次完成,要使学生切实掌握,须采取巩固的措施,引导他们在运用中加深理解。

《七根火柴》教后,我布置学生课外阅读王愿坚同志写的《草》(见附文),独立分析,回答以下问题:① 文章讲述了怎样一个故事?主人公是谁?以谁为线索?怎样结构情节的?② 学习"感受伟大战士的那颗伟大的心"分析人物形象的方法分析《草》对主人公的刻画。③ 读文前摘引(一位藏族同志指着当年红军走过的草地,说:就在这里,在奶粉厂旁边,我们要建一座糖厂。这里是最甜的地方。)就文章内容说明为什么"这里是最甜的地方"。④ 说说"等你们长大了,就会想起这些草,懂得这些草;就会看到:我们正是因为吃草吃得强大了,吃得胜利了!"一句在文中的作用及深刻含义。

附

草

王愿坚

——一位藏族同志指着当年红军走过的草地,说:就在这里,在奶粉厂旁边,我们要建一座糖厂。这里是最甜的地方。

二班长杨光从昏迷中醒过来的时候,天已经放亮了。他欠起身子,四下里打量着、回想着,好半天才弄明白:自己是躺在湿漉漉的草地里。

昨天,也就是过草地的第四天,快要宿营的时候,连长把他叫了去,要他们班到右前方一个小高地上,担任警戒。他们赶到了指定地点,看好哨位,搭好帐篷,已经黑上来了。就是他,动手去解决吃饭的问题。他提着把刺刀,围着山丘转了半天,才找到了一小把水芹菜和牛耳大黄。正发愁呢,忽然看到小溪边上有一丛野菜,颜色青翠,叶子肥嫩。他兴冲冲地砍了一捆拿回来,倒进那半截"美孚"油桶里,煮了满满一锅。

谁知道,问题就发生在这些野菜上了:换第三班岗的时间还不到,哨兵就捂着肚子回来,把他叫醒了。他起来一看,班里同志们有的口吐白沫,有的肚子痛得满地打滚,有的舌头都僵了。倒是他和党小组长因为吃得不多,症状还轻些。于是两人分工,一个留下警戒和照顾同志们,一个向上级报告。就这样,他摸黑冲进了烂草地。开始是跑,然后是走,最后体力实在支持不住了,就在地上爬。爬着,爬着,不知什么时候昏过去了。

当一切都回想起来了以后,他的心像火燎一样焦灼了。他用步枪支撑着,挣扎着站起来,踉踉跄跄地走上了一个山包。

这时,太阳冒红了,浓烟似的雾气正在消散。他观察着,计算着,判断着方位。看来,离开班哨位置已经是十里开外了,可是看不到连、营部队宿营地的影子。显然是夜里慌乱中迷失了方向。不行,得赶快找部队去,救同志们的生命要紧呵!

他正要举步,忽然薄雾里传来了人声。人声渐渐近了,人影也显现出来,是一支小队伍。走在前面的是几个徒手的军人,后面是一副担架。

他急忙迎上几步,看得更清楚了:前面一个人的挎包上还有一个红色的十字。

"好,同志们有救了!"他狂喜地喊道。跑是没有力气了。他索性把枪往怀里一抱,就地横倒身躯,沿着山坡滚下山去。

就在他滚到山包下停住的时候,正好赶在了那支小队伍的前头。

人群和担架都停下了。背红十字挎包的人飞步跑来,弯腰扶起他,关切地问道:"你怎么啦?"

杨光定了定神,把事情讲了讲。末了,他紧紧抓住了那人的挎包,恳求地:"医生同志,快去吧!晚了,人就没救啦!"

医生看看背后的担架,又看看杨光,为难地摇摇头:"同志,我们还有紧急任务!"

"什么任务能比救人还要紧?"

医生指着担架:"我们也是要救人哪!"

杨光这才看清楚,担架上躺着一个人。一床灰色的旧棉毯严严地盖在上面。

"那边的同志很危险!"杨光焦急地叫起来。他伸开手拦住了路口,大声地:"你不去,我就不放你走!"话一下子僵住了。

担架响了一声,毯子动了一下。

医生有点愠怒地看了杨光一眼:"你这个同志,有话不会小点声说?你知道吗?这是……"他压低了声音,说出了那个全军都敬爱的人的名字,然后解释地说道:"他病得很厉害哪,昨天开了一夜的会,刚才又发起高烧,人都昏迷了。"

"什么,周副主席?"杨光立时惊住了。对于这位敬爱的首长,杨光不但知道,还曾亲眼看见过。在遵义战役之前,这位首长曾经亲自到他们团作过战斗动员。在部队开上去围攻会理的时候,连队在路边休息,他也曾亲眼看见周副主席和敬爱的毛主席、朱总司令一道,跟战士们亲切交谈。可是,现在竟然病倒在草地上。而他,却在首长赶去卫生部救治的路上,拦住了他的担架……他惶惑地望着担架,一时竟不知如何是好了。

就在这时毯子被掀开了,周副主席缓慢地欠起了身,朝着杨光招了招手。

杨光不安地走过去。他深情地注视着那张熟悉的脸,却不由得大吃一惊:由于疾病的折磨,这位敬爱的首长面容变化多大呵!他觉得心头像刀在搅,眼睛一阵酸涩,竟然连敬礼也忘了。

周副主席显然刚从昏迷中醒来。他费了好大劲,才把身躯往担架边上移开了些,然后,拉住杨光的衣角,把他拽到担架空出的半边坐下来。

靠着警卫员的扶持,周副主席在担架上半坐起来。他慢慢抚摸着杨光那湿漉漉的衣服,又摸摸杨光的额头,亲切地说道:"这么说,你们是吃了有毒的野菜?"

"是"。杨光点了点头。

"那种野菜是什么样子呢?"

"这就是"。杨光从怀里掏出一棵野菜。为了便于医生救治,他临走时带上了它。

周副主席接过野菜,仔细端详着。野菜有些蔫巴了,但样子可以看得出来;有点像野蒜苗,一层暗红色的薄皮包着白色的根根,上面挑着四片互生的叶子。看着,不知是由于疲累还是怎的,他倚在警卫员的肩头,仰起了头,眼里浮上了异常的严肃的神情。

杨光担心地看着周副主席,他弄不明白:首长为什么对这棵野菜这么关心。他刚想劝首长休息,周副主席又问了:"这野菜,多半是长在什么地方呢?"

杨光想了想:"在背阴靠水的地方。"

"味道呢?还记得吗?"

杨光摇了摇头。因为是煮熟了吃的,没有尝过。

周副主席又举起那棵野菜看了看,慢慢地把它放进嘴里。医生惊呼着扑过来,野菜已经被咬下了一点。

周副主席那干裂的嘴唇闭住了,浓密的胡须不停地抖动着,一双浓眉渐渐皱紧了。嚼了一阵,吐掉了残渣,把那棵野菜还给杨光,嘱咐道:"你记着,刚进嘴的时候,有点涩,越嚼越苦。"

杨光又点了点头,周副主席把声音提高了些,用命令的语气讲话了。他的命令是非常明确的:要医生马上按杨光指出的方向,去救治中了毒的战士们。他又要担架抬上杨光,用最快的速度赶到总部去报告。他的命令又是十分具体的:他要求总部根据杨光他们的经验,马上给部队下发一个切勿食用有毒野菜的通报。在通报上,要画上有毒野菜的图形,加上详细的说明,而且,最好附上标本。

一个年轻的卫生员,还在听到谈论有毒野菜的时候,就在路旁打开了挎包,把满满一挎包沿路采来的野菜倒出来,一棵棵翻拣、检查着。这会,听到了首长下达的命令,惊慌地叫起来:"那……你呢?"

"你们扶我走一会儿嘛!"周副主席微笑着伸出了一个指头,又摊开了手掌,"看,是一个多呢还是五个或者上万个多呢?"

谁也想不出更好的做法了。而争辩是没有用的。一时,全部默不作声了。只有晨风吹过荒漠的草地,撕掠着青草,发出索索的声响。

卫生员抽噎了两声,突然抓起一把野菜,光火地:"都是蒋介石这卖国贼,逼着我们走草地,逼得我们吃草!"

"吃草。嗯,说得好啊!"周副主席严肃地点了点头,"革命斗争,需要我们吃草,我们就去吃它。而且,我们还要好好总结经验,把草吃得好一些!"

"应该感谢他们,感谢这些阶级兄弟用生命和健康为全军换来了经验。也要记住这些草!"稍稍喘息了一下,他又说下去,不过,话却温和多了,语气里透着深深的感情:"等你们长大了,就会想起这些草,懂得这些草;就会看到:我们正是因为吃草吃得强大了,吃得胜利了!"

这些话,从那瘦弱的身躯里,从那干裂的嘴唇里发出来,又慢,又轻,可是,它却像沉雷一样隆隆地滚过草地,滚过红军战士的胸膛。

杨光激动地听着。就在这一霎,他看到了伟大战士的那颗伟大的心。顿时,他觉得自己变得强大了,有力了,这力量足足能一气走出草地。他向着敬爱的周副主席深情地举手敬礼,然后,那紧握着野菜的手猛地一挥,转身向总部所在的方向跑去。

医生向卫生员嘱咐了句什么,也紧抓着那个红十字挎包,向另一个方向跑去。

周副主席望着两个人渐渐远去的背影,耳边传来警卫员的话音。话是对着小卫生员说的:"……看你说的,为革命嘛,我们吃的是草,流的是血,可我们比那些花天酒地的阶级敌人高尚得多,也强大得多呀!……"

周副主席那浓浓的胡须绽开来,宽慰地笑了。他笑得那么爽朗,那么开心。自从患病以来,他还是头一次笑得这么痛快。

(摘自《人民文学》1977 年第 8 期)

谈谈课堂设计[1]

我们遇到过这样的情况：一出戏，同样的剧情，同样的布景，同样的演员，由于导演不同，演出的效果大不一样。上课不是演戏，然而，从演戏中却能受到有益的启发。要提高课堂教学质量，在有限的45分钟内让学生主动获得知识，发展智力，教师绝不能满足于对教材的一般理解，满足于写一般化的教案，而是要像富有经验的导演那样，课前对教材、对学生的特点认真研究，对教学方法、教学步骤做一番精心设计，对教学中的重点、难点巧作安排。这样才能切实废除烦冗、呆板的讲解，使学生学有兴趣，学有所得。

怎样设计，怎样安排呢？在教学实践中我体会到以下几个方面甚为重要。

一、牢牢吸引学生的注意力

学生的注意力能否集中是课能不能上好的重要条件。在教学环节的安排上，无论对旧知识的巩固、加深，还是对新知识的讲析，均要作周密的思考，使教学内容宛如磁石吸铁一样，把学生的注意力牢牢吸住，引导他们眼看、耳听、口说、手写、心想，发挥学习的积极性与主动性。

比如在教《记金华的两个岩洞》这篇课文时，我对"导入新课"这个

---

[1] 本文发表于《语文学习》1980年第11期。

环节作了如下的设计：一上课就转身在黑板上写一道填空题："如（　）其（　），如（　）其（　），如（　）其（　）"。我估计学生能很有把握地填出"如（见）其（人）""如（闻）其（声）"，而填第三个词时会碰到困难。就在学生集中思想，寻求答案的当儿，我顺手拈出"如历其境"一词，然后就势引入新课："今天我们学一篇使读者如历其境的好文章——《记金华的两个岩洞》。"我以简略的介绍激发他们学习的兴趣："作者叶圣陶，又名叶绍钧。他的作品风格朴素自然，语言凝练精致，有'优秀的语言艺术家'之称。他以优美的语言，具体生动地描述了游览金华两个岩洞的见闻，使人如历其境，心向往之，得到美的享受。今天，我们就请叶老先生为向导，随着他观赏两个岩洞的风光。"学生全神贯注，一下子就进入了特定的教学活动的轨道。

学生在课的起始阶段聚精会神，不等于中途就不松弦。要使他们注意力集中，还得把握教学内容的内在逻辑性，环环紧扣，有起伏、有节奏地进行教学活动。仍以《记金华的两个岩洞》为例，在激起学生学习兴趣之后，我分四层设计了若干问题，引导他们认真读书，思考回答。

1. 既然游览两个岩洞，为何要提朝真洞？又为何要交代不去朝真洞的原因？

2. 由金华城到双龙洞一路上你见到哪些景物？描绘这些景物时主要运用了怎样的写法？

3. 双龙洞是怎样的结构？你认为洞中最神奇之处是什么？文中着力描绘其什么特点？怎么描绘的？

4. 冰壶洞的瀑布最大的特点是什么？文中从哪些角度来描写的？为什么要从不同的角度写？

每个层次重点突出，而层次与层次之间注意有机的过渡。比如学生细读课文，理解了提朝真洞的原因，理解了"泉流"是贯串全文的线索后，立刻促使他们弄清沿途景物。我用的过渡句是："让我们随着作者游览的足迹去观赏沿途风光。"当学生品味这部分内容，颇感景色美妙时，我趁热加温说："沿途景色已如此佳妙，双龙洞、冰壶洞又该是怎样的奇观呢？"当学生思考、争议、领略双龙洞的奇观后，我趁势往下推："双龙洞景色奇特，那么冰壶洞呢？"课前设计注意一环扣一环，一环一环往前推，学生的积极性就可不断得到调动，学起来兴味盎然。课结束时有些学生兴味未尽，大为惋惜地说："太快了，还没游览够。"有个调皮学生开玩笑地说："可惜是在纸上看，是'梦游'，只是如历其境。"有些学生认真地说"将来我们自己去"，七嘴八舌，课堂气氛十分活跃。

二、抓住关键重锤敲

上课忌平铺直叙，平均使用力量。即使是有吸引力的内容，如果45分钟都是一个调子，像流水般的淌、淌、淌，学生也会感到乏味。要力戒此病，必须抓住关键用重锤敲，使课堂节奏板眼分明，给学生留下难以忘却的印象。何谓关键？就教材来说，是"牵一发而动全身"的词、句、段；就学生来说抓住这个节骨眼，就能把分散的、零碎的知识穿起来，收举一而反三的效果。比如设计《茶花赋》的课堂教学时，我抓住了"心都醉了"的"醉"这个传神之笔，引导学生反复理解。为了讲透这个"醉"，我用了"前呼后拥"的方法。在"醉"出现之前，先扣紧词句帮助学生理清作者在异国他乡思念祖国的感情线索，然后用感情上的"低谷"——"就搁下这桩心思"的"搁"来呼唤感情上的高峰"醉"的出现；在剖析作者收藏起来的奔腾感情时，运用学生的旧知识——背诵《题西林壁》《望庐山瀑布》《饮湖上初晴后雨》等诗，大力渲染铺垫，让祖国山河的无限风光在学生胸中激荡，水到渠成地呼出了"醉"字。这就是"前呼"，紧接着用重锤敲它在文中的含义，指出："'醉'是文中传神之笔。二月的南疆，花红水绿，春意盎然，作者离开了畸形发展的资本主义国家，一踏上了春光明媚的社会主义国土，就像喝了葡萄美酒一样，感到甜美、欣喜、兴奋和陶醉。'醉'是个平常的字眼,用在这儿,却倾注了作者对祖国的满腔热情满腔爱。在异国他乡的思念,归国的喜悦,旅途中的急切,踏上国土的激动等感情均由此得到表现。"继学生初步理解体会"醉"字的妙用之后,再用"后拥"的办法,要求他们琢磨"醉"字引出怎样一个优美的意境,又是怎样在气势上牵动全篇的。

当然,重锤敲并不是意味着教师必须作大段的讲解,或花相当多的教学时间,只要吃准关键,抓住要领,即使三言两语也可收到成效。比如教《卖油翁》一文,我曾设计在讲解"乃取一葫芦置于地,以钱覆其口,徐以杓酌油沥之,自钱孔入,而钱不湿"句子时,出示一铜钱,借助这个教具推敲"沥"的含义,把"沥"与"灌""倒"等词作比较,启发学生体会"沥"用在此处的精当。

三、激起学生思想上的波澜

"学而不思则罔。"设计课堂教学时一定要着眼于学生的"思",有意识、有计划地采用多种方法激起学生思想上的波澜,促进他们开动脑筋,使思维处于积极状态。怎样激起他们思想上的波澜呢?

捉住矛盾,才能调动学生思考的积极性。如法国都德写的《最后一课》,学生预习理解肤浅,我一上课就单刀直入地向他们提出这样一个问题:"《最后一课》的主人公究竟是谁?是韩麦尔先生,还是小弗朗士?如果是前者,根据何在?是后者,根据又何在?"学生兴趣来了,有的说"韩麦尔先生",有的说"小弗朗士",有的说两个人都是。于是,辩论,读书,再辩论,再读书,在读与辩的过程中,掌握了情节,明确了主人公,理解了主题,抓住了关键词语。再如《记一辆纺车》一文,构思比较巧妙,段落的安排很有讲究,若平推过去,学生只觉得是浮过的光,掠过的影,收获不大。我的课堂设计则作了一番相应的处理:学生学完第1段后,紧接着就引导他们学第3、4两段,然后问学生:"既然3、4两段已从纺车的重要作用说明'深切的怀念'的原因,为何还要写第2段?不写行不行?写,起什么作用?"矛盾一挑起,学生就饶有兴趣地仔细推敲起来。

增加一定的难度,调动学生思考的积极性。学生是有知识储备的,教师对这一点必须有充分的估计。要促使学生的思维进入兴奋状态,可设计一定难度的问题供他们积极思维。如教《秋风萧瑟》一文时,我提出了这样的问题:文章用大量笔墨写游览长城的情景,与"秋风萧瑟"有什么关系呢?又为什么要用它来作题目呢?这个问题牵涉到文章的主题、构思、线索,对初中二年级学生来说,不是一下子能解答清楚的。开始,他们极肤浅地认为以此为题是点明游览长城的季节,随即就发现作者引用曹孟德的"秋风萧瑟,洪波涌起"的诗句绝非偶然,截取"秋风萧瑟"的诗句为题,是为了点出游长城的缘由。后来又觉得这样理解还没分析到点子上。于是继续挖掘,从贯串全文的线索,从课文谈古论今的内容,从结尾引用的毛主席诗句,从作者的写作意图等方面探讨研究,理解就有了深度。学生的求知欲得到了满足,学习积极性高涨。

值得注意的是,这个"难"要适度,如果让学生觉得是丈二和尚摸不着头脑,那就"过犹不及"了。

经常注意调动学生"仓库"里的旧知识,也是激起他们思想上的波澜的一种方法。哪怕是一个词,一个句子,只要有意识地设计,就可收到调动学生积极思维的效果。《春》中有"小草儿也青得逼你的眼"的句子,我抓住了"逼",要学生运用学过的诗句恰当地表达出这个生动的字眼的含义,学生积极地到"仓库"里搜寻、思考、辨别,终于找出了"两山排闼送青来"的诗句,甚为得意地回答了问题。

四、创造机会,让学生发挥聪明才智

中国画布局很讲究留白,如果画得满满的,往往给人窒息的感觉。上课也有同样道理,教师不能从头包到底,以讲代学,而是要给学生留余地,尤其要积极创造机会,让学生发挥聪明才智。

学生质疑是好时机,不可放过。比如准备《珍珠赋》一文的教学时,我估计到学生不明白"芙蓉花开的日子"是什么季节,会提出这个问题,也估计到必然会有学生查字典来解答,而查了字典仍有疑义。这个问题弄明白,有助于理解文章"下笔带彩"的写法。于是我决定抓住这一点,让学生自己来"做文章"。果真,学生提出来了,一个学生问:"字典上说芙蓉有两种,木芙蓉和水芙蓉,它们开花季节不同,本文究竟指哪一种?指什么季节?""你们说呢?"我未作解答,只反问一句。有的学生立刻回答:"木芙蓉,二三月份。"我追问根据何在,他理直气壮地说从电影《早春二月》中看到的。另一学生发表不同意见,说是"水芙蓉",并立即引用了杨万里的"毕竟西湖六月中,风光不与四时同。接天莲叶无穷碧,映日荷花别样红"的诗句加以证明,并断定"芙蓉花开的日子"是指六七月份。另一学生表示又同意又不同意,同意作"水芙蓉"解,不同意判断为"六七月份",接着就引述课文中的有关语句分析,证明是金色的秋天,秋收季节,……学生你一言,我一语,思维活跃,各显身手,课堂气氛热烈。进行这项活动时,教师如果急于解答,学生的才智就无从施展了。

有意识地组织评论,是发挥学生聪明才智的好方法。在课堂教学的适当时候,抓住课文中的某些段落、某些词句、某些问题组织学生评长道短,论是说非,常会出现"神来之笔"。比如当学生对《珍珠赋》的思想内容与写作特色有所掌握时,我就大胆采取了"放"的做法。学生思想上的闸门一打开,种种看法奔涌而出,不仅在语言上咬文嚼字,辨微析毫,而且涉及对内容、结构、文风的探讨。有的学生直言不讳地说:建设洞庭,与大寨有什么相干?为什么几次三番硬把大寨拉扯进去?有的学生说:结尾的"每一颗珍珠""每一颗珍珠",句子是多余的,犯了画蛇添足的毛病。有的学生认为不仅是什么画蛇添足,而是帮八股的流毒。有的学生立即指出：这是1972年写的，文章不可能没有这种反映。有的学生马上诙谐地说：这是历史局限，怎能苛求？这样开展评论，辨别是非，学生施展才能，学得深入，学得牢固。当然，这种评论并不局限在课文范围，学生的习作，学生对问题的解答，教师的讲述内容和教学用语皆可评头品足，只要扣紧教学目的，恰当安排就行。

进行课堂教学的设计切不可求助于冥思苦想，耍弄花样，而是要切实做到从教材的实际与学生的实际出发，对每篇教材的个性要看得准，吃得透，对学生的知识储备、能力发展要不断了解，多加研究。离开了教材和学生的实际，妄谈这样那样的方法，不过是洪教头的棍棒，故弄玄虚，哗众取宠，其结果定然毫无成效。

随笔三则[①]

"弓　足"

《木兰诗》上了两节课,学生兴趣盎然,口诵心惟,十分喜爱。我为学生学习的积极性所感染,课结束时,情不自禁地表扬了他们。谁知,小唐在座位上嘀咕开了:"写得倒蛮好,不过是假的,吹牛。"话音刚落,教室里开了锅,七嘴八舌,都冲着我来了:"同行十二年,不知木兰是女郎,根本不可能。""'十二年',这么长的时间同生活同打仗,怎么会认不出是女的呢?""不说别的,一洗脚就露馅,小脚怎么藏得住?"……在一片喧嚷声中我说了一句:"南北朝时妇女还不缠脚。"课堂上霎时安静下来。约莫几秒钟光景,小陶首先站起来一本正经地问:"那么,中国妇女什么时候开始包小脚的?"其他同学顿时活跃起来,说:"是啊,哪个朝代啊?"我被问蒙了。备课哪会备到包小脚这个问题呢?课后查阅了好些书,在赵翼的《陔余丛考》中查到了"弓足",方知一般地说,妇女弓足起于五代,"李后主令宫嫔窅娘以帛绕脚,令纤小作新月状,由是人皆效之"。

其实,何止是弓足一事?类似这种情况常有发生。教《我们把春天吵醒了》一文时,学生问"为什么叫'春幡',不叫'春旗'?'幡'和'旗'有

[①] 本文发表于《沈阳师范学院学报(哲学社会科学版)》1981年第2期。80年代初期,各种参考资料极少,许多疑难问题都需要教师自身去探索。《随笔三则》中谈及的"弓足"等知识,就是作者在教学中遇到的几个很具体的知识问题。

何区别";教《谁是最可爱的人》一文时,学生问"志愿军思念祖国而又不愿回来,是因为朝鲜还半边红半边黑,现在还是半边红半边黑,怎么又回来啦"。凡此种种,不胜枚举。即使是名家名篇,他们也同样咀嚼、推敲、评论、质疑。总之,在教学过程中,小脑袋里的问题层出不穷,他们追根穷源,打破砂锅问到底,希望从教师那儿获得满意的解答。

教然后知困。由于时代在前进,社会在进步,学生思想活跃,视野广阔,想得宽,想得深,也想得杂,涉及的问题五花八门,常常超出教师的估计,这就大大增添了教者"困"的程度。"知困"远远不够,更重要的是解"困"。怎样才能解"困"呢?怎样才能在有限的课堂教学时间内,正确而及时地解答学生提出的各种各样的问题呢?关键在于自己必须开拓备课的广阔天地,下双倍、三倍,甚至更多倍的功夫。狭窄的溪流经不起小雨的灌注,汪洋大海才能容纳千江万河。自己知识浅薄,满足不了学生旺盛的求知欲,只有教师自己学而不厌,才能引导学生在知识的海洋里破浪远航。

"窗户"的学问

"这个问题谁来回答?"我用目光扫视了一下教室,等待学生思考回答。意外地,我碰上了一双期待着的眼睛,尽管戴着眼镜,可它似乎在清楚地对我说:"老师,你叫我吧,我能回答。"我又惊又喜,立即点着他说:"请你试试看。"他先是脸一红,接着就站起来捧着书慢条斯理地说开了:"这一部分写骆驼祥子为生活在夏天烈日下煎熬。先总的写天热得'发了狂',地上像'下了火';再从'街上'的'柳树'、'马路'的'白光'、'便道上'的'尘土'等角度描写烈日;然后……"同学们凝神听着,有些调皮的还回转头或侧转身注视着他。

小陆能这样声音响亮地比较有条理地回答问题,不禁出乎同学意料,我也有点愕然。一年之前我接这个班级时,每堂课提问,就是这个小陆总是把头埋得低低的,有时和课桌上的书只有二三寸的距离,我捕捉不到他的视线。别的学生回答了问题,他头才慢慢地抬起来,如若目光偶然碰上了我,也总是立刻躲闪开。

眼睛,心灵的窗户。我们做教师的须精心了解,审慎研究,洞悉其中的奥秘。小陆的眼睛是双普通的眼睛,不过稍有点近视而已。在和他接触不长的时间内,这双眼睛可起了不少变化。开始,我给他们上课,他的目光时聚时散,时而恍恍惚惚。从这双眼睛中,我看到了他学习漫不经心,对语文缺乏兴趣。我很着急,多么想通过精彩的讲解,有趣的练习,把他牢牢吸引住。虽作努力,然而收效不大。打开他的作业,我更为焦虑,最常用的"吃",也错写成"吽",300多字的作文别说遣词造句,谋篇布局,单错别字就有十几个。课后我常问他懂不懂,有没有问题,他总是先点点头,再摇摇头,手朝同学肩膀上一搭,走开了,眼睛没有表情。有一次,我严肃地找他谈心,指出他上课没有真懂,提不出问题正是未开动大脑这台机器的缘故,不积极思考就不可能真正理解。起初,他目光呆滞,慢慢地,目光中增添了怀疑的神色,仿佛说"真是这样吗?""不信,你试试看。上课越认真,越能发现问题。"我鼓励他说。说起来也真怪,大概半年左右吧,不知不觉地小陆上课的目光凝聚了,集中了,稳定了。他听得入神时,不仅眼睛发亮,注视着我,甚至嘴也微微张开;我讲到关键处,若朝他一瞥,他也不再躲闪,而是报以不易觉察的会心的微笑……

眼睛,心灵的窗户,你是多么富于变化!怀疑、信赖、期望、渴求、欣喜、调皮……学问不浅啊!面对着几十扇各具特色的"窗户",我必须精细地加以观察,通过它们洞察小心灵的秘密;我要学会敏捷地捕捉它们在课堂上瞬息之间的变化,适时适量地撒播智慧的种子,开启求知的欲望,创造良机,让学生施展聪明才智。

"睛"探

早读课学《神异记》中的《画龙点睛》。学生对文中"点之即飞去"议论纷纷,有的认为张僧繇之笔乃神笔,值得羡慕;有的认为神话纯属虚构,不可相信;有的则认为须探讨的不在故事本身,而在于给人以启发,说话、办事都要摆到点子上。

学生的看法姑且不评论,对"都要摆到点子上"一说我思索再三。"摆到点子上",说说容易,做起来很难。三十几年前,自己做中学生时,就明白"画龙点睛"这个成语的含义,感到点"睛"的重要;时光流逝,今日已成为教中学生的教师,教学实践近三十载的教师,对教学中如何抓"睛"、点"睛",非但不能做到游刃有余,且常常会举棋不定,捉襟见肘。"睛"乃关键之笔,传神之笔,"点"与"不点",迥然不同。点睛之龙,破壁而飞,乘云上天;不点睛者仍留于壁。其中显然有真假之分,死活之别。这一"点",点出了要旨,赋予了生命,起了质的变化;这一"点",笔力千钧,功夫深厚。画龙需这关键的一笔,教学又何尝不是如此呢?教师既要善于"画龙",通过一篇篇范文的教学,传授语文基础知识,培养学生听、读、说、写能力,更要学会"点睛",学会准确地掌握文章精要,言简意赅地开启学生思维的门扉,以收豁然贯通,印象深刻之效。

点"睛"先要识"睛"。龙须、龙鳞、龙身、龙尾,无一不重要,然而不是"睛"。就文章而言,"睛"是精粹所在,传神之处,它通过牵一发而动全身的词句来表现。这些词句或在气势上牵动全篇,或使描绘的境界突出,或将饱含的情意挑破,或把深邃的见解点明。抓住它,通篇皆活,意味隽永,情趣横生,给教学增添色彩。王国维《人间词话》说:"'红杏枝头春意闹',着一'闹'字而境界全出;'云破月来花弄影',着一'弄'字而境界全出矣。"是识"睛"极佳的借鉴。"红杏枝头春意闹"绘出春光明媚、生意盎然,"云破月来花弄影"绘出月下花前春夜幽静恬适,正如王国维所说,着一"闹"字、"弄"字使境界全出,"闹"与"弄"分别起了画龙点睛的作用。

"睛"非唾手可得,它来自对课文全局的熟练掌握,离开对教材的深入钻研,就无"睛"可谈。重要的在于教师自己平时要刻苦学习,锲而不舍,钻研教材,吃透精神。唯其深入,才能浅出,才能在课堂教学中用精辟生动的几句话讲到点子上。

备课笔记[①]
——读《香山红叶》

放在案前的是初次选入语文课本的新课文《香山红叶》。读着,读着,眼前仿佛红叶如云,阵阵轻微的药香沁人心肺,一位久经风霜的老向导穿行在松树、柏树、满山的红叶之中,絮絮叨叨谈着离奇的传说……多么美好啊! 我沉浸在美的享受之中。怎样教这篇意境优美、情文并茂的散文,让学生步入作品的佳境,吮吸知识,发展能力呢? 我提起笔,仔细地做课前的准备。

一

描写香山红叶的不乏其人,如明人陈瓒在其《香山寺》一诗中有"清音递槛来双涧,秋色迎檐郁万枫"的诗句,绘出了秋意浓重,枫叶流丹。然而,古往今来的诗人往往以枫林为玉露凋伤,或江枫渔火、枫叶荻花等来描绘秋风萧瑟的景象和诗人凄苦的心情。唐代诗人戴叔伦则以"萧萧枫树林"为衬托,写出屈原如沅水、湘江流不尽的深怨。诗人杜牧山行之时,则为枫林陶醉了,吟唱出"停车坐爱枫林晚,霜叶红于二月花"的名句,新意一出,成为千古绝唱。鲁迅先生则在《腊叶》一篇散文诗中把自己比作"被蚀而斑斓"的枫叶。茅盾则反杜牧诗一字之意而用

[①] 本文出自《于漪文集》(山东教育出版社 2001 年版)。

之,以霜叶讽刺假左派,改其诗一字,以"霜叶红似二月花"为小说集名。而杨朔《香山红叶》一文,总以为要着重描绘自然景色,对红叶大书特书,哪知曲曲折折写的是人事,不仅笔法高超,且其新意比之前人更深一层,带有新时代的浓郁气息。

杨朔曾于1944年冬在延安写了一首《雪夜遣怀》,其中有这样两句:"自有诗心如火烈,献身不惜作尘泥。"诗言志,这种炽热的革命激情灌注在他所有的作品之中,《香山红叶》也不例外。杨朔在《东风第一枝》小跋中说:"我在写每篇文章时,总是拿着当诗一样写。"革命激情是散文富有诗意的灵魂。作者起笔涂抹秋色就洋溢着对生活的热爱。天"明净高爽""好得不能再好";老向导经验丰富,"腰板挺直",要去欣赏的红叶又是"北京最浓最浓的秋色"。天美,人美,景美,笔端无些微肃杀冷峭,流露的是勃勃的生气,是对秋天来临的极大的喜悦。作者写红叶,色彩只点染几笔,在"味"上却下了一番功夫。"我"叫叶子"香",同伴也叫"香",老向导也慢慢说"香",而且"早先就没闻见过"。三个"香"字引出了对向导老大爷的议论。用两个"不十分清楚的"语句对老人"过去的身世"与"今天的生活"进行鲜明的对比;用过去心的"苦"与今日心情的"轻松"进行鲜明的对比;用两个反问句"你怎么能闻到红叶的香味""还能不闻见红叶香"进行鲜明的对比,在委婉、幽远、清朗的情意中透露了时代的声息,表露了对新时代满腔热情的歌颂。

散文的诗意重在思想的发光。作者写红叶意不在红叶,而在于托物言志,借托红叶"越到老秋,越红得可爱"来喻人生中经过风吹雨打的老向导,喻久经风霜的劳动人民。历经沧海桑田的变化,年纪越大,做新生活主人的自豪感、责任感越强烈。托物的艺术手法贵在贴切深刻。"红",对于霜降以后的枫树、红树,从来是美的标志,"霜叶红于二月花",越是红透,越是动人。这是从色泽角度理解。从精神境界角度看,"红"在今日生活中又往往是崇高思想品质的概括。高尚的思想品德受人尊敬、爱戴。作者从平常的、习见的事物中发掘它的深刻、优美的意义。从红叶的"红",发掘到老向导的"红";又从老向导的"红",发掘到给老向导以"红"的社会,从而赞美红叶,赞美老向导这样时代的主人,赞美缔造幸福生活的伟大的社会主义祖国。主题思想深邃,意味隽永。文章最后一段是全文的主峰,以自然界的红叶"伤了水"美中不足反衬人间的"更可贵的红叶",一"摘"一"藏",不仅情意绵绵,而且画龙点睛,意境高远,轻轻地叩击着读者的心灵。

二

《香山红叶》结构精巧,文笔波澜起伏,曲中有曲,既似山山相连,重峦叠嶂,又似峰回路转,柳暗花明。

文章下笔点题,道出要去香山观红叶的心愿。然而,作者未顺势写红叶,而是宕开一笔,把老向导引到读者面前。当读者与这位白胡子、身体硬朗、做过四十年向导的老人见面后,作者又未顺势写起程攀山,而是又宕开一笔,写在乡村小饭馆吃饭时的叙谈。正当谈到红叶这个正题时,老向导竟说"还不是正时候",又说"南面一带向阳,也该先有红的了",在曲折中形成悬念,使读者急于想知道山上的红叶究竟红了没有。终于登山了,作者又宕开笔来写山路、古松古柏、双清泉水,只字不绘红叶。专程赏红叶,"怎么连一片红叶也看不见"? 正当读者与游者一起焦急之时,老人说话了:"你先别急,一上半山亭什么都看见了。"又一个悬念,激励人们继续攀登,观赏佳景。谁知上得半山亭陶醉在美景之中,竟然"都忘了看红叶"。好一个"忘"字! 小饭馆里"急"问红叶,一路上山盼着看红叶,红叶呈现眼前又竟然"忘"了看,真是涟漪荡漾,奇笔丛生,妙趣横溢。

从盼赏红叶到见红叶,情节迂回曲折,引人入胜,而见红叶后的触景生情更显神奇。经霜以后的红叶美不胜收,作者不顺势写其美,偏写"伤了水",美中不足;霜叶以"红"为显著特征,偏宕开笔来写"香";正当着力写红叶时,笔锋又突然一转,以物喻人,写在满山红叶香里穿行的老向导,从而托出文章的主题。乍看,笔笔出人意料,细想,笔笔都在情理之中。于平淡之中展现佳境,于曲径之中蕴藏韵味。

散文贵散,要放得开。文章忽而乡村饭馆,忽而山路攀缘,忽而离奇的传说,忽而红得不透的红叶,信笔所至,真是"横看成岭"。散文又贵乎不散,千岭万岭总以凝练为归。文章"凝"在表现时代的声息,讴歌新时代的主人,给读者以启迪与深思。林琴南在《春觉斋论文》中曾这样说:"武林九溪十八涧之水,何尝一派现出溪光?偶经一处,骇为明漪绝底,然实不知泉脉之所自来;及见细草纤绵中,根下伏流,静细无声,方觉前溪实与此溪相续。"这段精彩的话语正生动形象地道出了如《香山红叶》般散文结构的精妙。

三

久经风霜的老向导是一个十分动人的形象。读后沉思,仍感有一股敦厚、朴实的精神气质扑面而来。这是由于作者着意镌刻的缘故。

作者写这位老人,充分运用他的向导身份,发挥他的向导作用,让他在既说又走、边走边说的活动中展现内心世界,并把香山处处美景推到读者眼前。且不说几笔勾勒就活画出老人在人生征途上经过风吹雨打的形貌,也不说稍加渲染就表现出老人爬山当向导的长期经历,单就老人吐露的语言就够咀嚼体味的了。

"几盘野味,半杯麦酒"打开了老人的话匣子,老人慢言慢语的第一句话竟是"香山这地方也没别的好处,就是高"。既直截了当地拎出香山的特点,又无半点粉饰虚假,劳动人民的本色跃然纸上。离奇的传说,各处导游者口中常可听到,然而白胡子老人絮絮叨叨谈的关于香山的传说却别是一番滋味。它不仅富有形象,使香山蒙上神话的色彩,增添诗意,而且发人深思,在点出香山的山山水水来历的同时,展示风景区不同时代的变化,为下文的对比、议论埋下伏笔。"这真是座活山啊。有山就有水,有水就有脉,有脉就有苗,难怪人家说下面埋着聚宝盆。"老人的慨叹是历经沧桑喜做主人复杂感情的表白,山—水—脉—苗,又为满山红叶的出现做了细微的铺垫。"这都是些乡村野话……你们也不必信",老人这番话绝非赘笔,而是再现其淳朴、实在。至于"真是香呢。我怎么做了四十年向导,早先就没闻见过"的话语更是饱含了生活的酸甜苦辣。行文至此,难怪作者要情不自禁地议论抒怀。

作者绘人物,一笔两用,除展现人物的内心世界,又层次井然地介绍了香山的自然风光。其中有按照人物足迹所至直接描写的,有通过人物转述的。前者如半山亭远眺北京城的好景,满眼半黄半红的红叶,笔端烟云隐现,煞有情趣;后者如活山、梦赶泉、红树的介绍,景物同样历历在目。然而,无论是直接描写,还是间接转述,皆着眼于以景托人,衬托出人物的精神。文章末句的"不用说,我指的是那位老向导",尾音缭绕,留给人们不尽的回味。作者在绘景咏人的繁忙之中,脱出笔来交代秋游的日子,点破了"重九登高"。这个"高"字回应了开头老人说的话,首尾呼应,缝缀妥帖。

全篇信手写来,有意无意,挥洒自如,然而笔笔有归宿,技巧圆熟,显示出作者特有的流动潇洒的文字风格。

四

有几点须注意:初一学生第一次接触杨朔的文章(作为课文精读),对杨朔生平与作品特色须适当介绍。这位1913年出生于山东蓬莱县的当代著名作家,原名杨毓瑨,字莹叔,1937年后改用现名。1968年8月,他惨遭林彪、"四人帮"的迫害,不幸逝世。那时,他年仅55岁,正是作家的盛年。就在他去世前的两个月,还念念不忘写作,他激动地说:"我多么渴望写作啊!我要歌颂祖国和人民,写更多的新东西……"这发自肺腑的心声是贯串他小说、散文等作品的思想红线。《茶花赋》《雪浪花》《荔枝蜜》《樱花雨》《海市》《香山红叶》等都是脍炙人口的名篇。他的散文具有浓郁的时代色彩和强烈的战斗性。文章诗意浓郁,用他自己的话来说:"动笔写时,我也不以为自己是写散文,就可以放肆笔墨,总要像诗那样,再三剪裁材料,安排布局,推敲字句,然后写成文章。"简要地介绍这些,可有助于学生进入《香山红叶》课文的学习。

为使学生步入作品创造的意境,品尝语言的甘甜,受到人物高尚精神与作品主题思想的感染与启迪,教课时要:(1)把握文中导游这条线索,串起一个个寄寓感情的景物,不能像珠子散地,碎不成篇。(2)关键的词句与段落用轻读、慢读、朗读等方法展现意境,发展学生的想象能力,引导学生推敲有限的文字,运用自己的生活经验,开拓纵横驰骋的想象,从而加深对文章思想内容的理解。(3)讲好文章的转弯技巧,使学生具体感受曲径通幽之奇,领悟豁然开朗之美。

"红叶"是作品托物言志的"物",有关知识虽不必对学生讲述,但教师自己要心中有数。我国三北地区(华、东、西)在金色的秋天,观赏植物中红叶最佳,它是力量、欢乐、胜利、喜悦的象征。10月中旬至11月上旬,有些树木的叶子由绿变红,也有变成黄绿色、品红色、黄红色的,多数变为红色,红有深浅之分。寿命不长,约二十天至一个月。都是在霜降以后,风力、气候、光线等施加影响的结果。变成红叶的树木约有十种。枫树有二三种,如元宝枫、五角枫、鸡爪枫等。灌木更多,如黄栌、乌桕、柿树等。北京香山红叶多是黄栌,约占80%,枫树很少。除香山外,北京西山八大处、十三陵也有红叶,不如香山集中,也不如香山规模大。南京栖霞山、西北寺地名山也有变色的叶子——红叶。

读《香山红叶》,和学生一起摘下这片"可贵的红叶",珍藏到我们的心里,像老向导那样,一往情深地热爱社会主义新生活。

从上好一堂课想起[①]

南宋张炎在《词源》中批评吴文英的词,说:"梦窗如七宝楼台,眩人眼目,拆碎下来,不成片段。"这是讥评吴文英用语晦涩,常以美丽空洞的字眼,把一首词堆叠成迷离恍惚的七宝楼台。吴文英是词中一大家,对他的评论一向有所不同,张炎此评是否失当,姑且不说,他这几句话却能给我们以启发,使我们联想到上课也是同样道理。一个教师尽管学识渊博,口若悬河,若是课前不做精心设计,东拉西凑,即使讲得天花乱坠,学生也不可能受到教益。

讲课如若支离破碎,当然是等而下之,因为这样做甚至一件东西也拼不成。我们的语文教学是有机整体,整个中学阶段在思想品德教育、语文知识与能力培养等方面有特定的要求,而这些要求须通过教师有意识、有计划的教学活动去完成。在这些教学活动中,上好每一堂课占有重要的地位。每堂课也是有机整体,忽视了这一点,上课时东捡一点,西拽一块,拾在篮子里就是菜,课上得鸡零狗碎,学生窥不到一斑,更不用说能见全豹,同样受不到教益。因此,支离破碎是讲课一大忌。

更为大忌的是讲课舍本逐末,迷途忘返,甚至以引起兴趣为名,采

[①] 本文发表于《教学与研究(中学语文版)》1982年第1期。上好每一堂课,这是教师义不容辞的职责,是摆在每一位教师面前的重大课题,也是教师自身价值的体现。作者的这篇文章从教学中的具体问题出发,结合自己多年的教学经验,从"做一个'疏凿手'""做一个'疏理者'""做一个'开窍人'"三个层面给出上好一节课的意见。

取种种庸俗做法,追求所谓"奇特",破坏严肃的课堂气氛。这样的课就好像在整个语文教学"身"上长出了"赘瘤","瘤"的分量越大,就越损害语文教学之"身",学生越是难以受到实实在在的益处。

以上所说课堂教学中常易出现的种种毛病,归根结底是由于教者心中无数,目中无人,缺乏培养学生成材的全局观念,而这个全局恰恰是要铭刻在心,不可须臾离开的。

"胸有成竹"的故事,其含义尽人皆知,稍加推敲,也可作为改进教学的借鉴。画家胸中先有整幅画的布局,才可做到:有疏有密,疏密得当,不是密不通风,令人窒闷,也非东零西散,给人以支离破碎之感;条畅理顺,斐然成幅,或貌似乱笔,而乱中有致,秩序井然,画家挥洒自如,而笔笔见精神,画得如杜甫《奉先刘少府新画山水障歌》中所形容的那样,"元气淋漓障犹湿,真宰上诉天应泣"。这些正是我们上好每一堂课可以借鉴的。

上课一定要胸有成竹。课前要有本课程整个培养计划的全局,要有本堂课的全局。贯串的线索、问题的设计、词句的落实、能力的培养等方面,皆要通盘考虑,和谐地有节奏地进行。虽然成竹在胸,有可能上好课,但也不一定保证都能上得完满,还得在以下几个方面下苦功夫。

第一,做一个"疏凿手"。疏凿之道在于一个"通"字。张骞通西域之举被誉为"凿空"。《史记·大宛列传》:"于是西北国始通于汉矣,然张骞凿空。"后人解释说:"西域险厄,本无道路,今凿空而通之也。"由此可见,要"凿"而"通"之。上课也应这样。教师要善于做"疏凿手",上课之前考虑到课文中难"通"之处,估计学生难"通"的原因,千方百计使之"通",正确理解,牢固掌握。切不可以自己的一孔之见,把学生引入死胡同。金诗人元好问有《论诗三十首》,其第一首就有这样两句:"谁是诗中疏凿手?暂教泾渭各清浑。"遗山先生分明是以疏凿手自居的。我们教师也要努力做一个教学的疏凿手,精心帮助学生在思想上、语文知识和能力上都通达起来。要达到这个目的,每堂课都要认真推敲,力求做到"泾渭各清浑"。

第二,做一个"疏理者"。疏理之道在于一个"清"字。课不能条理不清,上成一团乱麻。相传帝尧让鲧治水,鲧采取筑堤去堵的方法,结果"九年而水不息,功用不成"。后来舜命鲧的儿子大禹治水。禹采取疏理的方法,疏通江河,理清了河道系统,把洪水导引入海,获得巨大成功,世世代代为人所歌颂。教师不能被学生思想上、学习上的问题牵着鼻子而采取问题东来东堵、西来西塞的办法。应善于抓住要害,把问题疏理清楚,进行正面教育,使学生从根本上受到益处。课堂上要少讲不该怎样怎样,多讲应该怎样怎样,从根本上理清,字、词、句、篇、语、修、逻、文等问题就会迎刃而解。

第三,做一个"开窍人"。开窍之道在于一个"灵"字。大家都不赞成上课满堂灌,因为这种教法只是把学生当作承受教师赐予知识的容器,恰恰忽视了最紧要的东西——学生的心灵。"心之官则思",学生的心灵打开,思维就活跃,智力就发展,吸收的能力就增强,在学习上就能飞跃进步。因此,教师要善于做"开窍人",用启发式这把金钥匙打开学生的心扉。教师讲课的关键在于一个"点"字,点在学生的心扉上,洞开学生的心窍,使学生能独立地进行学习,独立地思考问题,孜孜以求地寻找正确的答案。教学中做"开窍人"最不容易,然而,又最为重要。如若得法,师生之间就会出现"心有灵犀一点通"的佳境。

课是一定可以教好的,只要心中有学生,胸中有全局,锲而不舍,持之以恒。

假如我教"诗八首"

新修订本初中语文第一册增选了《敕勒歌》《鸟鸣涧》《静夜思》《蚕妇》《回乡偶书》《凉州词》《江畔独步寻花》《晓出净慈寺送林子方》等八首诗。这些诗短小浅显,切合初一学生的实际;这些诗既写塞北风光,又绘江南美景,既有抒个人思乡之情的,又有对不平世道进行谴责的,涉及面较广,有利于开拓学生的视野;这些诗语言晓畅,色彩鲜明,读起来朗朗上口,是积累语汇、训练朗读的好教材。假如我教这八首诗,我将作如下的设计:

一、把"诗八首"和《浣溪沙·和柳亚子先生》《天上的街市》两篇课文编在一起,组成诗歌单元进行教学

学生初进中学往往带着好奇的、积极奋发的心情。在这样一个新的学习阶段,语文学科教学与其他学科教学一样,要努力为他们创造良好的开端。我国是诗歌的王国,古代诗歌的宝库有极其丰富的瑰丽珍宝。诗中情,诗中景,诗中人,诗中物,犹如天上璀璨的明星,闪发出迷人的光芒。新学期第一单元安排诗歌教学,可着眼于发挥诗歌独特的艺术感染力,激发学生学习语文的兴趣,培养他们的民族自尊心和民族自豪感。

把"诗八首"和《浣溪沙·和柳亚子先生》《天上的街市》放在一起

教,一可以增加诗词的分量,给学生以深刻的印象,二可以让学生比较文言诗词和语体诗的不同形式,培养他们阅读与欣赏诗歌的能力。

在这个单元的教学中,除了第一、二篇课文要达到使学生了解中国人民昔日的苦难与翻身得解放的幸福和欢乐,了解诗人对美好幸福生活的追求和憧憬的目的外,教"诗八首"须努力实现如下要求:

1. 引导学生开展想象,领会诗中展现的种种意境。

2. 反复吟诵,体会诗歌语言的精练和音乐美,激发学生热爱祖国山河的深厚感情。

二、指导学生听、读、讲,理解诗中含义,体会诗中意境,培养朗读、讲述与初步赏析诗歌的能力

1. 放"诗八首"表情朗读的录音,用优美的语言叩击学生的心扉,把学生引入诗歌的佳境。

① 引子。人们一谈到诗,往往会立即联想到驰骋的想象,充沛的感情,鲜明的形象,音乐般的语言,会联想到优美、动人、鼓舞、力量。确实如此。诗,像种子一样,有一股顽强的爆发力。好的诗歌破土而出以后,会和芳香的空气融合,长久地弥漫大地。今天,我们读的八首古诗有的已距今九百年,有的距今约达一千五百年,然而,诵读咀嚼,仍可闻到其中的芬芳。

② 一听录音。对照课文画出不认识或读不准的字,然后查阅字典,正音正字。如:

敕(chì)勒——我国古代北方民族名,北齐时居住在朔州(今山西省北境)一带。

穹(qióng)庐——牧民住宿的圆顶毡帐,中间隆起,四面下垂,俗称"蒙古包"。

涧（jiàn）——山间流水的沟。

罗绮（qǐ）——有花纹或图案的丝织品。

鬓（bìn）毛衰（cuī）——鬓毛，耳边的发。衰，疏落。

仞（rèn）——古代长度单位名，七尺或八尺叫一仞。万仞，极力形容山的高。

羌（qiāng）——我国古代西北地域的民族。羌笛，羌人吹的笛子。

蹊（xī）——小路。

③ 二听录音。合起课本谛听，边听边展开想象，随着诗歌语言的琮琮琤琤，脑中展现一幅幅不同的画景。

举例指导：《敕勒歌》是南北朝时北方民族的民歌。它出色地描绘了祖国西北草原上的雄伟壮丽的风光，歌唱了游牧人民的生活。我们听到"敕勒川，阴山下"的诗句，思想就要长上翅膀，脑中立即浮现绵亘起伏的阴山，阴山脚下一望无际的草原；听到"天似穹庐，笼盖四野"的诗句，眼前就要浮现无际的草原和天边连在一起，天空好像一顶庞大的圆帐笼罩在整个原野上的图景；听到"天苍苍，野茫茫，风吹草低见牛羊"的诗句，就仿佛感觉到风从身边掠过，草低下了头，弯下了腰，就在茂盛的牧草头低腰弯之处，成群的肥壮的牛羊突然呈现在眼前，给人以无比的喜悦。这样一边听朗读，一边展开想象，把诗句和画面结合起来，初步领略诗中优美的意境。

2. 简介作者。抓住关键词句指导阅读，理解诗中含义，并进行朗读训练。

① 指导，点拨。

《敕勒歌》选自《乐府诗集》，根据《乐府广题》的说明，可知这是从古代民族语言翻译过来的作品。启发学生思考：作品描绘西北草原的景象，是怎样从大处着眼写的？最后一句是千古传诵的佳句，它连用了几个动词？写出几种景物？佳在何处？通过讨论，明确：作品先交代草原的位置,把它置于阴山脚下,以这样的背景衬托,一开始就给人以雄伟的感觉。然后从天的形状、天的颜色写天空的辽阔广大,万里无云,从原野的"茫茫"写草原的辽阔广大,用"笼罩"一词使天地相接,再次给人以雄伟的感觉。"风吹草低见牛羊"一句用"吹""低""见"三个动词刻画了大风吹过,草浪起伏,在牧草低伏的地方闪出一群群牛羊的动景,十分传神。它既表现了草原上牧草繁茂的景象,又反映了牧民宁静的生活,语言朴素无华,具有鲜明的地方色彩。

《鸟鸣涧》这首诗是王维题友人皇甫岳别墅诗《皇甫岳云溪杂题五首》中的第一首。王维(701—761),唐代著名诗人。政治上屡受挫折,晚年态度消极,长期过着亦官亦隐的生活。他的诗题材广泛,风格多样,艺术造诣很高。他能诗善画,山水诗尤为突出,被称为"诗中有画,画中有诗"。启发学生思考:这首诗怎样描写山中春夜的恬静的?用了怎样的手法?议论后明确:第一、二句正面写。人"闲",寂无声息;桂花"落",四季花开花落无声无息;春山"空",初春的山谷显得空空荡荡,三者都着眼于一个"静"字,绘出一个"静"字。第三、四句用映衬的手法写,以动衬静。山鸟因"月出"而"惊",因"惊"而"鸣"。鸟不时鸣叫的声音划破了山涧的沉寂,春夜的幽静就得到了更为深沉的表现。这样既直接写静,又以落花、月出、鸟鸣等动态衬托静,两者结合起来描绘,收到意境清幽之佳妙。

《静夜思》是唐代大诗人李白的著名抒情小诗,情景逼真,感情纯挚,从笔端自然流出。诗人由身边所见景物入笔,用"霜"字既形容月色的皎洁,又表达秋夜的寒意,用"疑"字引出了"明月",从而牵动想念故乡的情思。文笔活如游龙,上下翻动,由地上写到天空,又由天空回到地上,驰骋自如。诗人对明月有一种特殊的感情,故乡的明月在其诗篇中屡见不鲜,如《古朗月行》中就有"小时不识月,呼作白玉盘,又疑瑶台镜,飞在青云端"的诗句。明月、思乡,乍看是信手拈来,实质是其中有不解之缘。

《蚕妇》的作者张俞,北宋郫(pí,现在的四川省郫县)人。曾几次考进士,均未考中,后隐居在四川省青城山的白云溪,自号白云先生。这首诗以一个养蚕妇女的自我感受,揭露封建社会的不合理现象。启发学生思考:展现在我们眼前的蚕妇是怎样一个形象?她是怎样控诉世道不平的?这样写有何特点?议论后明确:展现在我们眼前的是一个极度悲伤的养蚕妇女形象,"泪满巾"用得极好,活画出蚕妇昨日进城归来泪流满面、浸湿佩巾的伤心情景,满纸悲哀。"泪满巾"的原因何在?原来是城市里浑身上下穿着绫罗绸缎的人,没有一个是日夜操劳采桑养蚕的。抓住这一不公平的社会现象,从养蚕妇女的自我感受角度写,如泣如诉,真切感人,谴责了不劳而获的"遍身罗绮"者,控诉了世道的不合理。

《回乡偶书》这首诗语言流畅,音节响亮。作者贺知章,唐代著名诗人,善于作诗与写字,早年就有文名,和李白一见,就成为好朋友。诗人八十多岁因病还乡,回到故乡写了两首诗,这是第一首。"偶书",偶然地、随意地写下来。启发学生思考:在这短短四句诗里,寓含着诗人怎样的感情?描绘了儿童怎样的神态?给人以怎样的感觉?思考后明确:这首诗里寓含着诗人久居客地重返家园的无限感慨和十分喜悦的心情,一句"笑问客从何处来"生动形象地描绘出儿童天真活泼的神态,使人如见其形,如闻其声。诗句字面淡,味儿浓,朴实亲切,饶有风趣。

《凉州词》是古代歌曲中的一种,凉州是现在甘肃省武威县。这首诗的作者王之涣,晋阳(现在山西太原)人。他的诗感情强烈,意境雄阔,描写边疆风光的作品尤为突出。启发学生思考:这首诗是怎样描写古代凉州一带荒凉辽阔的景象的?抓住了哪些景物创造雄伟的气势?又是怎样曲折地抒写自己的感慨的?议论后明确:诗的第一、二句描摹边疆荒凉辽阔的景象。起笔不凡,由近处向远处放眼看,黄河逐渐上升,一直伸延到白云深处,"远上"一词拓出辽阔的意境。一个"孤"字画出城堡四周的荒漠,而这孤城又在万丈高山环抱之中,更增添了无限荒凉。黄河、白云、孤城、高山等景物巧妙组合,远远近近,高高低低,绘出了雄奇的境界。第三、四两句借凄凉幽怨的笛声表达诗人的感慨。诗人的意思不是说玉门关外没有春天,也不仅仅说不须吹奏《折杨柳》来悲怨春天不来,而是借此说这样荒凉的塞外谁来关心戍守兵士的死活,朝廷是不给予他们温暖的。诗人用"何须"二字深化内容,委婉曲折地表达自己的感慨。

《江畔独步寻花》是唐代大诗人杜甫写的一组绝句,共七首,大约作于公元761年。那时,杜甫在成都草堂定居,生活虽较安定,但由于安史之乱尚未平息,忧国忧民之心未灭。为什么诗题叫"江畔独步寻花"呢?江畔,指浣花溪边。溪边春花怒放,勾起了诗人的愁思,于是约酒友斛斯融(在成都以卖文为生)同饮。未遇,于是独步往西沿着江岸去寻花,写下了这组绝句。课文选的是第六首。启发学生思考:这首诗描绘了怎样美丽动人的景象?哪些动词生动地刻画出景物的形象?哪些是叠字,这样用起何作用?诗的字里行间洋溢着诗人怎样的感情?思考后回答:这首诗描绘了杜甫西邻黄四娘家门前繁花似锦、莺歌燕舞的旖旎风光,字里行间洋溢着诗人喜悦的感情。"花满蹊""压枝低"十分形象,一个形容词"满",一个动词"压",绘出了一路春花一路香,百花争春、万花争艳的动人景象。花的海洋已令人陶醉,蝶"舞"莺"啼"更增添了无限情趣。蝶恋花,"留连"穿梭,翩翩起舞;莺迎春,安闲舒适,娇声歌唱。"时时""恰恰"(形容声音和谐)是叠字,渲染出画面盎然的生机和欢欣的气氛。这首诗婉转绮丽,遣词用字,精雕细琢。

《晓出净慈寺送林子方》描写的是六月西湖清晨优美别致的景色。作者杨万里,南宋著名诗人。他写过两万多首诗,是我国历史上写诗最多的作家,可惜未全部流传下来。他描写自然景物的作品,清新活泼,颇有情趣。净慈寺在西湖岸边,与灵隐寺为西湖南北山两大著名佛寺。林子方是杨万里的友人。启发学生思考:在这首诗里是怎样写出西湖六月与一年四季其他季节不同的风光的?除了景物的具体描写外,哪些词语强调了这一点?议论后明确:抓住莲叶与荷花在六月的特征来写。湖中碧绿的荷叶无边无际,远处水天相接,好像荷叶一直连到天上;映在早晨阳光里的荷花,红得特别娇艳。一下笔用"毕竟"进行强调,用"不……同"进行区别,用"别样"表示特别、别致、不寻常,使西湖六月清晨别致的景色跃然纸上。一"碧"一"红",披上早晨太阳的光辉,色彩绚丽,美景如画。

② 朗读训练。

用普通话正确流利地朗读,注意节奏、停顿、押韵与感情的表达。举例指导:

静 夜 思

床前明月光,疑是地上霜。
举头望明月,低头思故乡。

"思"字特别要读好,读得含蓄、缓慢,有感情,给人以想象的余地。

采用多种方法训练:自由朗读,跟录音读,对读评论,齐读,表情朗读。

3. 进行讲诗活动。要求学生口头描述,刻画八首诗的诗情与画意,加深对诗意的理解,发展想象的能力。

描述时注意:弄清楚诗中写的何时何地何人何景;先总述诗所描写的景象,然后逐一描述诗中人、诗中景或诗中物,关键词句重点描述;描述时合理想象,适当地补充内容,把画面讲活。语言要通顺,感情与诗意吻合。

举例指导：讲述《江畔独步寻花》这首诗时，可抓住美丽、热闹、生机、喜悦等要点具体描述。可试着这样讲述：《江畔独步寻花》展现在我们眼前的是春光烂漫的动人景象。诗人沿着江边独步寻花，走着走着，不知不觉来到黄四娘家门前。啊，多么醉人的春光啊！春花怒放，花枝花叶，大花小花，把小路都遮盖住了；那花啊，千朵万朵，红的、白的、粉的、黄的，密密麻麻，枝条都被它们压弯了，压得低下头来，简直是花的世界，花的海洋。万花丛中一双双彩蝶翩翩起舞，它们互相嬉戏着，追逐着，舍不得离去；躲在树枝上的黄莺满心喜悦，卖弄着嗓子，娇声地歌唱，唱得那么自在，唱得那么悦耳。莺蝶闹春，生机勃勃，好一幅花枝艳发的春景图！

学生讲述过程中，教师按要求进行指导，讲述后引导他们自评、互评，促进口头表达能力的提高。

4. 在理解诗情画意的基础上背诵八首诗，激发热爱祖国山河、热爱古代诗歌的感情。

三、课外带领学生开展赏析活动

1. 看诗作画。以"风吹草低见牛羊""笑问客从何处来""千朵万朵压枝低"等诗句为题分别作画。（与美术课结合，请美术老师指点评论）

2. 读下面几首诗，辨别它们在内容上、写法上与所学八首诗的异同，并讨论、交流。

悯　农

李　绅

春种一粒粟，秋收万颗子。

四海无闲田，农夫犹饿死。

出　塞
王昌龄

秦时明月汉时关,万里长征人未还。
但使龙城飞将在,不教胡马度阴山。

六月二十七日望湖楼醉书
苏　轼

黑云翻墨未遮山,白雨跳珠乱入船。
卷地风来忽吹散,望湖楼下水如天。

3. 在月夜时观察月光、月色,增加对"地上霜"的感性认识,选择恰当的词句对它们进行描绘。观察周围的花、草、鸟、蝶,注意它们的静态、动态,并用恰当的语句表达出来。

也谈启发式[1]

人们在非议"满堂灌"这种教学方法时,往往把教师的讲解捆在上面,认为教师讲就是"灌",讲得多就是"满堂灌","问"才是启发式,问答越多越启发。其实,这是一种误解,必须认真分析,才能见其底蕴。

"满堂灌"的"满",指的是一堂课教师讲解所占时间的多少,是数量的问题,而"灌"才是问题的本质。教师教课如着力于"灌",并且是一堂课从头到尾滔滔不绝地"灌",把学生作为承受知识的容器,那就压抑了他们求知的积极性和主动性,这样的教学方法当然要不得。以往的旧学堂里,教师常有不管教学对象的实际而一堂课从头讲到底的现象;有的教师往往天马行空地讲一通,学生如堕五里雾中。人们对这种课"医治"的办法,就是提倡启发式教学,在课内设法使学生开动脑筋,积极思考问题。常用的办法是课堂内向学生提问,要学生回答,促使学生动脑子。教师在课内适当地提问或进行其他有效的活动,如演示、实验、练习等,比之一味"灌",教学效果当然会好得多。此外,人们还强调开展形式多样、生动活泼的课外活动,以资配合,来启发学生的学习兴趣,提

---

[1] 本文发表于《福建教育》1982年第10期。伴随着改革开放的步伐,欧美教育理论大量涌入中国,传统的"教师中心论"被"学生中心论"动摇,"重学""重能力""重建构和发现"等一系列教学观点成为当时最流行的理论话语,启发式教学成为当时热议的教学方法。《也谈启发式》从当时的教学误解出发,在辨析"灌""问""讲"这些概念时厘清有关"启发式"教育的要义,阐释"启发式"教学的精义。

高学习效果。

那么,课堂上问答多是否就是进行了启发式教学呢?正确的回答不应是笼统的肯定或否定,而应具体问题具体分析。如果教师教学目的性强,围绕教学目的,从学生实际出发精心设计的问题能启发学生开动脑筋积极思维,学生在教师指导下,通过自己的脑力劳动获取了知识,提高了能力,这当然是启发式教学。如果问题琳琅满目,问问答答十分热闹,但触不到所学知识的实处、深处,好像浮萍一般浮游无根;或者教师一按"电钮"问,学生立刻手举成林,不假思索地简单机械地回答,凡此种种,不仅不是启发式,而且是对启发式的歪曲。

什么才是启发式教学呢?启发式教学必须贯彻与体现教师的主导作用与学生自觉性、积极性相结合的原则。教学是教师的教和学生的学双方面的活动,这种活动是根据教育计划、教学大纲,按特定的要求、特定的程序组织起来的有机统一体,既不能忽视调动学生学习的自觉性、积极性,又不能贬低教师的主导作用,更不能把教与学二者分离开来。教师在教学的各个环节,如复习旧知、引入新课,讲解基础知识、基本理论,进行基本训练,布置作业,等等,都须有明确的目的,发挥主导作用,组织、督促、帮助学生学习。发挥主导作用绝不是包办代替,把学生抱着走。教师主导作用发挥得好不好,关键在于是否开启了学生思维的门扉,使他们处于学习的兴奋状态,进入求知的佳境;在于学生是否成为学习的主人,眼看、耳听、口说、手写、心想,能否主动地提出疑难问题,碰到学习上的困难又能否独立分析,并能否提出创造性的见解。如果教师目中无学生,看不到学生内在的学习积极性,取消他们认识主体的作用,只是"灌""注""填",那就变成只有教而没有学了。

问题很明白:"满堂灌"与"启发式"的根本区别是前者把学生置于消极被动的地位,他们的聪明、智慧、才能在学习过程中受到抑制;后者目中有活生生的学生,从学生的思想、知识、年龄、心理等实际出发,组织多种多样的活动形式,激发他们的学习兴趣,诱导启发他们积极开动思维的器官,生动、活泼、主动地吸收精神养料,在吮吸知识养料的过程中,独立思考、独立工作的能力得到培养与锻炼,智力得到迅速发展。这样,"教"从"学"的实际出发,作用于"学","学"又回过来促进了"教",教师与学生相互作用,共同完成特定的教学目的任务。

"满堂灌"与教师的讲解是两个概念,其中不能贸贸然画等号或画不等号。在学校工作中,课堂教学是基本形式。组织课堂教学按照不同的教学目的要求,可以采取不同的教学方法,如演讲、讲解、问答、读书指导、演示、实验、练习、讨论等,或几种教学方法结合起来运用。不管采用哪一种或哪几种方法,都要目中有人,进行启发式教学,切不可抽掉问题的实质,用形而上学的观点来断言某种方法是"满堂灌",某种方法是启发式。讲解是课堂教学的一种重要的教学方法,是教师进行教学的基本功。教师在吃透教材,了解学生实际的基础上,用准确、明晰的语言对教学内容进行科学的、合乎逻辑的、生动活泼的讲述,促使学生紧张地思维,使学生洞开心窍,受到启发、教益,品尝到知识的甘甜。这种科学性与艺术性相结合的有质量讲解是启发式教学,是课堂教学中必不可少的,绝非"满堂灌"。如果脱离学生实际,口若悬河,言不及义,那当然另当别论。至于一听到教师"讲",就认为是"灌",就认为是陈腐,不革新,这种条件反射是对教学原则、教学方法缺乏深入学习,深入研究的缘故。

值得注意的是:教师讲解绝不是唯一的行之有效的教学方法。这种方法在什么情况下采用,什么情况下与其他教学方法结合起来用,什么情况下采用其他一种或几种教学方法,不能凭执教者的好恶,不能主观臆断,而要从实际出发,因学生而异,因教材深浅难易而异,因教学目的的不同而异。学生生疏的或全然无知的事实、道理,教师不妨进行讲解,便于学生理解掌握;凡学生自己能理解,或通过提问、讨论等方法可寻求正确解答的,要尽量让学生自己完成,教师不应越俎代庖。一个有经验的教师总是要学会运用多种教学方法来实现教学目的要求,单一的办法难以收到预期的教学效果。

时代要求我们培养的是一代新人,是社会主义物质文明与精神文明的建设者和保卫者,他们应该有理想、有文化,有自学能力与独立工作能力,有创造精神。从事中小学基础教育的教师必须清醒地认识这一点,在进行课堂教学时下决心停止"满堂灌",贯彻启发式。

心中要有共产主义旗帜飘扬[①]

在三十多年教学实践中,由于党的长期教育,我深深体会到人民教师要自觉地担负起培育一代新人的重任,必须切切实实地为人师表。在教学生的过程中,不仅要认真探索、研究教育教学规律,更要自身坚持不懈地学习,加深道德修养和业务修养,努力陶冶自己的思想品德,增强学识才能,使自己成为道德高尚而又有真才实学的人。

要给学生做表率,我体会到最重要的是教师自己心中要有共产主义旗帜飘扬。希腊神话中的普罗米修斯把火种偷到人间,使人间有了光明,是因为他心中渴望着光明。今天,要把青年学生培养成热爱党、热爱社会主义的革命接班人,我这做教师的心中就要揣着一团火,对党对社会主义满腔热情满腔爱,对共产主义光辉灿烂的前途充满信心,努力以马列主义、共产主义思想作为自己行动的指南。

我深深地认识到对学生进行共产主义教育不仅是团队、班主任的任务,也是每个任课教师义不容辞的责任。今天的学校教育是以课堂教学为主的,学生在校的大部分时间在课堂里学习,因此,课堂教学阵地以什么思想统帅关系到对学生心灵塑造的大问题。教学生语文,我的责任是把自己心中的这杆共产主义大旗通过语言文字的教学插到学

[①] 本文发表于《上海教育》1983年第7—8期,是作者1983年4月赴京参加全国"五讲四美"为人师表先进代表表彰大会的交流发言稿。该文作者结合自己几十年的教学实践,讲述了自己在语文教育事业上的不断探索,展露了自己心怀共产主义旗帜教书育人的心声。

生心中。语文教材中有许多歌颂革命先烈、革命前辈、英雄人物的好文章，每当我钻研这些教材时总是血往心头涌，他们的广阔胸襟、崇高品德和献身精神叩击着我的心灵，我有时激动得流下泪水，彻夜难眠。正是这些把一切献给党的真正的人缔造了我们今天的幸福生活，教育我懂得了人生的意义与价值，把我从"小我"中解放出来。我在教这些课文时，总是怀着对先烈的无比崇敬，努力以先烈们的高尚思想、高尚道德情操熏陶感染学生，帮助学生认识人生的意义，树立远大的革命理想。怎样把共产主义思想、精神渗透到语言文字的教学之中，从而撒播到学生的心田呢？举例来说，《七根火柴》是篇描写红军长征过草地的革命传统的好教材，文中有两段话写一位无名战士牺牲场景的。

"记住，这，这是，大家的！"他蓦地抽回手去，深深地吸了一口气，用尽所有的力气举起手来，直指着正北方向："好，好同志……你……你把它带给……"

话就在这里停住了。卢进勇觉得自己的臂弯猛然沉了下去！他的眼睛模糊了，远处的树，近处的草，那湿漉漉的衣服，那双紧闭的眼睛……一切都像整个草地一样，雾蒙蒙的；只有那只手是清晰的，它高高地擎着，像一只路标，笔直地指向长征部队前进的方向。

教学这两段文章时，我抓住显现烈士优美心灵的关键词句反复锤打，熏陶感染学生。这位无名战士用生命保存了七根火柴，忍受了难以想象的饥饿和严寒，即使生命垂危，也不愿用一根火柴为自己取暖，而是为同志珍藏了火种，他把生的希望送给同志，把死亡留给自己，这是何等无私忘我的崇高思想境界。生命垂危，他留给人间的最后话语是"这是，大家的"，留给人间最后的动作是指向红军北上的方向。这话语，这动作，正是一切为人民，一切为革命的人生观的集中反映。我引导学生朗读、咀嚼、体会,用烈士光照人寰的共产主义精神照耀学生的心灵。在学生受烈士精神感染时,我又抓住"模糊"与"清晰"这对看来矛盾的词把学生引进肃穆的境界。这样一名无私忘我的共产主义战士牺牲了,"卢进勇"怎能不悲痛万分!"模糊"表现的是他情不自禁地泪水涌上眼眶,为亲爱的战友唱哀歌,唱颂歌。不仅如此,连整个草地都在哭泣,"远处的树、近处的草……一切都像整个草地一样","雾蒙蒙的"为顶天立地的英雄唱哀歌,唱颂歌,然而,唯独那只高擎的指向北方的手是"清晰"的。这就好像舞台的场景,背景中一个个景物暗淡下去了,所有的光束都集中在这只手上,给牺牲者加上最后一个特写镜头,使一切为了革命、一切献给党的烈士形象矗立在我们眼前。课堂里笼罩着、洋溢着共产主义高尚道德情操的气氛,无数为党的事业献身的烈士们的高大形象在我们师生眼前升腾、闪光,我们深切地感到祖国的寸寸土地都是烈士的鲜血染红的,活着的人要继续担起这未竟的事业,奔向共产主义。学生感动了,情不自禁地读着,读着,有的眼睛湿润了。有的学生放学回家拿起小小的火柴数着、凝视着,写下《生命的意义和价值》《缅怀先烈心向党》《活着,为了共产主义》等文章,写出了他们的心声。

教师只有真正被英雄的崇高思想品质所感动,才能用出自肺腑的真情教育感染学生。同样,教师对马克思主义坚信不疑,对纷繁复杂的社会现象有正确的认识,才能毫不含糊地对学生晓之以革命的道理。我是在旧社会接受学校教育的,中华人民共和国成立以后,我怀着对党的热爱与崇敬,对真理的渴求,认真而系统地攻读了《共产党宣言》《实践论》《矛盾论》等几十本经典著作,特别是结合工作的需要反复学习了《路德维希·费尔巴哈和德国古典哲学的终结》。通过学习,渐渐分清了唯物论和唯心论,辩证法和形而上学;把唯物史观和唯心史观作了比较,清除了头脑中"分久必合,合久必分""真命天子坐龙庭,天下才太平"等形形色色的唯心史观。马克思用辩证唯物史观点考察人类社会历史,揭示了人类社会的奥秘、人类历史发展的规律,这一伟大发现扫除了我心中的迷雾,使我清楚地认识了人类社会的发展前途必然是共产主义,正像冬去春来,季节的更替不以人的意志为转移一样。因此,我怀着对马列主义的信仰和对共产主义必胜信念对学生进行教育。有一次学了鲁迅先生的《一件小事》以后,要求学生以小中见大的方法也记叙一件小事。习作交上来一看,有相当一部分学生写了社会上的不正之风,如小菜场开后门的"黄鱼西施",分房中的收受重礼,公共场所的污言秽语,汽车上的不文明行为,等等。怎么办?我不采取回避的态度,而是选择了另几篇歌颂新风,歌颂新道德、新思想的文章,组织学生进行对比。首先肯定学生对邪恶的违背社会主义道德准则的思想言行深恶痛绝,正是明辨是非的表现,青年学生就应该分清是非,培养疾恶如仇的感情。接着引导学生学习认识世界的正确方法,教育他们要两只眼睛看世界,不能只用一只眼睛,要全面地看事物,不能犯片面的毛病,要分清本质与现象、主流与支流。让学生歌颂党的三中全会以来社会上展现的新道德、新风尚。我还以亲身经历的新旧社会两重天,在日本访问时亲眼看到的花花世界背后的污浊与罪恶,教育学生,使他们理解社会主义制度保证了我们建设社会主义精神文明,它比资本主义不知优越多少倍。在提高学生认识的基础上,我又进一步启发学生深思:在建设社会主义精神文明中,在通向共产主义的征途上,我们青年学生肩负怎样的责任?我们自己应怎样做?通过思考、议论,明确除旧布新的责任,从自己做起,从平凡的小事做起。

  随风潜入夜,润物细无声。我怀着对教育事业的热爱,对下一代负责的精神,一节节课,一篇篇作文,锲而不舍地渗透共产主义思想,天天浇灌,时时滋润,点点滴滴渗入学生心头,引导他们树立远大的革命理想。

心中有共产主义旗帜飘扬，才会满腔热情地热爱学生，才能做到全心全意为学生服务。我在长期教学实践中体会到："教过"不等于"教会"，"教过"很容易做到，教师只要走进学校，走上讲台，时间总会流逝，一天一月，五年十年，"教过"了。然而教会学生就非常难。要把一个班级基础不同、思想、能力有差异的学生都教会，教师不仅要尽力，而且要把心扑上去，以心血浇灌。

在这方面，我是经历了思想感情的改造的过程的。开始做教师时，我只对两种学生很喜爱，一种是很聪明的，一教就懂，一教就会，一种是长得有趣的，讨人喜欢的。可是学生不是物，是人，不是一个模子里造出来的，不可能没有差异。由于党的教育，我懂得了教师要对所教的每一个学生负责，要热爱所有学生。可是要把爱撒播到每一个学生身上是多么不容易啊！其中最难的就是对思想纪律差，学习十分困难的学生要在自己感情上去掉一个"厌"字。有一件事是我终身的教训。"十年动乱"期间我碰到过这样一个女生，她几乎每周和人吵架，打人，甚至和男生打；多次谈心，一再家访，收效甚微。我自己觉得已经是"黔驴技穷"了。一天上早操，她又东一拳头西一脚，扰得别人不得安宁。我多次提醒都无效，心中直冒火，就脱口而出："你又不是十三点！"话一说出口，我就很后悔，平时教育学生不要歧视缺点多的同学，自己却责骂侮辱。隔了两天，有个学生在周记本上对我提意见，说我不像个老师，不配做老师。意见十分尖锐，但确实是打中了我的要害。"言为心声"，我之所以这样说是由于感情上对她有个"厌"字。后来我就这件事在班级同学面前作了自我批评、自我解剖。从这件事以后，我就着力于自己思想感情的转变。为了共产主义事业，我必须对下一代负责，我学习许多先进教育工作者的爱生思想，我和表现比较差的学生做知心朋友，竭力寻找他们身上的优点，寻找进步的因素。为了取得转变思想的效果，我曾把偷窃、贩卖粮票、打群架、逃宿在外的学生留在自己家里住宿，推心置腹地谈思想、指前途;为了让学生掌握语文知识,我研究不同学生的学习特点,对有困难的学生特别加以辅导,比如入学时,只能写300字左右作文的学生经过三年训练已经能写上万字的文章。学生是可爱的,可塑性是很大的。教师不能代替他们学习、思考,代替他们成长,而是要满腔热情地点燃他们心中的火花,促使他们按党的要求健康成长。能不能做到全心全意为学生服务,对我来说还有一个难题,就是如何摆正学生和自己孩子之间的位置。我只有一个孩子,由于自己患多种慢性病,又开过大刀,孩子体质很差,月月生病,几次病危。特别是生败血症那次,医生通知我们靠药物已难以治愈,要我们思想有充分的准备。我每天夜里去医院陪伴,白天去学校上课。每当我早上离开时,孩子总流着泪拉住我,不让我走。看到孩子烧到40℃,头上枕着冰袋,我心里也很难过,舍不得离开,思想斗争很厉害。但是我想到我是教师,想到我的岗位,我的职守:我是学生第一还是孩子第一?是革命第一,工作第一,还是家庭第一?我该怎么处理一与一百之间的关系?想到了无数先烈的献身精神,想到了学生是革命事业的接班人,我冲破了亲子之爱的束缚,坚持白天上班,夜晚才去医院陪伴。三十多年来,我没有因为家庭的私事脱过一节课。我觉得学生身上的事都是我教师的心上事,都是我应该关心的,应该做的。能为学生服务,这是自己极大的快乐。我体会到,思想感情的转变来不得半点虚假,只有把对事业真挚的感情倾注在学生身上,这种感情才是晶莹透亮的,才能真正与学生心心相印。

热爱学生就要建立新型的、平等的师生关系,这是旧社会所不可能有的,也是那些资本主义国家完全做不到的。在社会主义社会中,教师为未来而教,学生为未来而学,师生都为了一个共同目标,必须互相尊重,教师尤其要尊重学生的人格。我们对学生传授知识,不是知识的施舍,不能用"你怎么老是不懂"这样的话损伤学生的自尊心,应该体谅学生学习的艰辛,满腔热情地指点、帮助。去年教的班级里有这样一个男生,语文基础很差,写的字东倒西歪,作文词句纠缠,不成篇章。他说他从小不喜欢语文,尤其对作文,看到就像仇人一样恨。我没有为此不尊重他,而是特别关心他,一次次谈心、辅导,寻找他学习上的有利因素,共同探讨培养学习语文的兴趣,提高语文学习质量的途径,当我发现他对讲课中的某些问题反应比较快,有时能突然提出一个较有质量的问题时,我总是难以抑制自己心头的喜悦,立即予以表扬。一个学期下来,他学习进步了,他告诉我过去不喜欢语文的原因,现在不像对仇人一般地恨了。对学习基础差的同学要尊重,即使对犯有这样那样缺点错误的学生,也同样要尊重他们的人格,不能劈头盖脑批一通。有一次我们写一篇《四季景色图》,有些学生抄作文选上的词句段落。我没有板起面孔批评,而是先指出不少学生作文中出现了描写景物的佳词美句和精彩段落,加圈的好句子多了起来。不少学生咧开嘴笑了。接着我请学生思考一个问题:为什么有些好句子在这本作文上出现,在另一本、另几本作文中又见面了,这是什么缘故呢?有些学生脱口而出地说:"抄!"随着就剖析了有些学生想把文章写好的心情,并指出这种心情教师是能理解的。在学生消除了紧张心理,思想上无压力的情况下,我再阐述抄袭的危害,恳切而具体地指出掌握知识、提高学习成绩途径。师生感情融洽。学生感到老师尊重他,真心诱导他,他与你的心就亲近。

教师要做到为人师表,不仅在思想信念、道德修养上要做学生的表率,在文化素养上也要做学生的表率。教师要有真才实学,要精通业务。我是改行教语文的,困难很大。我听党的话,学习雷锋,干一行,爱一行,专一行,刻苦钻研业务。我在繁重的工作条件下坚持业余自学,好几年天天熬到深夜,把语文教学所需要的专业知识一门一门攻下来,阅读了几百万字的古今中外文学作品,旁及自然科学有关知识和音乐、美术、戏剧,增强文化修养,增强学识才能。为了具备教学真本领,我给自己的备课立了一条规矩:不抄教学参考书,不吃别人嚼过的馍,发奋图强,独立钻研,力求自己先懂,再教学生,绝不以其昏昏,使人昭昭。有时备一篇课文要花10小时、20小时,甚至30小时。为了查准一个字的读音,要翻阅许多书籍。如备鲁迅《药》这一课时,为了查准"睡着"的"着"的读音,查阅了许多注释和分析鲁迅作品的文章,都未找到答案,最后查到了英译本,才弄清楚是读 zháo,不读轻声,因为是 asleep,不是 sleep,译者翻译时对原文含义是仔细琢磨过的。这样五课、几十课、上百课钻研下来,我开始尝到了庖丁解牛的滋味。为了让学生能较为迅速地掌握祖国的语言文字,我不仅钻研教材教法,而且下苦功锤炼自己的语言。为了纠正啰唆、重复的毛病,我把上课要说的话、要讲的内容全部写下来,先进行修改,把不必要的字、词、句删去,然后背下来,再口头复述,用书面语言来改造自己不规范的口头语言,努力清除口头语言中的杂质。我每天在去学校的途中,利用步行的时间把要讲的话一句句在脑中"过电影"。几年锻炼下来,运用语言的能力提高了。课堂上教学生学语文,不仅要引导学生向书本学语言,而且教师要以身作则,为学生做表率,创设良好的语言环境,让学生置身于生动的、优美的语言环境之中,受到熏陶。

  我学习上之所以能锲而不舍,是由于共产主义伟大理想的指引和激励。教师的学习是无止境的,学生生活在现代社会,思维活跃,见多识广,他们的学习积极性调动起来后,会产生许多教师意想不到的问题。比如我教《白杨礼赞》一文时,有学生提出:"白杨树不比楠木美,是不成材的树,作者如此赞美是夸大其词。"说着,这位学生拿出屠格涅夫的《猎人笔记》,读了"白杨树叶子硬得像金属,枝条也不美"等有关词句来证明自己看法的正确。当我从写作方法的角度引导学生深入理解时,又有学生提出了不同的看法。这位学生说:"文中说白杨树伟岸,正直,朴质,严肃,也不缺乏温和。根据我的观察,温和的人不大严肃,而严肃的人往往使人生畏,不能给人以温和的感觉。茅盾先生在这儿的用词是矛盾的,不符合实际情况。"面对80年代的敏于思索,善于质疑的学生,教师用"可以""不可以"这样空洞的、抽象的话语来回答,满足不了学生的求知欲,要拿出有力的论据才能使学生信服。教学相长嘛,学生的问题促使我积极思维,到平日的知识储存中去寻求答案。我作了这样的回答:"一般地说,'严肃'与'温和'不同时用,但也有同时用的例子。《论语》中就有'孔子何人'呢。回答说'子温而厉,威而不猛,恭而安。'"然而,有时我就被学生难"倒"了,挂了黑板,当堂回答不出。一次,我教《木兰诗》,课结束时我对学生说:范文澜同志说,《木兰诗》和《孔雀东南飞》是我国乐府中的双璧。《木兰诗》音韵优美,风格刚健,课后要反复诵读。一个女学生扑哧一笑说:"美是美,不过是吹牛。"问她原因,她振振有词地说"同行十二年,不知木兰是女郎,别人又不是傻瓜! 不说别的,天天跋山涉水,行军打仗,晚上总要洗脚,中国古代女子是裹小脚的,鞋子一脱,洋相就出来了。"当时我随口回答:"那时是南北朝时期,妇女还没裹小脚。"谁知学生异口同声地问:"老师,那么中国女子是什么时候开始裹小脚的呢?"我被问蒙了,答不上来。教师道德之一是知之为知之,不知为不知,绝不能强不知以为知。我如实地告诉学生自己不知道,但是我一定努力去查阅图书资料,寻求解答。我查阅了许多书籍,查阅了很长时间,才从清赵翼写的《陔余丛考》一书中查到了有关的记载。书中有《弓足》一段,说南唐后主宫嫔中有个叫窅娘的,以帛绕足,作新月状,后人多效之。这样,才解答了学生的问题。我深深体会到:教师要做到诲人不倦,自己就一定要学而不厌,要拿出到九重之渊骊龙颔下取珠的精神,拿出入"地狱"的精神钻探知识宝藏,用知识武装头脑,成为有真才实学的人。我从切身的教学实践中体会到:一问就"昏",多问就"倒"的教师难以做学生的表率,自己学识干瘪、枯竭,就不可能带领学生在智慧的海洋里扬帆远航。只有自己有源头活水,才能以丰富的新鲜的知识滋润学生成长。

时代在不断地前行,新的知识不断涌现,我们的事业长足发展,这一切都向我们教师提出更高的要求。我要用共产主义思想指导自己的语言行动,校里校外,言行一致,表里如一,在人格上"表里俱澄澈",做到里里外外通透;在业务上做到精益求精,在钻研探讨本学科知识的同时,继续广为涉猎,增强学识修养;我要像无数革命先烈、革命前辈那样,像英雄模范那样,做工作,像春蚕吐丝,兢兢业业,到死方休;做人,像点燃的蜡烛,从头燃到脚,一生光明,把自己的毕生精力和全部智慧恭恭敬敬地奉献给可爱的学生,奉献给壮丽的共产主义事业。

愿你的语言"粘"住学生[1]
——浅谈教学语言

有人把语言在人们交际中的作用形容得十分形象,说它"不是蜜,但是可以粘东西"。确实如此,语言是一切思想的外衣,是人类最重要的交际工具,准确而熟练地运用它,就能充分传递精髓的见解,丰厚的感情,粘住读者和听者,牢牢吸引他们的注意力。

对教师来说,掌握语言工具,有效地发挥它"粘"的作用,尤为重要。教师向学生传授文化科学知识,培养良好的道德情操,训练分析问题、解决问题的能力,发展他们的智力,一刻也离不开语言。我们常常见到这样的情况:教师知识水平相仿,教育对象相近,教学内容相同,但教学效果却迥然有异。一者情趣横生,课堂气氛活跃,学生兴趣盎然;一者平板乏味,课堂沉闷窒息,学生昏昏欲睡。课堂效果的好坏虽然受多种因素的影响,但教师的语言修养、运用语言的艺术往往起特别重要的作用。教师必须具备良好的口语表达能力,这种能力不仅是增强教学效果的有力手段,而且能给学生以熏陶,使学生在潜移默化之中理解语言、提高使用语言的能力。教师要把课上得有感染力、说服力,达到预期的教学效果,须下苦功学习语言,锤炼教学用语,讲究语言艺术。从

---

[1] 本文发表于《人民教育》1983年第10期。本文归纳了能"'粘'住学生"的教学语言的三种特征:"清楚明白,不含糊其词""通俗易懂,不诘屈聱牙""优美生动,不枯燥干瘪"。

哪些方面来锤炼呢？

一、清楚明白，不含糊其词

用清楚明白的语言传授知识、启发思维是教课的基本条件；含含糊糊，闪烁其词，杂乱无章，学生就会如堕五里雾中，得益甚微。要做到清楚明白，一要积极训练自己的思路，力求清晰通畅；二要有意识地清除自己语言中的杂质。

语言是否清楚明白，很大程度决定于思路是否清晰，是否符合逻辑。心里清楚，说出来才明白。对所要传授的知识不"烂熟于心"，未认真思考，如何有条理地表达？讲述时就会枝叶蔓生。教师课前对要讲述的问题，要进行的种种能力的训练，均应作认真的构思，在"序"上下功夫。比如先说什么，后说什么；怎样开头，怎样过渡，怎样结尾；如何先总说，后分说，再总说，分说时从哪些方面、哪些角度，又按怎样的顺序排列；如何运用归纳的方法由具体事实概括出一般原理，又如何采用演绎法由一般原理推出特殊情况下的结论，凡此种种，都须再三琢磨，训练思维的条理化。思路井然有序，讲解就会条分缕析。心明，言才明；锻炼"心明"，可以促使"言明"。

要有意识地清除自己语言中的杂质。教师应讲普通话，力戒羼杂方言土语。语言上的混杂、不纯净，不仅影响听的清晰度，而且影响学生运用规范化语言思考的能力，影响他们语言的发展。啰唆、重复，"这个""那个"等口头禅，也是清楚明白的大敌，它使语言芜杂，拖泥带水，犹如良莠齐生，把该表达的思想感情淹没在莠草之中，大大降低表达效果。着力清除口语中的这些杂质，净化语言，努力做到吐字准确，声音响亮，语句完整，语言精练，"丰而不余一言，约而不失一词"，学生听起来就愉快，接受起来就方便。

二、通俗易懂,不佶屈聱牙

要教学生学懂、学会,再深奥的知识教师也要善于用通俗的话讲出来。口头语言和书面语言有区别,前者作用于人的听觉,瞬息即逝,后者作用于人的视觉,读的人遇有艰深之处,可反复阅读,仔细咀嚼,思索理解。因而,口头语言较之书面语言来说,通俗易懂更为重要。教师讲述概念、定理、定律,讲述文章尤其是议论文中所阐述的科学道理,常运用诠释性语言加以说明。如何运用诠释性语言很有讲究。如果照本宣科,照搬课本上的书面语言,照搬现成的条文,从概念到概念,从抽象到抽象,就失去口头讲析的意义,徒然浪费极其宝贵的课堂时间;如果教师充分利用与教学内容密切相关的材料,对教学内容的重点、难点、关键了如指掌,懂得抓住哪个节骨眼儿一点就通,注意选用浅显的语言,讲述就会具体易懂。唯其深入,才能浅出。要能把所教的知识、道理通俗易懂地表达出来,关键在于一个"透"字。透彻理解,融会贯通,就能深入浅出,讲到精要处,说在点子上。

语言是否通俗易懂,还有赖于遣词造句的功力。要善于从同义词、近义词、反义词中选用最恰当、最鲜明、最常见、最易听懂的有关词语表达情意,深者浅之,难者易之;生僻的,容易引起误解的少用或不用。组织教学用语时,要注意长句化短,繁句化简,多用短句,少用复句。意思比较复杂的可用几个短句剖开来说,不搞修饰语、限制语的堆砌,拗口的、不符合中国语言习惯的外来语句式尽量少用或不用。

三、优美生动,不枯燥干瘪

教师讲课所用的语言虽属日常口语,但又不同于"大白话",应该是加工过的口头语言,与随想随说的日常交谈有区别。要注意语言的提炼,炼字炼句。教学用语里既要有人民群众经过锤炼的活泼口语,又要有优美严密的书面语言,教课时让学生置身于语言美的环境之中,受到教育与感染。

教师要掌握大量的词汇,善于用同义词、近义词转换,善于运用专业词、成语、俗语。汉语的词汇丰富如海洋,它反映了中华民族数千年的悠久的文化,又吸收了各民族语言与外来语中的精华。它反映客观事物、表现思想感情的精密程度,同义词、近义词之间的细微差别,在世界上是罕见的。平时广为采撷,认真储存,教课时就会源源涌入脑际,根据教学需要,信手拈来,脱口而出,大增语言的风采。如果自己词语仓库里的物品极少,阐述问题、剖析事理时总是翻来覆去用那几个词语,颠来倒去那几句话,教学效果就可想而知。语言贫乏干枯,学生是不会欢迎的。

须熟练地掌握和运用各种修辞手法,句式要富于变化,增强语言的形象性。善于运用语言的作家十分注意语言的形象性,他们借助形象化的语言,在文中绘声绘色,绘景绘情,使人有身临其境之感,触动读者的心灵。教师的语言虽不等同于作家的文学语言,但要悦学生耳,吸引学生的注意力,要使学生听得津津有味,孜孜以求地在学海中泛舟远航,非得讲究形象生动不可。贴切的比喻能启发学生联想、想象,精当的设问、反问能造成悬念,启发学生深究底里,气势流畅的排比能激发学生感情的波澜,适时的反复、强调能加深学生的印象。所有这些,教师课前应运筹帷幄,成竹在胸。课上,语言的闸门一打开,伴随着语言的知识就会如清泉之水汩汩地流入学生的心田。

为了加强表达效果,还须注意句式的变化。重复用一种句式,不加变更,必然单调无味。根据教学要求、教学内容的需要,可用单句,可用复句,可长短句交错,可用陈述句,可用判断句,可用疑问句等其他句式。即使用得较多的陈述句,其中词序的排列也很有值得推敲之处。哪些前置,哪些倒装,都要从效果出发,妥加安排。句法参差有致,听起来就自然和谐。

优美生动的语言必然有和谐的节奏。抑扬顿挫、高低起伏处理得当,能给学生以美的享受。音量要控制,过响会震耳,过轻听不清,以传送到课堂每个角落,每个学生能清晰地听到为宜。要注意音质音色,频率过高,尖声刺耳,频率太低,沉闷欲睡。妥善控制,改善音质,学生听起来就愉快舒适。讲课的语言必须有抑扬起伏,视不同的教学目的,有时舒缓徐慢,有时高亢激奋,有时停顿间歇,有时一泻千里,创造课堂气氛,牵动学生思绪,叩击学生心弦。如果只在一个平面上移动,如果只是等速度地流淌,容易对学生起催眠作用。

教学语言要做到优美生动,除了知识素养、语言技巧之外,还必须倾注充沛、真挚的感情。情动于中而言溢于外,只有对所教学科,所教对象倾注满腔深情,教学语言才能充分显示其生命力,熠熠放光彩,打动学生的心,使学生产生共鸣,受到强烈的感染。

作家阿·托尔斯泰在一次讲话中曾这样说过:"我们不仅能够把思想、概念,而且还能够把最复杂的、色彩最细腻的图画用语言表达出来。可以这样说,在人的大脑里好像有着成千上万个,也许还是成百万个键子,一个正在讲话的人,就好像是用无形的手指在大脑这个键盘上弹奏一样,而讲话人所奏出来的那支交响乐也就在知音者的头脑里回响起来。"这段话十分精要地道出了语言艺术对作家的重要。从中,我们可获得深刻的启示:一位教师必须锤炼教学用语,研究语言艺术,使自己用语言所弹奏出来的交响乐,能在知音者——学生的头脑里回响激荡,收到良好的教学效果。

语言的锤炼不是一朝一夕的事,须靠长期的积累与实践。要多阅读中外优秀文学作品,多学习人民群众的生动活泼的语言,吮吸其中有益的养料,提高语言修养。要广泛地涉猎社会科学与自然科学有关读物,丰富自己的知识,增长见识,提高洞悉事物的能力。要加强语言实践,平时多锻炼,教学时注意反馈调整,根据学生的反应调整音量、语调、节奏、速度、句式、表达的方法，经常总结经验教训，扬自己教学语言中之长，克服不足之处，一步一个脚印，使教学语言日趋完美。

愿教师用语言"粘"住学生，上出一堂堂学生欢迎的、思想正确、知识丰富、情趣横生的使人入迷的课！

谈谈说明文教学中比较法的运用

说明文是解说事物、阐明事理的文章。写说明文须在"明"上下功夫,须把说明的对象介绍得井然有序,清楚明白,给人以知识,给人以启迪。而教说明文也同样需要在"明"上下功夫,要依据教材向学生清晰地传递知识信息,借助教材有计划有目的地对学生进行观察、思维、想象和表达能力的训练。

为了达到使学生"明"的目的,教学中可广为运用比较的方法。俄国教育家乌申斯基曾这样说:"比较是一切理解和思维的基础。我们正是通过比较来了解世界上的一切的。"教说明文,要让学生了解说明的对象,理解说明的顺序,懂得说明的方法,体会说明的语言,教师从不同角度,用多种方法引导他们积极思维、进行比较,很为重要。有比较才有鉴别,通过比较能洞悉文章的特点,认识这类文体的规律。

怎样在说明文教学中运用比较的方法呢?怎样运用才能取得较好的效果呢?

一、要选择和确定比较的方面

说明文一般在于说明事物的形态、特征、性质、构造、功用、关系或事物的基本原理以及发生、发展的过程。客观事物往往头绪纷繁,反映到文章中也常常是方面众多,教学时如果不加分析,不加选择,碰到什么内容比较什么内容,碰到什么方法比较什么方法,势必鸡零狗碎,肢解文章,学生难以得益。应该从文章的特点和学生的实际情况出发,根据教学目的要求,选择和确定某一方面或某几方面进行比较,使学生有明晰的印象,加深对知识的理解。

如《食物从何处来》一文的教学目的在于让学生理解抓住特征,层层深入地说明食物来源的写作特点,根据这个目的,我确定在三处运用比较的方法教学。一是起始阶段关于食物的定义,二是全文示意图,三是末尾的结论。要懂得食物的来源,须对食物的概念有科学的理解,因此,要求学生把日常生活中对食物的种种认识和理解与文中的"食物就

图表一

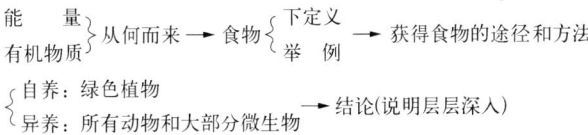

图表二

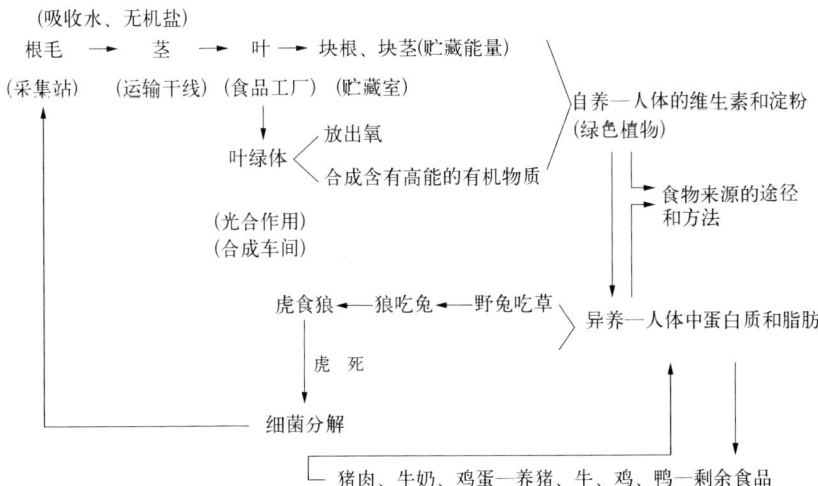

是一种能够构成躯体和供应能量的物质"相比较,舍弃色、香、形、味、品种等非本质特征,认识其本质特征,为学好全文做准备。抓住食物的本质特征后怎样层层深入地加以说明呢？要求学生自读课文,列示意图表,教师选择其中有代表性的两张,组织学生比较。

学生把表和课文对照,把表一和表二进行比较,经过思考分析,发现表一优点在能显示课文内容的全貌,但失之于粗疏,有主干无枝叶,重点不突出;表二正弥补了前者的缺点,抓住了课文的重点,不仅内容具体,而且注意标明事物之间的关系,但明显的不足是斩头去尾,未反映文章的全貌。由于明确比较的方面,学生看得仔细,读得认真,思维积极,既对文中怎样层层深入地说明有真切的了解,又能以比较的图表为依据,修改自己所列的示意图。文章结尾处运用比较法为的是培养学生尊重事实的科学态度。文中说"所以,世界上除了极个别的细菌,能不依赖阳光而靠化学能来合成食物以外,其他一切生物都靠绿色植物的光合作用来获得食物",要求学生把这一句和去掉"除了……以外"的句子相比较,从而懂得科学是来不得半点虚假的,语言的周密反映了尊重客观事实的科学态度。教学中选择和确定比较的方面,学生思维有了规定性,不会胡乱比较,漫无边际,不致枉费时间与精力。

二、多侧面多角度进行比较

教说明文不能笼统空泛,大而化之,要把握教材的特点和学生实际,有目的地进行多侧面多角度的比较,引导学生把文中说明的各种对象或现象加以比较、分析,找出它们之间的异同和联系,以深入领会,牢固掌握。我常取的角度是：

审异。任何事物都有自己的特征,其中包括表面特征和本质特征,而这些特征是这一事物区别于其他事物的标志。学生往往对文中如何抓住事物的特征加以说明缺乏感性认识,而对同类型事物的特征就更不注意分辨。为此,教学中进行审异的比较,可帮助他们具体理解什么是事物的特征,怎样抓住该特征来说明。如《中国石拱桥》一文中用举典型事例的方法说明中国石拱桥的特征,教学时要求学生对赵州桥和卢沟桥进行比较,辨清它们各自的特征。因为须审异,学生阅读课文十分仔细,一个层次一个层次、一个问题一个问题对照起来思考。通过审异思维,明确从外形特征看,至少有几个不同:前者是独拱,后者是联拱;前者桥洞不是普通半圆形,而是像一张弓,后者桥洞是半圆形;前者大拱两肩上各有两个小拱,后者每两个石拱之间有石砌桥墩,把 11 个石拱联成一个整体;前者大拱由 28 道拱圈拼成,后者每个石拱长度不一;前者两端宽,中部略窄,后者宽度一样;前者石栏板雕刻得古朴美观,后者桥面用石板铺砌,每个柱头上都雕刻着不同姿态的狮子。至于地理位置、修建时间、设计、施工、整修经过、艺术价值、纪念意义等也各具特点。通过同中审异的比较,不仅对两座桥的具体特征认识加深,而且起了相互补充的作用,对我国石拱桥的历史悠久、形式多样、结构坚固、巧妙绝伦等特点理解得更为具体。如不作这样的比较,容易一晃而过,只有模糊的印象,特征显示不出,至于怎样叫抓住特征说明,更是含糊不清了。

求同。每篇说明文有各自说明的对象,说明的方法,说明的顺序,说明的语言。教学时如果只停留在文章的个性上,不引导学生从众多的个性中寻找出共同的规律性的东西,认识就不能深化,更难以做到举一反三、触类旁通。因此,在恰当的时机有计划、有目的地向学生提供有关材料进行比较,启发他们异中求同很有必要。比如梳理清楚《春蚕到死丝方尽》的说明顺序后,立即要学生回忆《人民英雄永垂不朽》《第比利斯的地下印刷所》《中国石拱桥》《苏州园林》等文说明的顺序。《春蚕到死丝方尽》是先概括介绍蚕,然后具体说明蚕的生长、发育、老熟的过程;先介绍蚕的外在生活习性,再进而说明蚕的生理机制,由现象深入到本质。《人民英雄永垂不朽》按照空间、方位顺序说明,由远到近,由下至上,由四周到中间;十幅浮雕的说明按历史顺序。《第比利斯的地下印刷所》按空间顺序说明印刷所的外观和内部结构,由外到内,从上至下;按时间顺序说明印刷所的建造经过,二者有条理地结合。《中国石拱桥》的说明是先一般后具体,先过去后现在。《苏州园林》先总说后分说,先概括介绍,后分别细说。这些文章从表面看说明的顺序很不一样,可是都达到了说明事物的目的。这是为什么?其中有没有共同遵循的规律?引导学生分析比较,由现象深入到本质进行探讨,学生就可领悟到文章不管怎样安排说明的顺序,都必须根据人们认识事物的过程以及说明对象本身发展的规律,如违背这个过程和规律,东一榔头西一棒子,就会杂乱无章,说不清楚。学生懂得了这一点,读其他说明文时,容易把握其中说明的顺序,判别结构材料是否合乎事理。

显差距。学生学说明文惯于就文论文,而教师教说明文也习惯于就文论文,若这样,思路拓不开,容易失之于肤浅。要注意打破这种局限,结合学生的生活经验、知识储存,利用幻灯、图画、照片等教具,运用比较的方法,显示出事物之间的、图文之间的、说和写之间的种种差距,调动学生求知的积极性,增强学生认识文章的深度。比如叶圣陶老先生的《苏州园林》,不说别的,单是抓苏州园林的基本特点,功力就非同一般。如果教学时只说明作者总说了该地园林的基本特点是什么,学生体会不到其中的佳妙。我运用了如下的方法来显示差距,启发学生认识、体会:先请游览过苏州园林的学生根据自己的理解口述苏州园林的基本特点,学生很少能用概括的语言,说得比较零碎;然后再挂上苏州园林的几幅图画,请学生说明它们的基本特点;最后请学生把口述的和课文中写的作比较,显示出和作者观察方面、抽象概括方面的显著差距。这样,学生就能体会"务必使游览者无论站在哪个点上,眼前总是一幅完美的图画"的基本特点不是随意抓来,而是作者通过对十多处园林的周密观察,从个别中概括出一般,概括出了苏州不同园林中的共同点。为什么这是基本特点呢?分说部分就可验证,学生往下学就会兴味盎然。运用幻灯也可取得类似效果。如放三张赵州桥的幻灯片,一张是赵州桥的外观,一张是赵州桥示意图,还有一张表明赵州桥的宽度与28道拱圈拼成大拱的图像。先要求学生看图说话,说明赵州桥是怎样的桥,然后要求学生看文说话,从桥的地理位置到四个特点,一个层次一个层次地说清楚,最后从看图说话与看文说话的比较中看特点、找差距、悟道理。看图说笼统概括,看文说具体详细,从中可受到如此的启发:要说明有关事物,必须具备对那个事物的有关知识,单懂得说明事物的方法,对事物本身缺乏足够的认识,是写不好说明文的。因此,阅读,观察,提高认识事物的能力十分重要。

梳条理。说明文的有关知识是分散在一篇篇课文中的,一般说来,课文中有怎样的知识,就教学生学这样的知识,不易使某项知识系统起来。知识不成条理、不系统化,不仅容易忘记,而且使用率也不高。教学中注意运用归类比较的方法,每次从一个侧面有重点地把知识集中起来,帮助学生把新旧知识联系起来,使之条理化、系统化,理解就比较深入,掌握也就较为牢固。比如学了《花儿为什么这样红》《晋祠》后,与《看云识天气》《大自然的语言》归类集中,选取语言的角度进行比较。通过归类比较,把这类文艺性强的说明文的有关语言知识条理化。说明文的语言须洁净、平实,简而明,详而不蔓不枝,能准确地反映事物的本来面目。而文艺性强的说明文,除着眼于说明的准确性、逻辑性外,还使用带彩的语言,增添生动性,加强表现力。怎样使用带彩的语言呢?经过比较,归类,发现它们都是:① 精选形容词修饰、描绘,如《花儿为什么这样红》一开篇就选用"热情""强烈""奔放"等词语形容花朵的红色,制造火热的气氛;② 运用多种修辞手法使说明的对象形象化,如《看云识天气》中状云的万千姿态用了"像羽毛""像鱼鳞""像羊群"

"像棉被""像峰峦""像河川""像雄狮""像奔马"等一连串的比喻,把变幻无穷的云的形态描绘得惟妙惟肖,如《晋祠》中写圣母殿内的泥塑像,用"她们或梳妆,或洒扫,或奏乐,或歌舞"的排比句,气势流畅,朗朗上口;③ 注意句式的长短交错,整散协调,寓感情于语势的起伏缓急之中,在说明事物的同时发挥艺术感染力。如"晋祠的美,在山,在树,在水",两字一逗,简洁干脆,而说明我国古建筑的"三绝",用的却是舒缓的散句,这样安排错落有致,饶有韵味。经常通过归类集中的方法,分析比较,把学过的某些知识条理化,系统化,记起来牢固,用起来方便。

三、在比较中培养学生的语文能力,发展他们的智力

教说明文不能停留在词句的诠释、内容的讲授和段落大意的归纳上,要注意激发学生观察事物的浓厚兴趣,探索事物内在奥秘的求知欲,培养他们逻辑思维和想象、联想等能力,提高他们运用说明这种表达方法的能力。运用比较法进行教学当然不能局限在知识的传授上,更为重要的是培养和发展学生的能力与智力。

没有精细深入的观察,不可能对事物有科学的认识,当然也就不可能对该事物作科学的说明。运用比较法进行教学时注意发展学生的观察能力,学生不仅会满怀兴趣地深入钻研课文,而且可从作者身上获得教益,懂得观察的要领和怎样下观察的功夫。比如蔡元培的《图画》一文,多处运用了横比和纵比的方法突出图画不同于建筑、雕刻的本质特征,说明中西图画在创作方法与其他艺术的关系等方面的差别。教学时我选择了笔墨淋漓的水墨山水、笔墨简净的白描、达·芬奇的蒙娜丽莎和劳伦斯的红衣少年油画,指导学生观察。学生原不会读画,只知画是平面的,通过指导,看出了画中什么是背景,什么是主体,什么是近景,什么是远景,哪里光线明,哪里光线暗,与文中下的图画的定义"舍体而取面,而于面之中仍含有体之感觉者"对照,不仅领会到揭示图画

本质特征的语言准确精当,而且领悟到深入观察事物的重要性。指导学生观察、比较,学生从墨色的浓淡、稠稀、线条的流动、转折,理解"以墨笔为浓淡之烘染","以细笔勾勒形廓",具体真切。分辨写意与写实,学生边观察边开展联想与想象,对写实画中的衣褶、头发、皮肤纹路都仔细辨识,在观察的细致方面得到了锻炼。

  说明文在阐释事物存在的本质特征、性质、形态、作用、功能时常用分类表述的方法,以求条分缕析。教学时抓住这些特点开展比较,可发展学生逻辑思维的能力,因为人们比较时总是伴随着分析、综合、抽象、概括等心理过程。例如《大自然的语言》说明决定物候来临的因素"首先是纬度","经度的差异是影响物候的第二个因素","影响物候的第三个因素是高下的差异"。"此外,物候现象来临的迟早还有古今的差异",显然作者用了横式结构的方法逐项加以说明。既然是横式排列的方法,能否把上述四项的次序更换呢?能,为什么?不能,又是什么道理?学生思考分析,不仅明确四者有主次之分,不能随意更换,而且看出说明有详略之别,每段首句概括说明,然后具体分析,再举实例,既说一般情况,又说特殊情况,略而明,详而周密。更重要的是分析、综合的能力得到培养,在科学的严密性方面受到熏陶。学生在阐述比较所得时,从课文的条理、课文的语言中获得借鉴,口头表达能力也得到了锻炼。

  教学说明文可采用多种方法,比较法是其中很有效的一种。

一步一陟一回顾

每一个有志于为中学语文教学做贡献的年轻教师,都希望自己能尽快熟悉本学科的业务,认识并掌握教学规律,有效地提高课堂教学效率,成为经验丰富的教师。我就曾经有过这样的迫切愿望,现在,也仍然怀着这样的愿望。怎样才能实现这良好的愿望呢?我初步的体会是:除了课前孜孜不倦地钻研教材,虚心学习和借鉴别人创造的有益经验外,及时地持之以恒地总结自己教学实践中的经验教训至为重要。

我们上课经常会碰到如下两种情况:课上得很"顺",学生或全神贯注,或神采飞扬,课堂气氛和谐活跃,自己也心情舒畅;课上"砸"了,上"毛"了,学生或昏昏欲睡,或迷惑不解,课堂气氛呆滞,自己也惘然若有所失。同样的教师,同样的学生,课堂上为什么会出现迥然不同的情况呢?其中必有原因,那就需要坐下来认真地静思回味,寻求答案。"顺",为何能"顺"?"毛","毛"在何处?教学细水长流,教给学生语文知识,培养学生听、读、说、写能力,绝非一次能完成,而是要长期滴灌,长期耕耘。教学有其特有的持续性,教过不是了结,不能边教边丢。知识传授要讲究系统性,能力培养须注意循序渐进。一课是一环,环环要扣紧。教学中要能抓住每一环,抓住环与环之间的有机连缀,扎扎实实提高教学质量,就须坚持不懈地回顾、审视自己教过的课,及时梳理总结。对语文教学的正确认识来自语文教学的实践。不断地记录教学实践中的种种情况,积累资料,提炼上升到理论,再放到教学实践中去检验,正确的,坚持;错误的,修正,就可减少教学中的盲目性,增强自觉性。

教课之后究竟记些什么呢?记"教"记"学",记教学中的"得"与"失",记学生学习中反映出来的种种情况。教师课前在钻研教材的基础上结合学生实际写成的教案,不管经过怎样的精心设计,毕竟是用文字绘写的教学蓝图,拿到课堂内付诸实施,必然会出现许多课前估计不到的情况,是"得",是"失",是"得""失"兼而有之,经过回顾,皆可择其要收入笔底。

记对教材的理解与处理。语文教材是语文教学的根据,凭借它向学生传授语文知识,培养听、读、说、写的能力,发展他们的智力。对教师来说,吃透教材是实现教学目的要求,提高课堂教学质量的基本保证。每教完一篇,记下对它理解的深浅正误,处理得恰当与否,对提高自己的阅读分析能力,日后掌握教材的深度广度,颇有裨益。比如《驿路梨花》一文,在初中第一册教材的第二单元是作为阅读课文处理的,我在备课时考虑到该文有特殊的地方色彩,鲜明的社会意义,情节曲折,描写细腻,主要人物年龄与学生相仿,容易在思想感情上沟通,于是改阅读为讲读,使学生学得深入些。事实证明,这样处理符合学生愿望,学生被教材中的故事与人物所吸引,自始至终兴趣盎然。课后我记下了这一点:"处理教材要深思熟虑。在单元教学中某一篇教材应放在怎样的地位,不能不动脑筋,也不能贸然下结论。要深入钻研,目中有学生,教材的地位方能把握准。"《驿路梨花》以一座深山茅屋为背景,展示了各民族、各地区、各职业人们之间互相关心、互相帮助、互相爱护的情景;涉及的人物有解放军、瑶族老人、梨花、梨花妹妹、行路人老余等。作者把这些人物(盖茅屋的,照料茅屋的)放在一个平面上来描述,还是有所侧重?我的理解是有所侧重,重在"梨花"。理由是:"小",代表着未来,代表着希望,侧重写"小"的高尚品质、助人为乐的精神,更富有教育意义。"梨花"前学解放军,后为妹妹做榜样,对革命传统既继承又发扬,增添了文章的深度。作者采用了"千呼万唤始出来"的手法,引人入胜,而最后呼唤出来的竟不是"梨花",而是"梨花"模样的妹妹,如此安排,使人遐想神驰。在教的过程中,我越发觉得这样的理解是正确的,于是又记了这么几句:"抓住'梨花'这个未出场的主要人物,情节的起伏曲折,景物描写的诗情画意,主题的深刻意义皆能较充分地展现。牢记:理解教材要力求抓住关键,抓住牵一发而动全身的关键。"对教材理解的疏忽失误,同样要认真地记录。如"我不幸偶而看了一本外国的讲论儿童的书,才知道游戏是儿童最正当的行为,玩具是儿童的天使"是《风筝》一文中的重要语句,我在备课时忽略了"不幸"这个词在该句中的含义与用法,课上学生提出这个问题,我才引导他们讨论解决。课后,我记下了这个教训:"教学是十分精细的工作,不允许有丝毫的马虎与失责,切记'不幸'的教训。"

记对教法的选择与运用。教法是实现教学目的的手段,教必须遵循一定的法则,但又无定法,要因教材而异,因学生而异。上完一堂课,教完一篇课文,对所采用的教学方法作一番推敲分析,有助于探求教学规律。如《"友邦惊诧"论》一文中牵涉的人与事非常复杂,与今天学生的距离比较远,不具体介绍文章的时代背景,学生难以理解。怎么介绍呢？我借用了文章第1段的语言,采用了提问分析的办法,辅之以醒目的板书,把"九一八"事变后学生反侵略反卖国请愿行动的前前后后错综复杂的形势作了具体明确的介绍。课后,我记下了这种教法的好处:"把时代背景的介绍与课文的理解分析结合起来进行,既节约教学时间,避免凌空的介绍,又能引导学生仔细咀嚼课文,理解作者怎样从以事实和说理的反驳中引出反动论点,使论敌一开始就处在被动挨打的境地。注意:考虑教学方法时须努力把握教材特点,别忘了充分发挥教材本身的作用。"有时由于课前考虑不周密,采用的教学方法欠妥当,影响教学效果,及时记录,可引以为戒。在教《沁园春·雪》这首词时,因为启发学生开启想象,学生初步体会到该词所表现的宏伟的气势和辽阔的意境。就在刚取得教学效果时,我放了一张幻灯片"江山如此多娇",原想锦上添花,以画面来加深学生的理解,谁知效果适得其反,学生议论纷纷,认为气势一点不宏伟。"放幻灯片本是形象化的一种教学手段,然而何处该用,怎么使用,必须倍加慎重。一张有边框的幻灯片是难以表现《沁园春·雪》中那么开阔的意境的",我懊丧地记下了自己的失误。

记学生学习中的障碍和思想上的火花。"知己知彼,百战不殆。"教学要取得良好的效果,不仅要知教,经常地对自己教学上走过的路审视、剖析;而且要知学,不断地了解学生的知识与能力,学习中的困难与长进,把握他们的发展与变化。在学生学的过程中了解学生,材料生动具体;学生在学的过程中积极思维,发挥主动性,常会闪现思想上的火花。这些闪光的东西不仅使课堂生辉,而且会弥补教的不足。教后,迅速地记几笔,可以清晰地看到他们成长的脚印,把准新课的起点。"××同学概括能力有提高,能用'一屠制胜二狼'六个字概括《狼》所叙述的故事。""××同学问:在《从百草园到三味书屋》里,鲁迅先生反对封建教育禁锢儿童身心发展,为什么在《风筝》里鲁迅先生自己却反对弟弟玩风筝,岂不是矛盾吗?学生质疑能力增强,开始能跨课文思考问题,要妥加引导。""×同学认为《壮丽的青春》开头的'轻风扑面,细雨沾衣',与欧阳海舍身抢险的描述有矛盾,既是'细雨',怎是'水淋淋的雨衣噗啦啦地飘起'?话音刚落,××等同学就脱口引出僧志南的诗句'沾衣欲湿杏花雨,吹面不寒杨柳风',说明蒙蒙细雨下得长久,衣服同样会水淋淋。这些孩子思维敏捷,学了就能运用。"凡此种种,我皆是怀着园丁培育小苗般的爱护与喜悦的心情记下的。

教后做此摘记当然不是面面俱到,也不可能长篇大论,而是根据课堂实况有所侧重地记些有价值的材料。看起来点点滴滴,然而,一日不多,十日许多,日久天长,对教学中的是非得失就会逐步清楚。我们的教学工作,犹如永不休止地攀登高山群峰,写"教后"则好似宋代杨万里描写其登山的一句诗:"一登一陟一回顾。""一登一陟",站得高,眼前境界就开阔起来;"一回顾",看到自己艰辛走过来的路就分外亲切,信心倍增,抖擞精神攀登更高的山峰。这里需要的是:对事业的责任心,孜孜以求的进取精神和持之以恒的毅力。

附:课后

唤起了我的童心

《一件珍贵的衬衫》教下来,我简直难以抑制自己感情的激流,孩子们纯真的感情深深地叩击着我的心弦,唤起了我的童心,使我达到了不能自已的地步。

这是篇一眼见底的文章,浅显明白,集体备课时大家觉得无甚可教,我也有同样的看法。课前设计时我考虑到在"珍贵"二字上做文章,并抓住课文开头、结尾的语句,引导学生反复朗读、推敲,动之以情。出乎意料的是学生读得那么认真,齐读时不约而同地用了低八度的声音,抑扬顿挫,舒缓深沉,完全进入了角色,他们被文中所表达的热爱与崇敬周总理的感情所感动。听课的几位年轻老师看到孩子们如此情状,也受到了感染。其实,课堂上最为感动的还是年过半百的我。我想以情感动学生,而实际效果是我被学生深深地感动了。

我受感动的不是学生朗读的技巧与水平,低八度的读法并不是表情达意的最好方式,感动我的是那一双双盯着书本的饱含深情的眼睛和一颗颗晶莹透亮的童心。纯真可爱,洁白无瑕,这些就是我们教育对象的重要特征。看到这些,我由衷地感到我们的未来光辉灿烂,我们的事业有无限希望;看到这些,我深切地感到肩上的重任十分光荣,无比伟大。流年似水,人的年龄总要增长,返老还童是不可能的。然而,童心可以常在。对学习、对工作、对生活认认真真,把心扑在上面,达到忘我的境地。

孩子给我上了生动感人的一课,我真切地体会到:要教育心灵晶莹透亮的孩子,做教师的要常常掸扫思想上的灰尘,保持自己的心灵晶莹透亮。

须深思,须熟虑

《天上的街市》是一首富于童话色彩的抒情诗,教学重点放在朗读和启发学生开展想象两个方面。实践证明这样把握是可行的,学生在反复朗读、体会天上街市的情景时,想到很多很多。小陶想到嫦娥如何奔月;小姬想到牛郎星旁的两颗小星,大概是牛郎的孩子;小徐想到在天河里游泳一定是自在无比;更有好些学生想到飞碟,想到宇宙飞船,想到宇宙人,想到自己长大了要去探索星空的奥秘。孩子真可爱,只要帮助他们给思想插上翅膀,他们就能在天空遨游,用想象的彩锦编织一幅幅人间天上相沟通的美画。

原设计逐段朗读,抓关键词语推敲,上课前重温课文时突然觉察到原先的安排不合适,不易教出诗歌的特色。于是临时决定重新处理,抓住这首诗歌的特征——闪光的比喻、奇妙的想象、波澜层叠的联想和深沉的热情,引导学生整篇朗读,综合理解,反复领会。这样处理,克服了支离破碎的毛病,发挥了诗歌形象性的特点,收到了发展学生想象能力的效果。

教训是:即使看来不难处理的教材,也不能提笔就写教案,要深思,要熟虑,才能真正把握教材,选择较好的教学方法。

目中要有学生

实践又一次证明，联系学生已有的知识是导入新课的有效的方法之一，学生一下子就全神贯注，进入教师为之安排的特定的学习轨道。教《鲁提辖拳打镇关西》时，从询问学生知道《水浒传》中哪些有名人物入手，学生竞相发言，全场雀跃，过渡到章回小说标题特点的讲述十分自然。有的学生能一连串说出好几个标题，如《花和尚倒拔垂杨柳》《鲁智深大闹野猪林》《林教头风雪山神庙》《武松醉打蒋门神》等。在列举种种标题的过程中，学生理解并掌握了这类标题，高度概括故事内容的特点。

学生喜欢听故事，看故事，针对这个特点，我要求他们选择恰当的词或词组概括这篇文章的全部情节，效果较好。学生积极思维，小陈以"酒楼闻哭""询问缘由""慷慨解囊""怒打小二""拳打郑屠""轻装急走"等小标题概括了故事开端、发展、结局的全过程。

学生最感兴趣的是"三拳"，易忽略的是"打"的前奏和"打"时周围的人尤其是店小二的种种表现。实践证明课前的估计符合实际。教时点出作者忙中偷闲，从容不迫写店小二、过路人、众邻居等人的方法与作用，学生恍然有所悟，似乎获得了意外之"宝"。教"三拳"的内容，课堂上笑声不绝，小方同学甚至下意识地伸出拳头比试。就在学生兴趣极浓之时，我连续启发他们读重点描写的段落，使他们体会到鲁提辖打得有理，作者铺写得佳妙，这"三拳"打出了"味道"，打出了"色彩"，打出了"全堂水陆道场"的"音乐"，这"三拳"表明了"硬"要打，"软"也要打，疾恶就是要如仇。重点部分必须重点处理，教学效果才比较好。

这一篇课文教下来，自己比较满意，其中有一条重要的经验是：备课时必须目中有学生，处处从学生的实际出发，包括他们的知识基础、兴趣爱好、心理特征、年龄特征。忽略或不坚持唯物的观点，就会闭眼睛捉麻雀,事倍而功半。

又记:课后练笔试着要求学生分析鲁达这个人物形象,大部分学生能力不够,或写得太简略,或错弄成缩写。如果教师先加以归纳分析,再要求学生练,效果就会好得多。初一的学生毕竟幼小,练习同样要切合他们的实际,难度不能超越他们的能力范围。

说明:"课后"本无题目,为读来醒目起见,加上了标题。

有迹可寻
——朗读教学一法

"老师,我也来读一读。"坐在最后一排的大个子学生居然这样请求,这是意想不到的,我欣喜地立即请他朗读。

"断头今日意如何?创业艰难百战多。……取义成仁今日事,人间遍种自由花。"读得抑扬顿挫,有腔有调,同学们用惊异的眼光看着他,有个别学生竟然情不自禁地叫了一声:"好!"

是什么使得这个本来一开口就脸红、声音憋在喉咙里的学生在朗读上有如此明显的进步呢?这是课堂里学生朗读的热烈气氛和课文朗读的录音发挥了积极的作用。

为了加强朗读训练,提高教学质量,我们复制了整册课文的录音,借助它进行具体的指导。学生朗读时有迹可寻,兴趣提高,热情增长。比如上述的《梅岭三章》,课文短,我就利用录音进行朗读训练。针对学生读课文卡着嗓子、声音平板、一腔一调或拖腔拖调的情况,采取了听、跟、读、评的方法,充分发挥录音的指导和示范作用。放录音前,先要求学生回忆课本中介绍有关的读诗知识,掌握读的要领,然后引导学生有意识地听录音,细细品味,慢慢咀嚼。在初步体会的基础上,要求学生跟着录音轻声读;在学生心中有了怎样读的"谱"时,就一个个进行具体训练。读一个,评论一个。学生以录音为依据,对字音、声调、语气、感情等开展评论,对照模仿,体会揣摩,畅所欲言,评得热气腾腾。经过评论,有些学生要求再读、三读、四读,力求读得响亮,准确,有节奏,有气势。这样多人次的反复训练,把朗读的要求落在实处,学生眼到、口到、心到,不仅加深了对课文中心思想与语言特点的理解,而且兴味盎然,跃跃欲试,一定要亲自朗读一番而后快。

有些课文长,用这样的方法训练,时间不许可,就根据教学的目的要求恰当地运用录音手段,发挥指导朗读的作用,调动学生学习语文的积极性。有的可播放重点段落,引导学生体会警句名言,受到教育和感染;有的在起始课播放,帮助学生解决生字难词,减少读的困难;有的与课文分析穿插进行,以朗读手段协助学生体会课文的思想感情。总之,运用朗读录音,使学生有迹可寻,可收到提高教学质量的实效。

文言文教学不能以偏概全[①]

文言文教学中常易犯以偏概全的毛病。有时把课上得像古汉语课,见字见词见句不见文,即使是见词,往往"之""乎""者""也"一大堆,实词反倒一晃而过;有时则疏通疏通,意译一番,貌似有文,但字词句却不落实,当然思想内容也就随之"虚"掉。不管是前者还是后者,都难以有效地培养学生阅读浅易文言文的能力,难以落实语文教学大纲中关于文言文的教学要求。

教文言文须防止上述两个偏向,处理好虚词教学和实词教学的关系,处理好文与道的关系。

初教文言文时,眼中只有虚词,似乎文言虚词在文言文中举足轻重,学生一旦掌握,就能通达无阻地阅读这类文章。其实,这是一种误解。虚词和实词,究竟孰轻孰重?从文言文本身的特点看,还是实词为主,虚词为辅。实词的意义比较实在,文章内容的表达主要依靠它们。就好比造房子要有砖头、木材一样,没有这些主要建筑材料,要想盖起房子是不可思议的。比如柳宗元的《童区寄传》中有"行牧且荛,二豪贼劫持反接,布囊其口,去逾四十里之虚所卖之"的句子,且不说其他的实

[①] "文革"结束后,文言文在中学语文新教材中的比例大幅增加,文言文的地位不断提高。但当时文言文教学却出现了两个偏向:一是把课上得像古汉语课,"见字见词见句不见文";二是"见字"又不能落实字词。在这种教学环境下,作者提出文言文教学不能以偏概全,要处理好虚词教学和实词教学的关系、处理好文与道的关系。

词,单是"虚所"一词,若不指导学生理解,不仅全句意思不能疏通,而且全文的情节也没有着落。学生生活在现代语言的环境中,对字词含义的理解习惯于日常的用法,故而常会出现以今推古、误将古词当今词的现象。"虚",学生习惯于理解为"空虚"的"虚","虚实"的"虚","虚弱"的"虚",对"虚"是通假字,同"墟",一无所知;学生还容易把"虚所"看成两个词,他们读了一点文言文,在脑中初步形成古汉语多单音词的印象,会把"虚所"拆开,而且可能把"所"误作虚词看待,不知"虚所"就是集市。因此,无论从文言文本身特点,还是从学生的学习情况看,教好这类与现代汉语词义差别很大的实词很为重要。

落实文言文实词教学,当然不是不分难易、不分主次,见一个敲一个。如果见实词就敲,必然琐碎零乱,肢解文章。教学实践证明,古今意义相同的词语无须花功夫,学生就能理解;文言文中的单音词,现通常用双音词表达的,只要稍加点拨,指导学生在近义词、同义词中慎加选择,学生是能掌握的。重要的是除上述要十分注意辨别古今词义的变化外,在以下几个方面也要多加指导,帮助学生摸索掌握文言实词的规律。

要理解词义,须认真识字。汉字历史悠久,演变复杂,尤其是假借字,学生接触得不多,不易辨认,除引导他们一个一个熟记积累外,可点明一些同音假借、音近假借等现象,帮助他们理解。如《愚公移山》中的"一厝朔东,一厝雍南"的"厝"通"措",读 cuò,两个字声、韵、调完全相同;《马说》中的"才美不外见"的"见"通"现",声母不同,韵母相同,都是 iàn;"河曲智叟亡以应"的"亡"通"无",韵母不同,声母相同,都是 w。有的字是音近假借,如"在肠胃,火齐之所及也"的"齐"通"剂",一读 qí 一读 jì,声母、声调虽不一样,但读音相近。经常注意辨认,感性材料多了,就会变生疏为熟悉。

注意辨析多义词以及诸多义项之间的细微差别,指导学生放在句中，放在前后文中推敲、琢磨，理解它们确切的含义。如《大铁椎传》中有"貌甚寝"与"既同寝"，一词多义，要学生把"寝"放在句子中理解，显然"睡觉"在后一句中一讲就通，以此来理解前一句，无论如何讲不通，面貌怎么可能"睡觉"呢？必须考虑其他的含义，用工具书检字，就发现"寝"有好几条义项，其中"丑陋"放在"貌甚寝"中最合适。一词多义，纷繁复杂，常积累、比较、总结，掌握就较为牢固。有些词义项较多，但差别细微，更要注意辨别，因为对中学生来说，"迥别"还容易看出，"微殊"则不易发现，往往被忽略。如《童区寄传》中有四个"得"，如都释为"获得"，语意僵硬，表达不出文章原有的情致，须指导学生把它放在具体的句子中加以精细地区别。"力上下，得绝"，用力上下来回磨动，使得绳子断了。这里的"得"表结果，表完成。"得童"的"得"由"获得"引申为"抓到"，即"擒获"的意思。"孰若吾得专焉"的"得"相当于"能够""可以"。"贼二人得我"的"得"由"获得"引申为"掳获"。摸准了这些细微的差别，能加深对课文的理解，辨析古今词义的异同。

词类活用是文言文中经常出现的一种语言现象，它能使文字简练，给人以不蔓不枝的感觉。词类活用的情况有多种，如名词活用为动词、形容词活用为动词、数词活用为动词等。教学时不仅要让学生懂得某某词活用为什么词，更要让他们懂得凡是有词类活用的句子，都是缺少某一个句子成分的中心词，而活用后的词正是充当这个句子成分的中心词，被活用这个词的本身作中心词的附属成分。如"尔安敢轻我射"这个句子，谓语里缺少"视"这个中心词。"轻"，原是形容词，表示重量小，被活用为动词以后，充当了"视"这个中心词，而"轻"本身做了"视"的附属成分。

重视实词教学不等于忽视虚词。虚词虽没有实在意义，却有帮助造句的作用，它们好比是造房子的水泥、石灰，砖头得靠它们垒成墙，糊成壁。忽视了，必然影响学生阅读文言文的能力。因此，教学中要虚实并举,不可偏废。落实文言虚词要注意:须用现代汉语翻译和无须翻译的区别,如同是"之",在"以君之力,曾不能损魁父之丘"句中,前一个"之"必须译,助词,用于修饰语与被修饰语之间,"按你的能力","之"是"的"的意思,后一个"之"也是助词,但修饰语"魁父"与被修饰语"丘"两个成分是同一性的,可根据上下文灵活翻译为"这个""这样的",但也可不译。有的完全不需要译,如"虽我之死,有子存焉",此处的"之"用在主语和谓语之间,取消句子独立性,无须译出。落实文言虚词还要注意它们在不同句子、不同文章中的变化,弄清它们的变化,有助于正确地理解句子的含义。比如"其",学生印象最深的是译作"他的""他们的""它的""它们的",作第三人称代词,阅读文言文时,常用这个解释套,因此,必须结合文句指出"其"的多种用法,帮助他们树立多义项多用法的概念。"其一犬坐于前"的"其",用在数词前,译作"其中";"夜至张柴村,尽杀其戍卒"的"其",用在名词之前,起指示作用,可译作"那儿";"其真无马邪?其真不知马也"的"其",用作连词,表示选择,可译作"是……还是";"圣人之所以为圣,愚人之所以为愚,其皆出于此乎?"的"其"是副词,表示估计、推测,可译为"大概""或许";"以残年余力,曾不能毁山之一毛,其如土石何?"的"其"用在句首,加强反问语气,可译作"难道"……总之,把多变化的虚词放在句中、放在前后文中细细琢磨,正确理解它们在具体语言环境中所起的造句作用,方能准确地把握文意。

　　文言文教学容易"重文轻道",以为学生把文字看懂了,字词、句式,古今的一些差异也粗有了解,就算完成了教学任务,内容似乎不必多讲究。其实,这也是一种误解。不论何种文体的文章,语言文字和思想内容总是水乳交融,浑然一体的。在教学过程中,根据教材特点和学生实际,有时侧重于语言文字,有时着力于思想内容,这是必要的。但绝不能抓一头,丢一头。如教《出师表》,如果光注意文字上的疏通,忽视诸葛亮借出师之机,语重心长叮咛刘后主的恳切用心,情真意切地规劝刘后主的由衷之意,怎么能让学生识得文章的"真谛"呢?所以,文道不能偏废。

文言文中的"道",还有一个批判继承的问题。要用历史唯物主义的观点来分析作家与作品,把作家和作品放在一定的历史时期看总的倾向,看作品是否反映了当时社会的现实,是否表现了人民的愿望。教学时不仅要阐明作品的历史意义,还要指出它的现实意义,指出可借鉴之处,对学生起教育作用。如刘禹锡的《陋室铭》历来是被传诵的名篇,托物言志,寥寥81个字,借陋室发挥,表达出高洁的品格和安贫乐道的生活情趣。在当时来说,有一定的积极意义。刘禹锡一生的主流是积极要求变革朝廷弊政,参加了比较进步的王叔文政治集团,在王叔文失败后,他长期被贬。他在政治上虽一再遭受打击,但仍坚守政治节操,不追求华丽的居室,不追名逐利,而着意于自身的修养,这一点在当时是可取的。然而,必须向学生指出:刘禹锡毕竟是一千多年以前封建士大夫阶层的一员,"谈笑有鸿儒,往来无白丁",明显地表露出轻视劳动人民的思想倾向,而且封建文人那种高傲、清高、孤芳自赏、回避现实的品格不值得今天的青年学生学习模仿,其中可借鉴的是人应有高尚的生活情趣,不追名逐利。有的作品具有经久不衰的教育意义,也同样要引导学生弄清其历史意义和现实意义,推陈出新,受到感染,受到启示。如范仲淹的《岳阳楼记》,立意高远,文笔华赡精拔,抒发的"先天下之忧而忧,后天下之乐而乐"的伟大抱负脍炙人口。当时一个封建文人在遭受贬谪的情况下,有"不以物喜,不以己悲"的情怀,仍然坚持理想,关心国事,实在是难能可贵的。今天我们更应具有吃苦在前、享乐在后的高尚情操,自觉地担负起振兴中华,繁荣祖国的重任,反对和鄙弃那种一事当前先为自己打算的卑琐思想。

在文言文教学中关于"道"的问题强调批判,否认继承,对古人要求过高,求全责备,或者一味继承,不要批判,对古人顶礼膜拜,崇尚迷信,都是违背历史唯物主义的,都不能正确地区分文言文中的精华和糟粕。因此,一定要坚持批判地继承历史遗产的原则。

语言文字教得扎扎实实,思想内容教得明晰正确,学生阅读文言文的能力必然提高,思想、情操上就会受到中华民族数千年悠久的、优秀的文化遗产的熏陶。

口头训练好处多

三年前,我在语文教学中有计划地引导学生进行口头训练,经过一段时间的实践,我体会到好处很多。初步回顾一下,有以下八点。

一、增进知识,开阔视野

每一轮练口有每一轮的中心题目,学生围绕中心题目自己选择材料。以初一学生讲故事为例,全班选材没有一个雷同,古今中外,广为涉猎。内容有"王羲之吃墨","快乐王子","飞碟","世上第一枚邮票"等,学生讲述时说明故事的来源,是从什么杂志、什么书上看到的。人人讲述,犹如活的图书馆,开阔了学生的视野,扩大了大家的知识面。

二、辨别正误,训练思维

一个学生练口,其他学生认真听着。讲者积极思维,力求把要介绍的内容说得清楚明白;听者同样积极思维,对讲的内容作出反应。这对发展学生智力,训练学生思维很有好处。比如有个学生介绍《西湖民间故事集》,说全书写了16个人物,"把几个项目分得很清楚,第一是岳飞等,第二是苏轼、白居易,第三是文学家故事……",学生听后立刻指出这样的介绍用词不当,思维混乱,"项目"应改为"类","苏轼、白居易"也属文学家,所以分类不合理。

三、知识落实，能力提高

学生练口每轮有一定的要求，按照规定的要求组织学生口头发言。比如要求他们推荐一本读物时，既要有概括介绍，又要有重点评析，在重点评析时可以读读讲讲。学生在准备的过程中阅读、找重点、抓关键，进行概括、归纳，既运用了语文课及其他学科所学的有关知识，又锻炼和培养了概括能力、分析能力和自学能力。从思想内容到表达方法，从遣词造句到谋篇布局，从吐词、语调到音响、表情等都要评论。每节语文课一两个学生讲，三五个学生评。讲的人是口头作文，评的人也是口头作文，反复训练，持之以恒，以"说"促进听、读、写能力的提高。

四、培养兴趣，推动阅读

天天开展练口活动，天天由不同的学生把新鲜的知识带入课堂，大大培养了学生学习语文的兴趣。讲述的学生如组材得法，开头注意引人入胜，收尾注意留有余味，学生更是兴味盎然。有个学生拿着一本书讲述数学中的"黑洞之谜"，一讲完，好些学生就抢着要看这本书。讲的学生为了讲得动听，尽量注意课外阅读，精选材料；听的学生为了评出水平，也尽量注意引用自己读过的书进行比较，这样就进一步推动了课外阅读。比如有个学生介绍了《澳洲动物见闻》这本书，有一个学生听后发表意见说："我也读过这本书，你介绍时应该综述一下澳洲动物的特点，袋鼠就具体反映了这种特点，你可以再去读一读。"

五、注意仪态，锻炼胆量

学生初进中学，除极少数能就某一问题谈出自己的看法外，绝大多数都怕开口。站起来说话,往往眼睛向下看,低着头,手足无处放。开展口头训练活动后,教师提出要求,逐步培养他们说话时仪态大方。用学生自己的话来说,"练口把我们的胆量练大了。原来胆子小,站起来就把准备好的话都忘了,更不要说站在讲台上眼睛看着大家。现在练得多了,头能抬了,手脚也有地方放了,我们不怕了。"

六、评长论短,增强团结

一人练口,大家评论,既评论长处,评得被评者心里热乎乎,又分析不足,使被评者明确努力的方向。评论以后,还可请讲述的学生自己谈体会,谈对评论意见的认识与态度。开始学生不习惯,喜欢听肯定的话。经过较长时间的训练,逐步养成服从真理,开展批评与自我批评的好风气。比如,有个学生介绍一本《中学生作文选》,重点评析其中的一篇。听的学生有异议,指出评析的话是编者写的评语,不能作为自己的评讲。被评的学生接受意见,并解释说,评讲内容一部分是书上现成的,一部分是自己的,以后应该完全由自己评。这样评论,对事不对人,气氛和谐,增强团结。

七、帮助教师,促进提高

要有效地培养学生口头表达的能力,教师自己在听的能力、分析判断能力、口头表达能力等方面必须不断提高。我们的青年教师深有体会地说:"开始进行口头训练时,学生讲,自己脑子里一片模糊,前听后忘,评论时讲不出道道儿。坚持训练,听的能力加强了,能聚精会神,从糊涂到清晰,学生讲的大部分的话都能记住。脑子也快了,能比较迅速地作出判断。"不仅如此,学生的某些讲述、某些介绍,也给予教师以知识的养料,开阔了教师的视野。真是教学相长啊!

八、人人推普，细水长流

推广普通话贵在坚持，贵在细水长流。学生在每节语文课上用三五分钟练口，坚持说普通话，或者讲故事，或者介绍书报，都要求字音准确，语调正确。练口人说不准，其他学生就会立即纠正。如"簿子"读成"bǔ zi"，会引起哄堂大笑，然后在善意的笑声中进行正音，大家一起读"bù zi"。讲的人在推普，听的人也在推普，天天如此，推普的任务落实到每个学生的身上，久而久之，就能提高说普通话的质量，形成说普通话的习惯。

口头训练是语文教学中的一个重要环节。但是，这个环节在目前还是比较薄弱的。我们要在思想上重视它，实践中抓住它。注意与听、读、写的结合，使学生读得认真，听得仔细，写得通顺。

"虫"，要早捉，勤捉[1]

竟然是他，我愕然了。好端端的一节数学辅导课，竟然是他——小方，班级的主要干部，年级的学习尖子给搅散的。几个学生来向我诉说时，我几乎不相信自己的耳朵，然而，这是事实，不得不承认。

昨天下午本没有课，根据班级惯例辅导数学与外语。为了弥补学生这两门课的知识缺陷，更为了培养学生分析问题、解决问题的能力，我采用了能者为师的方法，请学得比较扎实、比较灵活的学生当小老师，引导他们在辅导别人的过程中增长才干。往常我总坐在教室里和学生一起听小老师领读、分析、演算，即使调皮的学生也还专心，小方当然不用说了，轮到他主讲，准一清二楚，听别的同学讲，也专心致志。这天下午学校有会，我未去教室。可万万没想到小方会捣乱，太出乎意料了！

怎么办呢？曾记得他初入学安排在我们班时，报名表上写得很清楚，他是学生干部，品学兼优。在"十年动乱"的日子里，这样的学生怎不难能可贵呢？我怀着十分欣喜的心情找他进行了第一次谈话。谈话中，他对分配来我校、我班很高兴。当我询问他小学的情况时，他脱口而出："我们小学老师没水平。"我一怔，教育他："你刚离开小学，开始跨进中学校门，就这样评论老师，老师把你教到毕业要花多少时间和精

---

[1] 本文发表于《人民教育》1984年第5期。

力！将来你离开中学,同样也会说'中学老师没水平'……"他连忙辩解说:"不会的,中学老师有水平。"看他的小圆脸急得绯红,我刹住了话头。初次见面,我觉察到他身上有骄傲、瞧不起人的瑕疵,但他的天真、幼稚、聪明、坦率征服了我,对他的缺点我容忍了。

进校以后,他的表现确实不错。在班里乱成一锅粥的情况下,他严格遵守纪律,学习勤奋,教师无不夸奖。渐渐地,班里纪律稳定了,不少学生有了明显进步,他的表现不如以往那么突出了。我找他分析原因,郑重地指出他进步不及有些同学快,原因在于骄傲自满的毛病作祟,他爽朗地接受了。一点就明的人,何必多费口舌？更何况他在稳定班级纪律、开展班级活动中起了很好的带头作用呢。于是,我又一次对他采取了宽容的态度。

而今发生了这样的事,是他的过错吗？不,首先是我这个班主任的过错,我过多地看他的优点、长处,过多地从使用的角度考虑问题,怕批评重了会影响积极性,因而对缺点采取容忍、原谅,甚至姑息的态度。我不能再含糊下去了,一定要帮助他挖出思想上的病根。

傍晚,我请一个学生把我写的条子送到他家中,请他第二天清晨到校回答我几个问题：什么叫"与人为善"？辅导课上对小曹的态度是不是"与人为善"？你对"虚心使人进步,骄傲使人落后"这句话是怎么理解的？怎么弥补辅导课上同学的损失？

"报告老师！"清早六时多一点,小方就来到了办公室,神情有点紧张,嘴里喃喃地说:"我错了,错了,昨天不该那样……""不,单认错不行,一定要弄清楚为什么会错,要把当时真正的想法说出来。"他见我很严肃,又追根究底,终于敞开了心扉。他说,小曹在小学不过是个小组长,比他差远了,现在小曹当了班干部,数学上去了,语文上得更快,他不服气,正好辅导时小曹有一道题演算不出来,于是就嘲笑小曹,哄小曹。显然,是骄傲自满的思想膨胀,膨胀到嫉妒别人,膨胀到不允许别人超过自己。

我和他一次次谈心,剖析嫉妒这种感情的丑恶和危害,指导他学习有关思想修养方面的文章;教育他要多看到自己身上的不足,虚心学习周围同学身上的优点;鼓励他向同学谈认识,谈体会,谈进步。临毕业时,他找到我说:"当时,我真有点恨您,一点儿事就揪住不放,大剂量用药。现在真正体会到是为了我好,我一辈子也忘不了。"

事情已经过去好久了,但我总是情不自禁地回忆起这件往事:"虫",要早捉,勤捉,切莫让它潜滋暗长!

识质与雕塑[①]

认清材料的质地是雕塑工艺师的基本功。对所雕塑的材料仔细地进行研究，摸清它们的纹理、曲直、硬度，以及能承受的压力大小，因材雕刻塑造，就能制作出巧夺天工、令人赞叹不已的工艺品；如果忽视这项基本功，拿到材料，不识材势，不辨脉理，鲁莽地下刀、使锯、运凿，其结果不是卡了丝，就是损了块，材料受到糟蹋。

教师不是工艺师，而是塑造人类灵魂的工程师，同样有识质的问题。教师塑造的对象是青春年少、充满活力的学生，任务是塑造他们的心灵，培养他们具有建设"四化"的才干。不言而喻，教师的工作比制作工艺品要复杂千百倍，精细千百倍。工艺师面对的是死材料，是"活"对"死"，怎么摆弄都可以；而教师面对的是生龙活虎的学生，是"活"对"活"，学生天天成长，时时变化。教学工作要想取得成效，一定要重视和锻炼识质的本领。要了解学生，认识学生，洞悉他们的内心世界，把握他们在成长过程中的发展与变化，把自己的教学工作建立在科学的基础上，按照规律办事。否则，从主观臆想出发，就会盲人瞎马，事倍功半，师生的时间和精力都有所浪费。

学生的"质地"究竟怎样才能识得真，看得准？又怎样才能雕塑得有成效呢？

[①] 本文发表于《语文学习》1985年第1期。文章从"目中有人""站在时代的高度""审视学生之间的差异""研究学生的发展变化"四个方面阐述怎样研究学生。

一、前提是牢固树立"目中有学生"的观点

目中有学生,说起来容易,真正做到却极不简单。教学,当然是以教材为依据来教学生。然而,在教学过程中,手中的书和面对着的人——学生,常常不能正确地放在应有的位置上。记得自己初当教师时,眼睛只盯着教科书,以为钻研了教材,写好教案,把课文讲出一点名堂来,就完成了任务。至于对学生的研究却认为没什么关系,不研究照样教。

这种目中无人的观念是糊涂观念。这种观念的缺陷在于:没有清醒地认识到教学必须从学生的实际出发,没有清醒地认识到培育人才是教育教学的大目标。

其实,道理十分清楚。教学,教学,"教"要在学生身上起作用。在教学工作中,学习者是第一因素,没有学习者就没有学习。美国教育家杜威对这个问题有一精彩的说法,他认为在教学过程中没有学生,正像没有买主就没有销售一样,谈不上什么教学。同样道理,课堂里虽有学生,但教课时不研究和考虑他们的实际,只从教材出发,岂不和没有学生一样?教学是教师的教和学生的学双方面的活动,教师的主导作用就在于调动学生学习的自觉性和主动性,促使学生充分发挥认识主体的作用。

语文教师手中两个实际须牢牢把握,一是教材的实际,一是学生的实际。这正如"矢"和"的"一般,不看准靶子,只射箭,那是无的放矢,完全失去了"放矢"的意义。当然,"矢"的质量如何也很重要,如果质量差,掌握上不得要领,同样也不能"中鹄"。因此,教材和学生都很重要,教师既要吃透教材,又要对学生情况了如指掌,而从根本上说,钻研教材、使用教材的目的正是为了教学生,为了教好学生。

二、站在时代的高度认识和研究学生的新情况、新特点

社会在发展,时代在前进,生活在现代社会的青少年学生,他们的

思想、情操、行为、道德、兴趣、爱好无不渗透着时代的气息。就中学生而言,与五六十年代的相比,确有迥异之处。80年代青少年有他们独有的特点,教师如眼光不换新,用老尺子衡量,老经验套,甚至用自己做学生时候的框框套,榫头当然对不上。

要认识学生新情况,弄清学生新特点,必须先在思想上突破,从观察事物的习惯的轨道上解放出来,站在时代的高度考察。

应该欣喜地看到现在的中学生有强烈的成才愿望,有振兴中华之志。这是时代赋予他们的特征。不管是学习好的、中的或差的,都希望祖国以最快的速度兴旺发达起来,经济迅猛发展,人民生活富裕,热切地希望自己能成为人才,在现代化建设中大显身手。他们敏于思索,善于质疑,对知识的追求往往不受现有材料的限制,勇于发表自己的意见。他们见识比较广,接受外界信息的灵敏度比较高,有时看问题尖锐和深刻的程度大大超过他们的年龄。他们的兴趣十分广泛,对古今中外的人和事往往带着猎奇的心理了解、询问,尤其是现代科学技术、现代化生产、现代化产品更是津津乐道,以至神往。

学生思维活跃,科技知识起点高,生活知识丰富,十分憧憬美好的未来,这是时代造就的必然。党的十一届三中全会以来解放思想、实事求是的路线,对内搞活经济,对外实行开放的政策,在社会上有强烈的反响,在学生身上也有所反映。这些都是教学十分有利的条件。但与此同时,学生身上又存在着明显的不足。集体主义观念、社会主义远大理想和道德规范等在学生心中不周全,不扎实,知识与能力差距大,缺陷多。教育教学上的难度是相当大的。

教师认清当代学生的新情况新特点,就会领悟到教学中特别要讲究针对性。要善于扬学生之长,引导他们明辨是非,克服不足,因势利导,雕塑成材,千万不能用形而上学的观点来认识学生。

三、审视学生之间的差异，保护和调动各类学生的积极性

教师不仅要认清 80 年代中学生的共性，而且要注意审视学生之间的差异，把握各自的个性。通常的情况是：冒尖的、比较差的，容易在教师脑子里形成清晰的印象，轮廓比较分明，而一般的，所谓"中不溜"的似乎难以区别。大多数学生情况差不多，这是事实。但是，只要稍加深入，就可发现在差不多现象的后面颇有差得多的特点存在。

以口头表达能力为例。我班有四个学生口述能力都差，乍看，似乎都有口吃毛病，但仔细调查辨别，却各有千秋。一个学生说话时舌头似乎短了一点，经过再三了解分析，找到了口齿不清的症结所在；第二个是独子，十分娇惯，父母视中学生的儿子为幼儿，讲话时停顿多，规范性差，孩子耳濡目染，形成习惯；第三个是小时候学口吃的人讲话，也逐渐口吃起来，想改，但一站起来说话就紧张，越紧张越说不清。第四个是思维比较迟钝，对外界事物不能迅速作出反应，因而说话疙疙瘩瘩，含糊不清。弄清楚他们口述能力差的各自原因，才可能寻找出最恰当的方法来纠正毛病，提高能力。第一个先从生理上解决，请医生诊断，手术治疗，然后进行说话的训练。第二个与家长联系，剖析家庭语言环境的重要，请家长说话注意语句的完整；再帮助该学生进行单句的训练，阅读口语化的材料，从简单的说话开始。对第三个学生注意用"稳定剂""安慰剂"，逐步消除他的紧张心理。第四个则着重训练思维的灵敏度，并指导他想清楚了再说。针对不同情况作各种不同的处理，效果比"一刀切"好得多。

要真正洞悉学生的个性并不是件容易的事，须多思考，舍得花功夫，花精力，多侧面多角度地了解，观察要精细，分析要周到。两千多年前的孔子就说教学生要"观其所以"，即观察学生的日常言行，"观其所由"，即观察学生所走的道路，"察其所安"，即考察学生的意向，"退而省其私"，即考察学生私下的言行。现代教育对学生个性之间的差异更加

重视。教师如果不认真探测学生的内心世界,只凭一时一事所得为依据,常会对学生的情况判断错误,影响教育教学效果。

四、和学生的心弦对准音调,理解他们,研究他们的发展变化,促使他们健康成长

苏联教育家苏霍姆林斯基曾说过这样一段精彩的话:"在每个孩子心中最隐秘的一角,都有一根独特的琴弦,拨动它就会发出特有的音响,要使孩子的心同我讲的话发生共鸣,我自身就需要同孩子的心弦对准音调。"确实如此,教师不和学生的心弦对准音调,教师说的话就不可能在学生心中引起共鸣。振幅极小,或没有振幅,师生思想感情得不到很好的交流,教学语言的感染力也就大大削弱。

要对准音调,先要在发现上下功夫,要注意疏通了解学生的渠道,从学生身上获得他们各方面的信息。教师和学生接触,和学生的作业接触,和家长接触,随时随地都要开放自己的感官,让学生思想、品德、知识、爱好、性格特征、生理特征等各种信息进入自己的脑中,分别储存起来,千万不能闭锁自己的感官。有些学生性格是开放型的,教师容易发现他们内心的活动;更多的是心里某一角藏着秘密,教师如没有精细的态度,敏锐的目光,很难找到那根"独特的琴弦"。有眼力的教师看学生总是巨细不漏,越是细微之处,越不让它在眼皮底下溜走。撇一撇嘴,脸上掠过一丝笑意,目光中突然出现某种异彩,这些细微的表情、动作瞬息即消逝,教师如果能迅速地捉住,和彼时彼地彼事联系起来思考分析,就可窥见学生心中的那"一角",窥见他们对某些问题的所见所想,大至社会、人生,小到一句话语、一个动作,在这方面的例子举不胜举。

要对准音调,还须在理解上下功夫。一个教师要做到真正理解所

教的每个学生的心,那不仅要讲究科学,而且还颇要讲点艺术性。学生有学生的内心世界,有许多想法、做法在成年人看来是幼稚的、粗糙的、鲁莽的,甚至是可笑的。教师不能以成人的想法、做法来框,要多设身处地为学生想想,理解他们的心情、愿望、欢乐、忧愁,少下"禁止令",少设"阻挡栏",要正面引导,积极为他们出谋划策。知心才能教心,师生之间共同语言多,那根"独特的琴弦"就会发出特有的音响。

"音调"不是固定不变的。青少年学生在成长时期,知识日益增多,智力不断被开发。思想、性格、兴趣、爱好等都处在变化之中,有的是顺着原来的方向发展、加深,逐渐成熟,有的变化比较大,不是在原来的线上移动,而是拐弯,形成了角度。如好动的变为好静的,马虎的认真起来,某知识缺陷弥补后出现了飞跃。因此,教师识质的工作不应是静止的,不应停留在某一点或某一阶段。了解要有连贯性,并要有计划地把发现所得做简要的记录,作为比较分析的依据之一,从而摸索雕塑的好方法。

识质的硬功夫,雕塑的好本领,产生于教师对教育事业的巨大热情,产生于对祖国未来的炽热的爱。教师要练就识质的慧眼,精心雕塑我们可爱的学生。

响鼓更须重锤敲

偏爱、溺爱好学生,不仅会害了他们自身,也会损伤一般学生的自尊心,损害班集体的团结。

教师一般都容易喜爱好学生。因为这样的学生优点多,懂事早,学习成绩好,把他们同班级里调皮捣蛋的、不懂事的、不遵守纪律的学生比,确实更惹人喜爱。这应当说是非常自然的事。

但是,好学生毕竟是相对差学生来说的。前者并非完美无缺,后者也不是一无是处。好比两块璞玉,一块质地相对好些,另一块相对差些。但不经雕琢,终究都不能成器。何况好学生长期处在被人喜爱的优越地位,难免带有自身的弱点,比如爱听表扬,爱看自己的长处,经不起批评,受不起挫折,等等。有时候,教育好学生甚至比教育缺点多的学生难度更大。比如你要真正了解和发现他们的缺点就不那么容易。这里有两方面的原因,从教师主观上来说,对好学生爱之深,有时就容易忽视甚至不愿正视他们的缺点。从好学生的客观方面来看,他们不像所谓的差生那样缺点外露,尤其是在教师面前,他们的缺点更不易暴露。这倒不是由于这些学生故意装假,故意掩饰,而是因为他们确实比较懂事,比较能干,比较顾大局。因此教师如果没有敏锐的眼力,就很难洞察他们心中的隐秘。比如你和班里的小干部们在商量怎样组织一次智力竞赛,你主张让更多的学生参加组织工作,让一般学生来主持这次活动,以便让更多的人得到锻炼。你的意见,小干部们基本同意了,但仔细观察一下,同意的程度很不相同。有的爽爽朗朗,欣然赞同;有的列数困难,表示愿意协助。而独有那位班长则淡然一笑,先不吭声,接着又提出了"会分几段开,干部、同学多人主持"的办法。会怎样开,比赛怎样进行,原本不是什么大问题。但那位小干部为什么会提出这样的办法,心里是怎样想的?细心的教师不会轻易放过这些问题,而会由此窥见好学生思想上隐藏的瑕疵,并去探究教育的良策。

对好学生进行严格教育,不仅大大有益于他们自身的成长,而且也是做好其他学生教育工作的需要。我们知道,一个教师如果偏爱、溺爱好学生,就会给一般学生带来消极的心理影响。学生的心灵是非常敏感的,教师的任何一点亲疏厚薄,他们都会感觉到。一般说,每个学生都希望得到老师的关心、爱护。如果大多数学生发现老师只将"爱"给予少数几个好学生,他们会像受了侮辱似的对好学生产生反感,从而让班级集体产生裂痕。同时,也会因为教师的不公正而疏远他,不信任他。而这一切,都将给教育工作带来巨大的损失。

教育好学生,总的说来,虽然不比教育差学生那样复杂,但同样需要取慎重态度。好学生一般感情比较细腻,想得比较多,自尊心也强些。对他们既应严格要求,又要十分注意教育的方式方法。根据许多优秀教师的经验,有这么几点是值得我们注意的。

对好学生的缺点、错误,同样不能过多地作公开批评。但这并不意味着需要事事严守秘密。尤其是如果已在相当一部分学生中造成不良的影响,那就应当视缺点、错误的性质,该公开的就得公开。不过在公开之前,先要对当事人做好说服教育工作。然后,最好让他自己出面作公开的自我批评。与单单由教师出面当"审判官"相比,这样做更容易使他取得一般学生的谅解。

对好学生的优点或成绩,当然也要予以表扬,但不宜过于频繁。即使要表扬,最好也不要从教师口中说出来,而要让其他学生来说。过多地、轻易地表扬好学生,或者老是由教师出面来进行表扬,好学生反而会越来越孤立。有一位小学模范班主任很注意"表扬的艺术"。比如有一次上课,她班上一个调皮的学生多次向前排一个好学生耳朵根吹气挑逗,可前排的那位学生毫不理会,仍然专心听讲。老师发现这件事,想表扬一下那位好学生。可怎么表扬呢?她让那位好学生站起来,问他:"别人在你耳根吹气,你为什么不喊?""老师在讲课,我一叫,就会影响大家的学习。"老师随即问全班学生他说得对不对,其他学生纷纷说出了自己的看法。这样,大家就明白了那位好学生究竟好在什么地方,心服口服。

不断激励好学生向更高的目标奋进。伟大的目标具有巨大的激励作用。高明的教师总是在学生达到一个目标之后,又接连提出新的更高的目标,以促使他们不停地向前奋进。对好学生来说,这样做就显得更为重要。因为他们各方面条件好,又隐藏着较大的发展潜力,如果在他们取得一点成绩之后就放松要求,那是十分可惜的。激励好学生向更高目标奋进,要针对他们的弱点。比如,**现在有一些"三好"学生学习刻苦,成绩优良,但创新、开拓精神差,动手、自学、组织、社交等能力甚至不如其他学生**;有的"三好"学生整天围着老师转,离开老师单独活动则战战兢兢,害怕在陌生人面前讲话;有的好学生则容易瞧不起周围其他同学……对此,就要给他们提出切实具体的要求,如开阔他们的胸襟,开拓他们的视野,指点他们取其他同学之长,补自己之不足;引导他们走出校门,积极开展社团活动,锻炼社交能力;多让他们独自开展班级活动,提高组织应变能力;在学习上,则应鼓励他们活跃思想,多角度、多侧面地提出自己的见解,而不仅仅满足于取得卷面好成绩……总之,要以更高的目标和理想激励好学生上进,使他们从"顺从型"学生变成创造型人才。

课堂教学的节奏与容量[1]

我国正进行消灭贫穷,走向富强,消灭落后,走向现代化的建设,迫切要求改革教育。教育事业是培养人的事业,一定要因势而变,顺势而改,很好地适应新要求,解决新问题。语文教学改革是教育总体改革的一个组成部分,务须按照"三个面向"的战略思想研讨改革目标、途径和步骤,切实解决改革中发生的具体问题。

这里我想讲一个具体问题,即通过研讨课堂教学节奏与容量来谈一谈提高语文课堂教学效率的问题。课堂教学仍是目前的基本教学形式,研究提高课堂教学效率仍有重要意义,并且刻不容缓。一节课只有45分钟,就语文教学而言,教师必须十分注意在这有限时间内准确而迅速地传递知识信息,灵活而有效地训练学生听、读、说、写的能力,努力把一堂课上得丰满些。这里课堂教学节奏与容量的问题就是一个值得探讨的问题。教学节奏要合上时代的脉搏,适应学生的思维活动以及他们的生活节拍;教学节奏有其自身的规律,课堂上运用得好,课就能上得丰满有成效,而课堂教学节奏与容量又互相关联。今天,为适应时代要求,按照"三个面向"的指示,我们的课堂教学一要新,二要充实,三要有成效。语文学科是一门方面多、综合性强的学科,课前考虑得全面周到,上课时才能避免单打一,避免机械分割,不成片段,才能重点突

---

[1] 本文发表于《中学语文教学参考》1985年第8期。

出,轻重配合得当,熔思想、语言、认识能力、素质培养于一炉,使课堂教学多功能的作用得到充分发挥。

怎样才能促使这种境界出现呢?

一、把握教学规律,有鲜明的节奏

文似看山不喜平,起伏曲折,就会使读者兴趣浓厚,步入胜境,领略无限风光。课堂教学也一样,课上得平板,就会令学生昏昏欲睡,上得有起有伏,有鲜明的节奏,就能引人入胜,产生好的教学效果。

节奏本是音乐用语,指音乐中有规律的强弱长短现象;比之工作,指均匀的有规律的工作进程。上课有节奏,首先要探求课程的规律性,分清主次,决定粗细详略、快慢强弱,在教学目的统帅下,有节奏地把一堂课上成和谐的整体。上课应强调规律性,无规律则乱,无强弱快慢则平板,都不能吸引学生。

具体做法可以考虑以下几方面:

1. 剪裁教学内容,突出重点,主次分明,详略得当

教一篇课文,对学生进行知识传授和语文能力的训练不能面面俱到,什么都和在一锅煮。究竟教给学生什么,是首先必须明确的问题。目的不明确,课堂上随心所欲,也就谈不上教学节奏。教学目的清楚实在,量体裁衣,轻重有当,疏密疾徐在胸,课就能上得有节奏。

要善于拎出课文的要点,尤其是长课文,更要透过繁复的文字拎出全文要领。如《二六七号牢房》是一篇较长的课文,学生似乎一看就懂,但了解甚浅,因而兴趣不浓。主要原因是学生的生活经历与课文中所书写的有很大的距离,他们不容易领会。教学时如果抓住要点,有起有伏,就能吸引学生的注意力。《二六七号牢房》从全文看,要点有二:一是揭露德国法西斯狡诈凶残的反动本质,二是歌颂捷克革命者坚强不屈的崇高品质和乐观主义精神。这些分布在课文的三个部分之中:第

一部分,牢房环境,爱国者卡瑞尔的形象;第二部分,牢房中难友更迭,与"老爸爸"约瑟夫·贝舍克的战斗深情;第三部分,法西斯暴行,伏契克的信念、意志和乐观主义精神。值得注意的是三个部分的要点并不割裂,而是有交叉,互补互透。捷克英雄群像中伏契克最主要,三个部分均用了笔墨;不过,主次的位置有变化,各部分要点也就更显露。因此排列要点时,人物形象以伏契克为主,卡瑞尔、"老爸爸"居次。人物思想精神的光芒是在法西斯牢房中闪耀的,因此环境写实也是教学要点。人物的思想精神和感情上的爱憎又是通过平实含蓄的语言来表达的,因而这一语言特点也应是教学要点,不过排列时应把它贯串于前二者之中,在特征明显之处深入推敲。

教学要点拎准了,就可大胆地删剪旁枝繁叶,使教学上的重点显露突出。对教学内容不作详略取舍的处理,教学上就难以摆脱平板呆滞气氛,难以形成教学节奏。无"轻"不易显示"重",无"伏"就难突出"起"。《二六七号牢房》的第一部分两个要点的处理可形成鲜明的节奏。"从门到窗子是七步,从窗子到门是七步。这个,我很熟悉。""走过去是七步,走过来是七步。……是的,这一切,我很熟悉。"四个"七步",两个"熟悉"言简意深,学生不易深刻理解,教师要揭示其内在含义:用反复回荡的句式描写牢房的狭小,令人窒息;揭露捷克反动派和德国法西斯是一丘之貉,都是迫害革命者的刽子手;表达作者身居囹圄而渴望自由的感情和勇于献身的精神。看似平淡的句式,却把气氛渲染得异常浓重。这是教学节奏中的"起"和"峰",教学中应从"重"从"详"。而第二个教学要点的处理就要大力删剪枝叶。写卡瑞尔的笔墨多达千字,不分巨细用力教,学生脑中反会模糊一片。哪些句子最能深刻揭示他的精神世界的,就牢牢捕捉住。一个侧面描写的"他留在我们记忆里的,只有他那善良的心",一个正面描写的"但这是我的义务,你知道,我只能这样做"的话语,二者结合起来,人物精神毕现,教时应着重,而其余描写部分，只需用概括的语言一带而过。这是"伏"中有"起"，略中显详。这样该详则详，该略则略，节奏就能分明。

顺便提一提，教学难点不一定就是教学重点，如根据教学目的要求衡量不作为教学重点时，对有关内容同样有删繁就简的问题，否则，就容易拖长时间，走失节拍，影响教学效率。如《事事关心》一文中"围绕对联评东林"是全文中的难点所在，因为牵连到东林党人等历史知识，三言两语学生不容易弄清楚，如花费许多时间疏讲又非教学目的所需，避开就是。若难点又是教学重点，处理时当另作别论。

2. 教学过程要疏密相间，有起有伏，形成循序渐进的"坡度"

一节课要富有节奏，须对教学过程中的各个阶段作妥善安排。课是个整体，一节课的教学过程应视教学目的、教学内容、学生情况事先设计好，把课上得有起有伏，有韵有律，使学生始终置身"山阴道上"。

一般来说，讲读课的起始阶段着重于激发学生学习某篇课文的兴趣，引起他们的求知欲望。这是给课定调。课的起点必须事先设计好，或用三言两语作引子导入新课，或开宗明义明确学习目标，或创设质疑条件，让学生提出预习时发现的问题激起矛盾，造成质疑、辨疑、解疑气氛，一开头就激起学生的学习情绪。学生注意力已集中，学习积极性有所调动之后就进入理解分析、阅读赏鉴的阶段。这个阶段的教学活动要根据教学重点与非重点、根据学生质疑情况有紧有慢地结合进行。如《挥手之间》的"人群像平静的水面上卷过一阵风，成为一个整体朝前涌去"、"人们又一次像疾风卷过水面，向飞机涌去"、"人们又一次涌上去，拼命地挥手"中的三"涌"有层次、有节奏地描述人们对领袖的爱戴、依恋、信任，指导学生阅读赏析时可顺其势张弛，并将三个"涌"的语句集中起来理解，增大密度而使领悟深意。主席挥手告别的动作及意义是全文高潮所在，仿佛音乐节奏中满腔满调的部分，以后的叙述就松下来，带过就行。到了巩固、复习或练习阶段，则注意引导学生从"学"到

"用",加深理解,训练能力。有时课还可以设计个"尾声",让学生带着问题下课堂,进一步激发他们的求知欲望,欲罢不能。如《二六七号牢房》课将结束时,我把学生所提问题"'这时候,老爸爸就靠床站着,凝视着这一线转瞬就要消逝的阳光……只有在这个时候,我们才会看见他那忧郁的目光'的描写是不是损害了老爸爸的形象?他的目光为什么'忧郁'呢?"再次提了出来,留给学生课后思考,寻求解答。这仿佛曲已终而犹余音缭绕。

课不可能有死的程式,各阶段可交叉渗透,比如理解赏鉴时可佐之以听、读、说、写训练,边学习边练习等。但不管如何,课总要上得有板有眼,有起有伏,一气呵成。

3. 多种教学方法穿插运用,相得益彰,浑然一体

教课又如画画,有笔有墨,各种画法穿插运用,根据题意布局,用墨深深浅浅、浓浓淡淡,用笔粗粗细细、曲曲折折,主题突出,陪衬得当,满纸气韵,浑然一体。上课也如此,要善于运用多种多样方法提高课堂教学质量。如:

轻点。有些学生读书能抓住文章的主要情节,但有时对有些牵动全局的语句却不经意,忽略过去。正因为牵动全局,学生应该有所知晓,教师可顺手采用轻点的方法,使他们经过摸索有豁然开朗的快意。如学《二六七号牢房》时,学生注意力往往被四个"七步"的句子吸引,而对整个牢狱环境一针见血的揭露的语言却疏漏了。针对这种情况,教师提出问题,要学生用浏览的速度很快地寻出揭露牢狱实质的语句。学生仔细阅读,表面上平静,但思维异常积极,当一个学生提出秘密警察监狱是"违反天理人情的残酷环境"时,全场顿时活跃起来。这是用提问轻轻一点,点破契机。

重敲。课文中有些句段无生字难词,似乎一读便明。其实,学生由于年龄和生活经验所限,认识往往浮在表面。对教学中这类要点须在细细锤打上下功夫。文章写不出细处,感人不深,因为只见骨架,不见血肉;课教不到细处,往往流于粗疏笼统,学生受益不多。如《二六七号牢房》中"挂在门口的号牌上的名字,从两个换成三个,又从三个换成两个,然后又是三个,两个,三个,两个,新囚犯来了又去了。只有从来就一直住在二六七号牢房的我们两个——'老爸爸'和我,仍然没有分离。……可是怎样来描述呢?这是一件不容易的事。两个人,一间牢房,一年的生活。"为什么这段话中相同的数量词反复出现?为什么用三个偏正词组排列成这样一个特殊的句子?只有带领学生咀嚼推敲,才能使语句背后包含的潜台词神意尽出。数量词的反复出现既揭示时间的流逝,更饱含复杂深沉的感情,有对离去的战友的怀念,有对牺牲者的哀悼,更充满了对德国法西斯残害革命者的愤怒与憎恨。三个偏正短语的组合更是表达了千言万语表达不尽的思想感情。在短暂的时间里,有限的空间里,共同的命运,地狱的风风雨雨,生死的朝朝暮暮,凝结了无限深厚的战斗友情。这种含蓄深邃的情意不重敲就亮不出照人的光彩,节奏上就隆不起波峰。

连线成体。教学中突出重点、排出难点的同时,也要处理好非重点的内容,如不注意穿针引线,课就会脱钩脱节,零碎散落,不成形体。教师要善于概括,拉线走针,连线成体。如上所述,重锤敲打了"两个人,一间牢房,一年的生活"的句子,两人战友情深已为学生理解,文中的大段叙事就无须费力,只要叫学生找准"老爸爸"生活上关心照料、精神上鼓励支持"我"的一系列动词,用线一拉,一分钟就解决了问题。这样处理能使前者更为显露,耐人寻味。即使对难点的处理也可采用这种方法。前面说到"围绕对联评东林"这段文字时,文中讲到好几个历史人物,我也用走线的办法来解决,不过是引导学生用手比画而已。我说这几个历史人物之间有师承关系,请大家用手比画,在他们之间画几条线把他们连接起来。这样既避开了纠缠不清的名词术语、历史事实,又帮助学生看了东林人物的局限性,懂得了看待古人古事要用历史唯物主义的眼光,一分为二。

密集训练。教学中对学生进行语言和思维的训练时,不仅要在粗细上巧安排,而且要在快慢上下功夫,当慢则慢,当快则快。该细细咀嚼处,节奏太快,会使学生"消化不良",该快处不快,拖沓啰唆,学生就会恹恹欲睡。快的节奏,可在训练学生思维敏捷方面收到成效,而思维敏捷在当前信息如潮涌的时代显得尤为重要。怎样训练呢?一是面面开花,抓住某一词句,某一问题密集提问,促使学生积极动脑筋。如教《春》时,课起始一口气问几十个学生,要求他们迅速回答一想到春,脑子里就跳出什么有关词语,诸如"春花烂熳""万象更新"等。个别学生如不能立即回答,可提一字架桥。二是连续追问,促使学生深入思考。比如《金色的八十年代》一文第二个场景中有几个人物在活动?为什么说有教师在活动?你从哪些细节看出来的?这是一种怎样的写法?这样的写法有什么好处?请把暗写的补出来。这样一连串的问题如一个个小石子丢下去,让学生脑中皱起涟漪,泛起浪花,掀起波澜。还可用储存问题的方法布点。在学生阅读某一段落、某一文章之前,提出一系列问题,要求学生储存于脑中,然后梳理分类,逐一回答,训练学生在学习过程中有层次、有节奏地解决疑难。

教学中可资采用的方法举不胜举,可答问,可讨论,可朗读,可听写,可讲析,可反馈,运用得巧妙,可形成错落有致的教学节奏。

二、适当充实课堂教学的容量,向知识的广度深度开拓

学生课堂上常有注意力不够集中的情况发生,原因多种多样,但"供不应求"是很重要的一个。教师常因一些学生语文能力不理想而放慢或拉长进度,降低难度,教学内容不充实,影响了学生学习积极性的发挥。

语文教师要善于调动学生学习语文的积极性，引导他们在语文知识的海洋中乘风破浪航行。学生学习积极性充分发挥，思想活跃，就有充实教学内容之余地；而适当充实课堂教学的容量，又反过来能促使学生生动活泼地积极学习，收到相得益彰之效。课堂的容量怎样才能得到适当充实呢？

1. 从广度上开拓，扩大知识的覆盖面

对现代社会生活有很强适应能力的人，除了善于吸收层出不穷的新鲜事物，善于独立思考、独立分析问题外，知识覆盖面往往比较大，知识的储存也往往比较丰厚。要能达到这样的境地绝非一日之功，绝非突击所能奏效，而是要靠学生时代辛勤积累，有选择地储存。教师要引导学生在平时就注意纵横延伸求知，即使在课堂教学有限时间内也要有效地做到这一点。

课堂内讲和练的内容须精心设计。指导学生学习课文，不能只见眼前的课文，被它所囿而不思其他。要认真审慎地在一节课内选几个知识点延伸扩展，力求融丰富知识、陶冶性情、培养兴趣、锻炼能力、活跃思维于一炉，使学生吸取多种营养。

如《事事关心》一文作者介绍，若只用语言平实地叙述，学生听起来单调，往往只是教师说一，学生知一。如果从广度上开拓，容量就可加大。做法是：出示《燕山夜话》，翻开书让学生看作者的照片，学生讲注释中作者介绍，教师指着书和照片补充说明，点出作者受迫害情景；课文学到适当时机，要求学生听写《燕山夜话》"自序"里的一段话："我们生在这样伟大的时代，活在祖先血汗洒遍的燕山地区，我们一时一刻也不应该放松努力，要学得更好，做得更好，以期无愧于古人，亦无愧于后人。"这样在广度上开拓的目的是：（1）以直观原则教学吸引学生认识作者与作品。（2）识字：燕（yān）不能误读 yàn，地名幽燕、燕山；识"村"的异体字"邨"。（3）运用逆反心理激发学生学习课文的兴趣。

(4)训练说话和听写的能力。(5)以作者热爱故土积极进取之情陶冶学生的情操。这样,所用课时或相仿,或多用一两分钟,但对学生的培养大不一样。

在广度上开拓不能误解为教师漫无边际地联系,把课讲得臃肿庞杂,而是讲授内容应慎加选择,或有认识价值,或有审美价值,或在提高思想、文化素养方面长期起作用的。在广度上开拓尤其要着眼于调动学生的知识库存,发挥学生敏锐的观察事物的能力和丰富的想象力等。课堂内还要启发和引导学生自己开拓,把他们的积极性调动起来。如教《事事关心》一文将结束的时候,教师阐明:显然,作者引用古人对联的目的绝对不是拜倒在古人的脚下,而是古为今用。接着,可要求学生就学过的一些古诗文举例说明这一重要观点。于是学生调动自己的知识库存,列举了陆游的《诉衷情》,《列子》中的《愚公移山》,范仲淹的名言"先天下之忧而忧,后天下之乐而乐",顾炎武的"天下兴亡,匹夫有责",刘基的"金玉其外,败絮其中",于谦的《石灰吟》,李清照的"生当作人杰,死亦为鬼雄",文天祥的"人生自古谁无死,留取丹心照汗青",《论语》中的"学而不思则罔,思而不学则殆""三人行必有我师",《习惯说》里的"为学贵慎始",《黄生借书说》里的"书非借不能读"等来说明,真是琳琅满目。学生根据自己的理解阐述道理,课堂上气氛活跃。这样来开拓,学生可:(1)巩固旧知;(2)扩大视野(有些是课外读物中的);(3)锻炼口头表达能力;(4)训练思维敏捷性;(5)激发民族自豪感,懂得中华民族历史悠久,文化灿烂,有无穷无尽宝藏;(6)进一步理解古为今用的道理,进一步牢牢抓住课文的特点。

2. 从深度上探讨,加强学生理解力

教学上有一条根本原则,就是培养学生的独立思考能力,要使学生认识事物不浮光掠影,而是善于思索深入底里,洞悉事物的本质。在现代社会里,这一要求就更为突出。语文课堂教学也要注意这一点,如果

只教在课文表面,指导在听、读、说、写表层,不仅课平而淡、干而瘪,而且学生的思维积极性会受到压抑,认识能力的发展也会受到影响。

课必须有深度。所谓深度,绝不是教师从主观臆想出发,脱离教材和学生的实际,故作高深,而是要遵循认识规律和课文内容与形式统一的特点,从形式到内容,从内容到形式,适当反复,逐步加深,由表及里,加深认识,提高分析事理的能力。如《"友邦惊诧"论》开头一段粗读至多获得以下两个印象:(1)说明学生请愿的缘由和国民党政府加害学生罪名的事实;(2)揪出反动论点,树批驳的靶子。然而,引导学生逐步进入深层的分析,在理解能力的锻炼上就大不一样。说明如下:

第一层是识字辨词:"束手无策"的"束"和"策"不能在"束"上混淆,前者封口,读 shù,后者"竹"下面是"束",不封口,读 cè;"攒"聚集,读 cuán,不能与 zǎn 的读音、"储蓄"的含义混淆。

第二层是多层次之间的内容,明确:(1)学生请愿是爱国行动,反侵略、反卖国;(2)学生请愿是迫不得已;(3)国民党政府掩盖血写的事实、罪行,极其卑劣地制造墨写的谎言。

在理解基本事实的基础上,第三层理解遣词造句在表达思想感情上的功能。可抓以下几"点"咀嚼推敲:

(1)文章开篇摆学生请愿的事实即可,为何说,"只要略有知觉的人都知道"?"略有知觉"寓含什么深意?起什么作用?改为"略有知识"行不行?(说明无须慧眼,无须深入思考,以此来强调学生的爱国行动是不容歪曲的事,清清楚楚,明明白白;这里的"知觉":指稍有人性、稍有爱国心的,不是"知识"有无问题;下笔带愤激之情,侧击大人老爷们知觉全无,爱国心丧尽。)(2)在揭露反动政府刽子手面目和卖国事实的同时,为什么要夹入读书的议论?是不是有点扯开?在语言表达上有何特点?(不。貌似扯开,实质是更深刻的揭露,战斗锋芒直指欺骗学生安心读书的卖国政府。学生在国土沦丧,生命无保障的情况下,放下书包请愿是不得已,这种赤手空拳请求抗日已是"可怜之至",而反动政府竟疯狂镇压,横加罪名,其险恶用心可想而知。这儿插一段议论,戳穿了"安心读书"的骗术,伸张了正义,反衬出国民党政府的反动性,再加上用模拟的口吻写,反动政府降敌卖国的本质昭然若揭。)

第四层在能力方面稍加深入。(1)在理清层次的同时,指点学生读注释与文末引录的电文,指导读书方法,培养自学能力。(2)培养比较思维能力,比较直接端出反动论点和从以事实和说理的反驳中引出反动论点写法的区别,认识用后者的方法悬靶子,使论敌一开始就处在被动挨打的境地。这样扣紧遣词造句帮助学生消化课文的同时,也较深入地对学生进行了思维的严格训练,有助于学生表达思想感情时做到准确、严密、深刻。

无论是广度上开拓还是深度上钻研,都要有计划有目的,做到新旧联系,课内外衔接,读、写、听、说挂钩,读书做人结合。

课堂教学应吹进一点清新的风,克服呆板沉闷、形式主义。一堂课教学效率高不高要看学生在课内是否活跃,当然这不是形式主义的、按电钮式的活跃,而是思维处于积极状态的真正的活跃。做到这一点,在于教师善于运用启发式的教学。启发之道自有其规律,而运用之妙,在于一心,但又并非高不可及,努力求索必可冀及,功夫是不负苦心人的!

笔锋奇峭,感情深沉
——《范爱农》教学设想

《范爱农》是一篇追怀亡友的散文,1926年11月18日写于厦门大学图书馆的楼上,为"旧事重提之十"。散文笔锋奇峭,感情深沉,布局精巧,语言幽默,以深邃的思想见解和独特的艺术功力把人们引入逝去的岁月,认识中国社会发展的艰难历程。

根据这篇散文的特点和高三学生的实际,似可制订如下的教学目的要求:

1. 引导学生从范爱农的不幸遭遇和悲惨结局中认识封建势力复辟的罪恶和辛亥革命的不彻底性。

2. 帮助学生理解并学习运用富有个性特征的语言和细节刻画人物思想性格的方法。

3. 启发学生体会叙事中感情的深沉、语言的幽默。

4. 继续培养学生理清散文结构的能力和口头发表意见的能力。

为了实现上述教学目的,教学可分三个步骤进行:

第一步,学生独立阅读,熟悉课文。课文涉及的人和事距今已七十多年,为使学生正确理解作者的写作意图和表现手法,在独立阅读课文前可作下列指导:

1. 范爱农是鲁迅的旧友,在日本东京留学时认识,回国后又在故乡绍兴重逢,成为好友。根据《知堂回忆录》一书记载,其时鲁迅为师范学堂校长,爱农为监学。"在办公完毕之后,爱农便身着棉袍,头戴农夫所用的卷边毡帽,下雨时穿着钉鞋,拿了雨伞,一直走到'里堂前',来找鲁迅谈天。鲁太太便为他们预备一点家乡菜,拿出老酒来,听主客高谈,大都是批评那些'呆虫'的话……这样总要到十点钟以后,才打了灯笼回学堂去",可见友情甚笃。辛亥革命第二年,鲁迅离开绍兴,范爱农被反动校长傅励臣解聘,穷困潦倒,含恨而死,鲁迅得知爱农死讯,心甚悲哀,"为之不怡累日",写诗《哀范君三章》,寄托哀思。

2. 范死于1912年7月,《范爱农》写于范死后十四年。鲁迅当时写这篇散文的意图何在?1926年前后,全国人民反帝反封建军阀的浪潮日益高涨,革命形势迅速发展,正如鲁迅在《两地书》中所说,"此地北伐胜利的消息也甚多,极快人意",北洋军阀的统治摇摇欲坠。在这光明与黑暗的搏斗时刻,鲁迅思想深刻变化着。他撰写该文,借追忆亡友范爱农在辛亥革命前后的遭遇,总结斗争经验,更猛烈地向旧世界进攻。

3. 要求学生对照注释认真细读课文,弄清有关的人和事。

第二步,组织学生就下列问题开展讨论,突出重点,攻克难点,正确理解课文。

(1) 文章明明忆旧友范爱农,为什么不直接从范爱农入笔,而从"劈头就看见一条从中国来的电报"写起?

(2) 范爱农的出现蒙上了怎样离奇的色彩?你对"中国不革命则已,要革命,首先就必须将范爱农除去"这句话的含义与作用怎么理解?

(3) 文章怎样多次描写范爱农的形象、语言与处境的?尤其是抓住了哪些富有特征的细节进行描绘?表现了他怎样的思想性格?造成他不幸遭遇和悲惨结局的原因是什么?

(4) 作者忆范爱农的生活片段时涉及哪些政治事件?为什么要把他放在辛亥革命的政治背景下刻画?文章以什么为线索把许多方面的人和事串联成一个整体的?结构上有何特色?

(5)作者怎样叙写范爱农悲惨的结局,寄予对亡友哀悼的深情?结尾这样写起何作用?文章语言带有幽默色彩,这样表达与直接表露效果有何区别?

在讨论中引导学生读书、思考、分析、归纳,掌握以下一些要点:

文章起笔突兀,有峻峭之势,不直接从范爱农入笔,而从看见一条电报写起,这就把徐锡麟行刺安徽巡抚恩铭和徐锡麟被杀害的政治事件推到读者面前,交代了人物活动的政治背景,又收到使人触目惊心之效,在震惊之余,急于要往下读。

范爱农的出场是先闻其钝滞的声音,后见其高大身材的形象。在同乡会上,客居东京的"我"主张发电哀吊烈士,痛斥清政府的无人道,偏偏这位徐锡麟的高足却冷冷地反对。一方非常愤怒,义愤填膺,一方冷言冷语,冷峻异常。先"争"要不要发电,又"争"谁拟电稿。在"争"中彼此相识,在"争"中初次展现范爱农的思想性格。范爱农为何采取如此态度?"冷"的背后是什么?正当读者欲推敲之时,作者直下笔墨,觉得天下可恶的人"第一倒是范爱农",甚至认为"中国不革命则已,要革命,首先必须将范爱农除去"。用笔真是奇峭之极。众所周知,鲁迅的爱国思想十分激进,与范爱农邂逅,竟然作出如此断语,使读者不得不猜度,不得不关心范爱农对革命的态度。作者用这样的断语把范爱农和革命的命运紧密相连,制造强烈的悬念,寄予深沉复杂的感情。

宋陈郁《藏一话腴》中认为"写照非画物比,盖写形不难,写心惟难"。要把人物写得活生生地跃然纸上,不仅要绘形,而且要写"心"。心就是"神"。作者写范爱农的肖像、语言、细节,着墨虽不甚多,但由于"以形写神",故思想性格鲜明,收到形神兼备之效。范爱农是一个愤世嫉俗、要求革命的知识分子。在辛亥革命前,他和鲁迅一样,奔赴日本留学,寻求救国救民的真理。在闻悉徐锡麟被杀害噩耗时表现令人愕然的"冷",正是他极端悲愤、仇视黑暗势力所致。"他穿着很旧的布马褂,破布鞋,显得很寒素","又受着轻蔑,排斥,迫害,几乎无地可容"寥寥数笔,勾画出范爱农在当时社会摧残下的悲惨遭遇。景况凄凉艰难,然而范爱农决不阿谀奉承,眼睛是心灵的窗户,"眼球白多黑少","看人总像在藐视",文中三次抓住范爱农的眼睛特征进行细节描绘,着力地刻画他冷眼看世界,对群小藐视、鄙视,对旧势力倔强反抗的性格。文中写范爱农"爱喝酒"的细节,写与作者一起常说些"愚不可及的疯话",正是表明范爱农是正直的知识分子,不愿同流合污,以说"疯话"、发牢骚抗议黑暗的社会。言为心声,精当地运用人物个性化的语言,能极其准确地反映心声,鲜明地表现人物的思想性格。范爱农的话在文中只有极少几句,但句句有特色。"杀的杀掉了,死的死掉了,还发什么屁电报呢"。群情激愤之时,范爱农竟然说这样的话,"冷"。"何必推举呢?自然是主张发电的人啰——"不仅"冷"而且"刺"。"你还不知道?我一向就讨厌你的,——不但我,我们。"毫不掩饰,"直"。"这里又是那样,住不得,你快去罢……"。即使自己处境会更困难,也以友人为重,"诚"。三言两语,范爱农的直率、诚挚、冷峻、疾恶如仇的思想性格如在眼前。

  武昌起义,绍兴光复,范爱农出现了"从来没有见过的""笑容",由乡下赶上城来"看看光复的绍兴",而且"不大喝酒了",办事、教书"实在勤快得可以"。革命给被压迫者和被剥削者带来极大希望,革命使穷困潦倒的范爱农焕发出青春的活力,他向往革命,热烈拥护革命,为革命不辞辛劳。然而,曾几何时,他被排挤,被解聘,"又成了革命前的爱农",而且"景况愈困穷,言辞也愈凄苦","各处飘浮",终于落水而死,结局悲惨。为什么一个追求革命、拥护革命的爱国的知识分子在革命以后竟然报国无门,遭此不幸?孔教会会长上台,封建势力复辟,把范爱农谋生的权利也剥夺了。绍兴光复,街上虽"满眼是白旗",但"内骨子是依旧的"。这就道破了辛亥革命的妥协性、不彻底性,揭示了范爱农悲剧的社会原因。

作者忆写范爱农的生活片断时,涉及徐锡麟起义失败被杀害事件,辛亥革命后绍兴光复的情景,报馆案件的前前后后。作者把范爱农放在这些政治事件的背景下活动,把个人命运与时代风云紧密相连,深刻地展现范爱农反清爱国的思想和报国无路的痛楚,揭示人物悲剧的社会根源,使文章主题深邃广阔,有重要的社会意义。文章在布局上甚为精巧。作者以同范爱农的交往为线索,把许多方面的人和事有机地胶合起来,组成一个整体,刻画范爱农的个性特征,展示时代的风貌,表现社会悲剧的重大主题。全文分四个部分:即东京初识;故乡重逢;并肩战斗;别后闻变。线索分明,各种材料衔接得可谓天衣无缝。如第二部分插叙"到横滨去接新来的留学的同学"的情节,由喝酒说"疯话"引出东京同乡会旧事的谈论,由东京的旧事引出横滨接新同学的旧事,用"我略略一想"转入插叙,再用"试问爱农,果然是的"结束插叙部分,转入对旧事的继续谈论,转接自然,结构严谨。

范爱农的不幸遭遇终于发展到"沉沦"的悲惨结局。范落水而死,死在辛亥革命九个月之后。作者用回环往复的手法叙事,表达心中的悲凉、哀悼和对黑暗势力的愤激、控诉。先写得知死讯后"疑心他是自杀,因为他是浮水的好手,不容易淹死的"。这种"疑心"是有根据的。范爱农作为一个正直的知识分子,在人噬人的旧社会到处碰壁,痛感"如此世界,实何生为?盖吾辈生成傲骨,未能随波逐流,唯死而已,端无生理"。挚友过早弃世,心中十分悲凉,无法抗拒噩耗,只得作诗寄哀,长歌当哭,行文至此,本可收笔。然作者剪不断对好友的绵绵情思,乃再提笔从返回故乡听闻的角度加以补叙,给范爱农的凄苦形象添上最后的特写镜头。这样一个在黑暗势力笼罩下的挣扎抗争之士,并不为人们所了解,"大家讨厌他","似乎也不愿多听他的牢骚"。作者如此描绘,简直是写"祥林嫂"手法的再现,悲哀之极。写其尸体在菱荡里找到,不仅令人心酸,而且"直立着"一词更使人感到他的傲骨不衰,决不向恶势力屈服。事实说明：范爱农的死是社会造成的，范爱农的悲剧是社会的悲剧，是辛亥革命不彻底性和封建势力复辟的必然反映。文章末尾写筹款未成与牵挂范爱农的景况，既揭露旧社会的凉薄，又含蓄地表露了对亡友深沉的怀念，情真意深。

作者运用语言的功力令人折服。文中熔白话、文言、口头语于一炉，于幽默中讽时事，于奇峭中蓄真情。如"我非常愤怒了，觉得他简直不是人"，用"简直不是人"的口头语奇峭地突出作者心目中的亡友是"人"，是正直的爱国者，以"贬"托褒，欲扬先"抑"。文中幽默的语言比比皆是，或讽刺时事，或曲折达意，或委婉表情，仔细咀嚼，可深入体会其中丰厚的含义。

第三步，要求学生在理解课文的基础上，就主题、人物、结构、语言等方面的某一点深入钻研，谈学习体会。通过交流，互相启发，加深理解。

《闻一多先生的说和做》教学浅探

闻一多先生是"五四"以来知识分子中一位杰出的人物。青年时代是新月派诗人，中年时代是旧经典的研究学者，晚年成为青年所爱戴的、昂头作狮子吼的民主战士。他横眉怒对国民党特务的手枪，把自己的一腔热血洒在为民主、为国家而战斗的前线。诗人臧克家1980年2月写的《闻一多先生的说和做》（原题为《说和做——记闻一多先生言行片段》）这篇散文，虽只记述了闻先生言行的片段，但仍可从中看到这位诗人、学者、战士的形象。

教该文时可与《最后一次讲演》结合起来进行，先教此文，再教后者，二者相互补充，把烈士的高大形象镌刻到学生的心中。教这篇文章要达到下列教学目的：

1. 让学生了解并学习闻一多先生孜孜矻矻钻探宝藏的治学精神和疾恶如仇、为祖国安危而英勇献身的凛然正气与高尚情操。

2. 学习记述人物言行片段，从不同角度运用对比表现人物思想精神的方法。

3. 理解语言的诗意和饱含的激情，体会记述中论证性特色。

有些疑难词句须探讨，如：

诗兴不作："作"，起的意思。诗兴不作，不是不做诗，而是写诗的兴致不起、不发。仰之弥高，越高，攀得越起劲；钻之弥坚，越坚，钻得越锲而不舍。"仰之弥高，钻之弥坚"从《论语·子罕篇》中引来，是颜渊赞美孔子的话,意思是"老师之道,越抬头看,越觉得高;越用力钻研,越觉得深"。弥,更加。锲而不舍,不断地镂刻,比喻坚持不懈,有恒心,有毅力。锲(qiè),锲刻;舍(shě),放下。

望闻问切:中医诊断疾病的方法。望是观察病人的发育情况、面色、舌苔、表情等;闻是听病人的说话声音、咳嗽、喘息,并且嗅出病人的口臭、体臭等气味;问是询问病人自己所感到的症状,以前所患过的病等;切是用手诊脉或按腹部诊察有没有痞块等。通常这四种方法结合在一起使用,叫作四诊。望诊是第一步。

目不窥园:窥,从小孔或缝隙里偷偷地看。眼睛不暗中看一看家里的园圃,即专心致志。"不窥园"出自《汉书·董仲舒传》,该传中有"……盖三年不窥园,其精如此。进退容止,非礼不行,学士皆师尊之"。

兀兀穷年:兀(wù)兀,用心劳苦的样子。穷,尽。一年到头劳苦不息。出自韩愈的《进学解》,该文中有"焚膏油以继晷,恒兀兀以穷年"的句子。

腾怨:腾,上升。怨气升腾。

群蚁排衙:衙(yá),衙门,旧时的官署。旧时官署陈设仪仗,全署属吏依次参谒长官,叫排衙。群蚁排衙,指许许多多的蚂蚁排列成行。文中指闻一多先生写字十分认真,他的以十万百万字计的手稿,都是密密行行写得工工整整的蝇头小楷,好像群蚁排衙。

迥乎不同:迥(jiǒng),远。差得很远,完全不同。

一反既往:既,已经。既往,过去。与过去完全不一样。

气冲斗牛:或为"气冲牛斗"。斗,北斗星;牛,牵牛星。斗牛,泛指天空。形容怒气很盛。

高标:凡高耸物体的末端都可以叫作高标,杜甫诗《同诸公登慈恩寺塔》中有"高标跨苍穹,烈风无时休",指慈恩寺塔高越青天。文中的高标指超群、出众。

为了帮助学生阅读理解，可组织学生就下列一些问题进行讨论：

1. 文章从哪两个方面写闻一多先生的"说"与"做"的？把这两方面结合起来看，闻一多先生是怎样一个人？据此为脉络，文章可分为几部分？每个部分是怎样衔接连缀的？

让学生明确：文章是从作为学者和作为革命家两方面论述闻一多先生的说和做的。把这两方面综合起来看，闻一多先生是"口的巨人，行的高标"，是卓越的学者，大勇的革命烈士。

文章分两个部分。第一部分记述闻一多先生作为学者方面"做"了再"说"、"做"了不"说"的特点。第二部分记述闻一多先生作为革命家方面"说"了就"做"的特点。第一部分与第二部分之间用了三段过渡。第 7 段承接上文进行小结，第 8、9 段开启下文。用这些高度概括的话过渡，它的好处在：连缀紧密，脉络清楚，过渡自然。把闻一多先生作为学者和作为革命家方面的情况用极其简明的语言并列地提出来，给读者以深刻的印象。

2. 作者写"作为学者和诗人的闻一多先生"的"说"和"做"是怎样起笔的？这样起笔好在哪里？文章又是怎样围绕起笔的内容进行记叙议论的？哪些词句十分深刻地刻画了闻一多先生治学的目的、态度与精神？

通过讨论，使学生明确：文章引用闻一多先生自己的话起笔，直接点题，不拐弯子。摆到读者眼前的引文经过了精心挑选，言简意明。它有两个特点：一是运用比较的方法突出闻一多先生对"说"与"做"的态度；二是语意递进加深——"做了再说"，"做了也不一定说"。文章采用这样的方法起笔，不仅开门见山，而且引起悬念：闻一多先生是这样说的，做的又是怎样呢？使读者迫不及待地要读下文。

文章摆出了闻先生的语言片段以后，就围绕这一点记述他有关的"行"的事实。作者截取了闻先生向古代典籍钻探的事实着力描叙：先叙他攀高钻坚的研究志趣,继写他研究的目的,再写他兀兀穷年、沥尽心血的研究精神,最后写他辛苦凝结而成的硕果。作者在叙述事实的基础上进行议论,论证闻一多先生确实是做了再"说",做了自己也没有"说",回应了引文。为了使议论更有说服力,作者又简要地夹叙了两个事实:十年艰辛撰写了《楚辞校补》,又向"古典新义"迈进。为了证明事实有足够的根据,在叙事之前点明作者对30年代"国立青岛大学"时期的闻一多先生有着深刻的印象。

文章的第一部分为了突出闻先生孜孜矻矻、日夜不懈的治学精神,有些词句用得很考究。比如写其钻研古代典籍的目的,用了"吃尽""消化尽""远射""衰微""文化药方"等词语,准确地表达了闻先生全身心投入研究,执着地寻求解救民族衰微的良药。当然,今日看来,任何文化药方也救不了衰微民族的命,只有采取革命的暴力推翻三座大山的黑暗统治,才能拯救民族的危亡。但是,作者这样记叙,正是真实地反映了30年代闻先生的思想实际,进行古代典籍研究的目的。作者写闻先生治学的严谨,只用了书写的一个细节,就把密密麻麻小楷的形象生动地刻画了出来,这是由于恰当地运用了"蚂蚁排衙"比喻的缘故。又如写其孜孜不倦、废寝忘食的精神,一"贪"一"惜",一"腻友"一"伴侣",既深刻,又形象。

3. 文章怎样写"作为争取民主的战士"的闻一多先生的"说"与"做"的?与第一部分写法有何不同?这样写能收到怎样的效果?

使学生理解:作为争取民主的战士,闻一多先生既"说"又"做",先"说",跟着"说"的就是"做"。文章先写他的"说",写他"说"的事实,由"小声说"到"向全国人民呼喊",写他"说"的内容与目的——反对独裁,争取民主。再叙他的"做"——一起搞政治传单,在群众大会上大骂特务,走在游行示威队伍的前头,昂首挺胸,长须飘飘。用他的"说"和"做"揭示其争取民主、反对独裁的大无畏精神。

第一部分写法是先引用闻先生的"言",然后记其"行",再进行议论。这部分写法是把闻先生的话插入作者所叙事实之中,而这些话又是闻先生致作者信中亲笔所书,言导行,行证言,情真意切。作者在记"言"叙"行"的基础上,连用三段文字进行议论,展现民主战士形象,讴歌他献身民主事业的无畏精神。

第二部分把闻一多先生的"言"和"行"糅合起来写,把叙述和议论结合起来写,给人以飞流直下、一气呵成的感觉,表露了闻先生言行一致,以生命为代价求民主反独裁的高尚人格。结尾部分的排比段绘出了闻先生"说"的气冲斗牛、声震天地的情状,再现了他"说"的坚强不屈的声音、昂首挺进的形象。议论中寓含深情,议论中夹以事实,叩击读者的心弦,使人对闻先生的凛然正气和高尚情操油然而生敬仰之情。

4. 文章在语言方面有哪些特色?它对表达文章的主题起什么作用?

通过朗读、讨论,使学生领会:这篇文章虽是以记叙为主的散文,但其中不少语言含有诗意,字词凝练,句式整齐,音调铿锵,感情浓烈,给人以强烈的感染。如"目不窥园,足不下楼,兀兀穷年,沥尽心血"四句16个字,内容丰富,气势流畅,一个"沥"字深刻地表现了用心血一滴一滴浇灌学术研究花朵的钻研精神,精当,凝练。又如,"不动不响,无声无闻",两个"不",两个"无",看来普通,但细细咀嚼,颇有韵味。不是"不动",而是在"动",在废寝忘食地"动",用灯火"漂白了四壁"动。这个"不动"是不说,是无声,是听不到。用"不动"来突出闻先生的"做",突出他沥尽心血,埋头实干。再如"他'说'了""他'说'了""他'做'了"的排比段,感情如冲开闸门的潮水汹涌澎湃,一泻千里,倾泻出对闻先生英勇精神的高度钦佩与赞扬。结尾的"他,是口的巨人。他,是行的高标"是对闻先生人格的艺术概括,句式短促,音调高亢,节奏分明,情深意赅。

散文中适当运用诗意的语言能增添文章的浓度，能更为形象、更为深刻地表现歌颂闻先生是"口的巨人，行的高标"的主题，能以文中包孕的感情、激情给人以激励、鼓舞和感染。

在学生理解课文语言、掌握文章精髓的基础上，为了启迪学生思维，可设计一两个问题引导他们深入探究。比如：闻一多先生在两个方面的"说"与"做"矛盾不矛盾？作者为什么采用这样的方法来记述？意图何在？让学生懂得：尽管闻先生在两个方面对待"说"与"做"的情况迥然不同，但实质上二者并不矛盾。二者统一在言论与行动的完全一致，而且以宝贵的生命"证实了他的'言'和'行'"。言行一致是闻一多先生人格的写照。如果笼统地写，容易落入窠臼，流于一般化。现作者采用剖析的方法记述，具体，实在。既刻画了闻先生力戒空言、崇尚实干的学术道德，又刻画了为民主事业作狮子吼的慷慨陈词、昂首挺胸的战士形象。采用剖析的方法记述，不仅从不同的侧面揭示闻先生的精神世界，而且揭示了他思想前进的历程。这样记述，虽只是言行片段，但形象丰满，孜孜矻矻与英勇无畏的精神跃然纸上。

教这篇文章也可采用学生讲演的方法，由学生介绍闻一多先生的"说"和"做"，把作者书面的文字变成学生口头的语言，培养思维和口头表达能力。在学生讲演介绍之前一问二读，引导学生理清课文脉络，落实字词知识，解决疑难之处，熟悉课文内容。问，教师提问和学生质疑并举；读，以学生朗诵为主，教师对某些词句、段落略作示范。

寓艺术魅力于事物说明之中[①]
——浅谈《花儿为什么这样红》《晋祠》

众所周知,说明文须在"明"上下功夫,须把说明的对象介绍得井然有序,清楚明白,给人以知识,给人以启迪;而文艺性强的说明文不仅能以它的清晰性传递知识信息,还能以它的生动性、形象性激发人们求知欲,给人以艺术美的享受。

《花儿为什么这样红》《晋祠》是两篇文艺性很强的说明文。前一篇的作者贾祖璋是运用文艺手段传播科学知识的高手,他把丰富的科学知识、科学道理融化在散文化的文字之中,文笔清新优美,娓娓动听,吸引读者进入知识宝库,乐而忘返。后一篇的作者依靠精细的观察,熔描写与说明于一炉,展现美景画卷,引导读者鉴别欣赏。尽管一是科学小品,一是古迹介绍,但二者都寓艺术魅力于事物的说明之中,引人入胜。

一、巧布说明层次

说明文层次结构的安排不仅反映作者观察事物、分析事物的条理性,而且显现出谋篇布局的匠心。

《花儿为什么这样红》说的是植物中各种花朵瑰丽多彩的生态习性和生活史,它采用平列结构的方式,从生物化学、物理学、植物生理学、

[①] 本文发表于《语文学习》1983年第8期。

进化理论、自然选择和人工选择等不同角度进行科学的解释。在组织说明的材料时明显地有三"巧"。一"巧"在说明对象的提出。文章下笔带彩，从赞叹花朵的红色入手，咏红紫烂漫的春天。正当读者有悦目赏心之感时，一个"花儿为什么这样红"的设问，引出了说明的中心，转得自然，问得贴切。二"巧"在用"花儿为什么这样红"的语句反复设问，每一问引出一个方面的科学的解答，既眉目清楚，条分缕析，又寓含着整齐美和回荡美，使围绕花"红"所作的六个方面的说明蒙上了动人的色彩。三"巧"在横向说明与纵向说明并举。从物质基础、物理学原理、生理需要等角度对"花儿为什么这样红"进行科学解释时用的是横向说明的顺序，而从进化观点、自然选择、人工选择等角度解释，则是按时间顺序组织材料，从亿万年前讲到 20 世纪的有关情况，贯通古今，对花儿"红"的形成和演变的历史进行纵向说明，既如实地反映了客观事物的实际，又使行文变化有致。

《晋祠》的说明层次则是另有一番特色。就全篇而言，先总说后分说，按总分顺序精心安排说明材料。文章起笔先对说明的对象进行总说，指出它的特征是"悠久的历史文物同优美的自然风景浑然融为一体"；接着从自然景物和历史文物两个方面分别对晋祠作具体解说。分说"优美的自然风景"这个部分，先用"晋祠的美，在山，在树，在水"总拎，然后逐一介绍山、树、水的特点，说明顺序也是按照先总后分的方式结构的。分说"悠久的历史文物"这个部分，先介绍我国古建筑中的"三绝"，再介绍其他建筑和园中小品，采用的说明顺序是先主后次、先重点后一般、先点后面。晋祠的自然景物丰美，建筑群复杂多姿，作者根据这些事物的内在的结构以及各部分的相互关系，巧妙地编织说明层次，条理分明，纹丝不乱。结尾以"真不愧为我国锦绣河山中一颗璀璨的明珠"的赞美词收束全文，为说明的清晰性增添了情趣。

二、细探内在奥秘

说明文不仅要讲究条理,讲究清晰,而且要由表及里,探究事物内在的奥秘,揭示事物的本质。马克思主义的认识论表明,只看到事物的现象,停留在感性认识阶段,不可能真正地认识事物;透过现象弄清楚事物的本质,上升到理性认识阶段,才能对事物认识清楚。一篇好的说明文,绝不是现象的罗列,而常常是以现象为先导,深入到事物本质的探求,对其内在的奥秘进行精辟的解剖和科学的说明。《花儿为什么这样红》就是细探内在奥秘的典型之作。

花朵呈现出红紫斑斓的色彩,这是现象,形成这现象的原因是什么呢?作者用了三段就它的物质基础进行说明。揭示花色能够在红、蓝、紫之间变化,是因为花朵的细胞液里含有花青素,这种有机色素,只要酸碱度变化,颜色也就相应起变化;揭示花色能够在黄、橙之间变化,是因为胡萝卜素起作用;揭示白花之所以为白色,是因为不含色素的缘故。三段按照事物的内在特性分类说明,揭示了花朵色彩纷繁的奥秘,揭示了内在的规律。分类说明时,既解说花变色的一般情况,又解说特殊的例子,精细、严密。

文章解说了花朵色彩的物质基础后,进而深入到用物理学原理来解释,从光波的长短说明色彩的差异;又从光波长短的不同探究含热量的多少,深入植物生理方面的说明。然后,又从进化的观点来考察,从自然选择、人工选择等方面说明。这样,从多种角度步步深入地进行解说,使得花朵色彩变化、发展的规律得到充分的揭示。

作者在步步深入地进行解说时,每一个方面的说明都有相对的独立性,而各个方面之间又合乎逻辑地紧密联系,环环相扣。"物质基础"是花朵色彩形成的核心问题,先说明白,后面几个方面的说明才有基础。"最后要归功于人工选择",表明了科学在改造大自然中的威力,以此作结,激发人们学科学的热情与兴趣,加强说明的效果。

文章明明是探究花朵各种颜色形成的原理，为什么要以"花儿为什么这样红"为标题？为什么要突出"红"呢？科学小品是文艺性和科学性的结合。俗话说，花红叶绿，红是花的特征，抓住人们所熟知的花的特征提出问题，形象生动，趣味性浓，有吸引力。以"花儿为什么这样红"为标题，也是进行科学分析、科学说明的需要。文章从花红这个"点"说起，分析这种色彩形成的原因，再扩展延伸到花的其他色彩的说明，由点到面，在广度上开拓；在分析花的色彩发展过程与自然选择时，着重分析红色的花，说"红色的花可以说在进化途程中居于顶峰，最鲜艳，最耀眼"，说"在悠长的岁月中，昆虫就给这种植物创造出纯一、显著、鲜艳的红色花朵"。这样分析说明，重点突出，在深度上着力，科学地反映了客观事物的实际。

三、着意逼真传神

说明文一般多是按照事物的特征、性质直陈其事，介绍有关的知识，使人知晓，而有的说明文为了激发阅读兴趣，增强说明的效果，还进行形象化的描写，把说明的对象描绘得栩栩如生，给人以美的享受。《晋祠》就是一篇用说明结合描写的方法写的说明文，把要说明的历史文物和自然风景描绘得逼真传神，使人有亲临其境之感。

文章第一部分概括说明晋祠的地理位置和建筑规模时，就把它放置在"参天古木"的掩映之中，画意初展。文章第二部分说山、树、水时，一一紧扣各自的特征进行艺术渲染。写山，着墨于"巍巍""长长"的形象和游访"心旷神怡"的感受，蕴含赞颂的情思；写树，着墨于古老苍劲的神态与风骨，显示晋祠幽静、典雅的意境；写水，着墨于多、清、静、柔，勾勒出几百间建筑在水上"漂着"的风姿，画意盎然。文章第三部分介绍古建筑，重点描写"三绝"。圣母殿无柱结构的独特风格，宋代泥塑的万千姿态，木雕盘龙的飞跃之势，鱼沼十字飞梁的奇特，均用画笔点染，情态跃然纸上。即使写以圣母殿为主体的建筑群之外的建筑，也不吝笔墨，描写渲染；即使只是简单的几笔，如"都依山傍水，因势起屋，或架于碧波之上，或藏于浓荫之中，各有不同的情趣"，也足以引起人们无限的遐想。结尾总说，运用比喻增添形象性，与开头遥相呼应。综观全文，说明与描写结合得天衣无缝，在介绍晋祠这座名胜古迹的过程中，打开优美的画卷，让山水树木、殿堂楼阁、亭台桥榭等形象呈现在人们的眼前，引导人们步入艺术境界。

为进一步领略说明与描写结合起来运用的妙处，举文中一二例说明。如文中说明水的特点，先从观察点的移动铺写水的"多"——深潭、小渠、河、井、溪、石间细流、林中碧波。一"脉脉""闪闪"的形容，一"如线如缕""如锦如缎"的贴切的比喻，活画出水的美姿美态。接着用"叮叮咚咚"的叠词描摹水的悦耳的声响，进一步说明水多，长流不息。写水的清澈，先用"令人叫绝"形容，一个"绝"字，充满了褒赞之情，引人共鸣；然后选取"深水"这个点放在一定的光照下描绘，"游鱼碎石，历历可见"，以游鱼碎石的动静情态衬托水的清澈的程度，使人不期然地联想到柳宗元《小石潭记》中潭中鱼"往来翕忽"的情景，煞有趣味。写水的静与柔，把河底、岸边、微波、倒影交织在一起描写，以飘带为喻，刻画其"穿亭绕榭"的动态，"冉冉不绝"的风采。水的缭绕之姿描绘得惟妙惟肖，逼真传神。行文至此，作者信手拈来李白的诗句，借引用的话赞叹晋祠的水；又托观赏者的心理设疑，启人想象似真似幻的水上美景。如果只说明晋祠水的特征，不细笔细绘，哪来如此的诗情画意？又如石雕小和尚的神态，"光光的脑门，笑眯眯的眼神，双手齐肩，托着一个石碗接水"，三笔两勾，一个活泼泼的形象就站在面前，好不生动！

四、使用带彩语言

说明文的语言须洁净、平实，简而明，详而不蔓不枝，能准确地反映事物的本来面目。文艺性强的说明文,除着眼于说明的准确性、逻辑性外,还使用带彩的语言,增添生动性,加强表现力。《花儿为什么这样红》《晋祠》两篇文章的语言均具有此特色。

精选形容词修饰、描绘。《花儿为什么这样红》一开篇就选用"热情""强烈""奔放"等词语形容花朵的红色,制造火热的气氛,富有吸引力。

运用多种修辞手法铺绣织锦。《晋祠》中状山的巍巍"有如一道屏障",山的长长"如伸开的两臂";写树的造型奇特以"偃如老妪负水""挺如壮士托天"为喻,形象生动。"春日黄花满山,径幽香远;秋来草木萧疏,天高水清",用这样的对偶句展现春秋季节山景变化的两幅图景,句式整齐,用词优美。写圣母殿内的泥塑像,用的是"她们或梳妆,或洒扫,或奏乐,或歌舞"的排比句,气势流畅,朗朗上口。此外,还运用了拟人、引用等修辞手法,增添形象性。尤其是比喻手法的运用,文中比比皆是,绘声绘色,状形状态,使说明的对象形象化,味道大为浓郁。

文中还注意到语言的变化,既能明晰地表达事物,又有艺术感染力。如"晋祠的美,在山,在树,在水",两字一逗,简洁干脆,语势短促,感情饱满。而从自然风景转到历史文物的说明时,用的就是"然而,最美的还是祖先留给我们的古代文化。这里保存着我国古建筑中的'三绝'"的散句,寓赞美、自豪之情于舒缓的语势之中,耐人寻味。有的在说明某几个对象时,长短句交错,显现出错落美。如说明晋祠的树,分"以古老苍劲见长"与"以造型奇特见长"两类解说,其中长短句交错,起伏缓急,错落有致。

富于艺术魅力的说明文是说明文中的一朵奇葩,引导学生在理解说明文基本要领的基础上,通过比较写法上的异同,赏析这类文章的风韵,也是饶有情趣的。

拂面清风催我醒[1]

语文教学的路是一条艰辛的路,上面布满了执教者的智慧和心血,更布满了执教者的不足、失误,乃至"创伤"。对于后者,我的感受尤深。纵观自己所教的语文课,失败的远远多于成功的,缺陷多的远远多于较为完善的,因此,"遗憾"的情绪几乎伴随着教学生涯同步前行。然而,我并未就此气馁。文学家罗曼·罗兰说得好:"累累的创伤,就是生命给你的最好的东西,因为在每个创伤上面都标志着前进的一步。"教学中的不足、缺陷是令人懊丧的,但是,以科学的态度对待它,认识它,填补它,跨越过去,也就愉快地迈步向前了。

一次,带领学生学《变色龙》,短篇小说大师契诃夫高超的语言艺术和精湛的讽刺笔法深深吸引了学生,课堂气氛轻松活跃,笑声不绝。课将结束时,突然有位女同学站起来说:"老师,你讲错了。"我被这突如其来的判断愣住了,一时意识不到错在哪里。于是我请这位学生到讲台前面对全体学生发表自己的看法,评论执教者的错误。

事情是这样的:为了让学生明白课文中主人公奥楚蔑洛夫多变现象背后所掩藏的趋炎附势、奉承拍马的不变的本质,我就在黑板上画了两条线来示意。一条是波浪形的曲线,波峰标明小说中主人公对咬人的狗的种种美称,波谷则标明主人公对同是这只狗的诅咒。一条是直

---

[1] 本文发表于《语文学习》1986 年第 10 期。

线,横贯于上述曲线之中,表明主人公对狗称呼的多变善变取决于他趋炎附势不变的本质。这位女同学对曲线的画法有不同意见。她认为当奥楚蔑洛夫终于弄明白这条狗是将军哥哥的狗时,他奉承谄媚的心情更为急切了,心跳的频率更快了,因此,用等距离的波峰波谷的曲线不足以准确地表达当时的情景,应该是距离更短,波峰更高更陡。

学生是我的老师,我折服了,当堂感谢这位学生对我的指点。

对教材理解竟然有如此的疏漏,这是什么缘故呢?我想得很多、很多……

以想当然代替对教材的深入钻研,这是第一个原因。对教材比较熟悉,思考问题又有习惯性的轨道,于是就发生视而不见、见而不思的状况。"熟"原是好事,但"熟"不等于完全掌握了教材的精髓,不等于理解得十分精确,不等于有足够的深度和广度,以"熟"为满足,就会蹈"戏包袱"之路。所谓"戏包袱",是指肚子里戏文不少,上台能凑合,可就是不入腔入调,更无精彩之处可言。课教熟了,不思长进,也会出现同类问题。教材,常钻研常新,反复咀嚼推敲,由整体而局部,由局部而整体,才能把握细微之处,认识深化,体会真切。教课之前认为教材已熟悉,似乎"成竹在胸",不再花气力钻研,充其量只能在原地踏步,发生差错有时就难以避免。

对教材理解得准确、透彻,是语文教师应具备的基本功。在这方面出现欠缺,除上述粗疏的原因外,思考问题的旧习惯也有影响。教《变色龙》抓住"变"字拎起全文,这是无可非议的,问题在把"变"的多种情况简单地"划一"起来,用"静止"的观点看"变",文字方面考虑多,字面背后反映的事实、寓含的思想意义深究少。钻研教材浅尝辄止,不下功夫深究底里;从一个角度理解教材,不注意变换角度推敲,是自己备课中长期形成的旧习惯、旧思路,稍不注意,就给教学带来不利。

教学方法陈旧,用现成的结论"框"学生,这是第二个原因。教师在课堂上对学生的作用应放在"启"和"导"上,学生经过努力可掌握的知识与能力,教师应大胆放手,充分信赖他们,调动他们的积极性,道理上似乎很明白,而实践时又往往会转向,犯越俎代庖的旧病。《变色龙》文章不算深,比较切合学生的阅读水平,教学时完全可以大步走,让学生发挥聪明才智,把文中情节的发展、人物的性格、主题的确立等用多种图形示意,然后比较分析,寻找最佳方案。学生直言不讳地评论教师课上的失误,当然也是一种锻炼。如果课前有意这样设计,应该说是好的,而临场应付,不仅捉襟见肘,而且暴露了"不放手"的弊端。

对学生的潜在学习能力估计不足,这是第三个原因。教师的脑子里对学生容易有种种固定的分类。如哪些学生语文成绩好,哪些比较差;作文能力差的有哪些,好的有哪些;哪些能发表意见,哪些不能,等等。分类是可以的,用凝固的眼光去对待,那就不足取了。学生学习的状况不断变化,尤其对初中学生来说,好与差往往会出人意料地转换,或者是"差"的迅速向好的靠拢。一般地说,学生都具有相当的学习潜在力,问题在于如何促使他们发挥。课上提意见的女同学进校时语文基础在班级中是倒数的,作文不及格,考试不及格。但是,她具有胆大的优点,好问,好打破砂锅问到底,日久天长,"问"的水平提高了,能力也有所长进。当她全神贯注,思维高度兴奋时,学习闪射出火花,理解能力能超水平发挥。课上她表现出的思维的严密性就是突出的一例。由于对学生学习潜力缺乏科学分析,"变"的观念不强,因而学生一旦超水平地发挥,自己适应不了。

胸中有书,目中有人,二者有机地结合,才能创造出行之有效的教学方法和良好的教学效果;反之,在任何方面稍有懈怠,或墨守成规,就不可避免地发生使人遗憾的故障。教后反思能催我清醒,使我懂得教海无涯,教者须多想想自己的不足,尤其要奋力从旧的教育思想、教学方法的束缚中解放出来。

要教出散文的韵致

我爱读散文,也爱教散文。

读,犹如漫步海滨,朝晖夕阴万千气象收眼底,风光无限;教,深入底里,咀嚼体味,探索珍藏的奥秘,向学生传情晓理,享受熏陶的乐趣。

教散文,最为紧要的在于把握文中的"灵气"。含蕴"灵气"的散文,无论叙事、写景、记人,总是情浓、理直、语言精湛、构思别具风格。教学时按照目的要求,紧扣文中的某些特点,引导学生诵读、细思、生发、延伸,不但能激发他们浓厚的求知欲,而且能给他们以生活的力量和有益的启迪,提高他们审美的情趣。怎样使文中的"灵气"散发出独特的光彩呢?

要动情。刘勰说:"登山则情满于山,观海则意溢于海。"散文情铸成,不管是写山画水,还是娓娓叙事,都渗透了作者真挚的感情,钻研教材时沉进去,披文以入情,把握作者的思想脉络,体会作者感情的波澜。教学时,紧扣文中言简意赅、言简意深、言简意丰的重点词句,带领学生重锤敲打,使其中饱含的思想情操溅出耀眼的火花,照亮学生的心灵,激起他们感情上的共鸣。如杨朔的《荔枝蜜》中有这样两段话:"老梁说:'蜂王可以活三年,工蜂最多活六个月。'""我不禁一颤:多可爱的小生灵啊!对人无所求,给人的却是极好的东西。蜜蜂是在酿蜜,又是在酿造生活;不是为自己,而是为人类酿造最甜的生活。蜜蜂是渺小的,蜜蜂又多么高尚啊!"显然,作者写这些话是动了情的。教学时抓住

"颤"这个词要学生推敲:"颤"是什么意思?为什么作者会"颤"?又为什么"不禁一颤"?"颤"以后流入笔端的是怎样的思想,怎样的感情?"颤"是抖动,振动,因外因而产生的抖动。工蜂"最多"活六个月,整日整月采花酿蜜,不辞辛劳,生命却如此短暂,作者意想不到,心颤动了;作者被老梁说的话猛然一击,情不自禁地作出反应,故而是"不禁一颤"。这个"颤"是对辛勤酿就百花蜜,留得香甜在人间的小蜜蜂的赞颂,是对小蜜蜂短暂的生命所显示的意义和价值的领悟。所以,紧接着是发自肺腑的赞美——"多可爱的小生灵啊!"紧接着又融情于理,评述蜜蜂对美化人类生活所作出的贡献。通过对"颤"这个词的锤打,拎起这一段的议论抒情,注情于蜜蜂小生灵,使"对人无所求,给人的却是极好的东西"的高尚情操闪发耀眼的火花。锤打的词句须选准,不能就事论事,要选表现力极强、能打动学生心灵的。如果教这两段文字时,忽略或丢弃"颤",而抓"对人无所求"这个句子反复述说,就难以收到以情激情的效果。

要造境。叶圣陶先生说过:"作者胸有境,入境始觉亲。"作者撰文,胸中有"境"才能用生花的笔勾画出一幅幅鲜明的生活图景;读者读文,须入这个"境"才能有真切的感受。优秀的散文往往意境优美,作者的"内情"和生活中的"处境"融合,情景交融,美不胜收。教学这类散文,教师要善于把握作品内在的思想感情,由景入情,以情观景,启发学生发挥想象,创设作品描绘的境地,步入作品描绘的境地。《雨中登泰山》是李健吾的著名散文。作者写登泰山,不是一般的游山玩水,而是感到"像是欠下悠久的文化传统一笔债似的"。泰山是一座活的历史博物馆,有着丰富的文物宝库,汇集了古建筑的荟萃,又是神话故事的摇篮。作者为此一往情深,然而偏偏天公不作美,下起雨来。这雨"不像落在地上,倒像落在心里",两个"落"刻画出心情的百般焦急。"心是沉的"。然而,即使如此,作者仍然决定冒雨登山。"兴致勃勃"这个词一扫阴云,气氛转换,从另一角度表现作者对泰山的神往。教学时,引导学生理解文章起笔的波澜曲折,满载作者对泰山的深情,跟随作者冒雨前行。

雨中泰山究竟是怎样一番景色呢? 要求学生眼看、心思、口述,发挥想象,运用生动的语言,绘声绘色地描绘雨中见到的一幅幅奇景。比如过岱宗坊,首先映入眼帘的是七幅黄锦,闪亮发光,吼声震天,从虎山水库的桥孔奔涌而出。一"碰"一"激"一"撒",细腻地刻画出水流的湍急,浪花四溅的奇妙,水花拍石的声响。调动学生的感觉器官,眼看,耳听,运用生活中的积累开展想象,就会创设佳境,并有身临其境之感。如果教学只停留在这一步,就往往失之肤浅;如果深入挖掘,景中有情,情融于景,意就比较高远。如前所述,"七幅黄锦"是美的,怎会出现如此奇景的呢? 作者把人们由眼前闪光的黄锦带入神话故事,又由神话故事回到现实:吕洞宾把虬龙从人间渡上天去,而共产党又把虬龙从天上带回人间,回到"故居"撒播幸福给人民,天上人间交织起来写,蕴含深意。教这类文章,放手让学生朗读、口述、剖析,指导学生读懂文中的画面,用明确生动的语言描述出画面,进行再创造,口头表达能力和想象能力均可得到锻炼。

要理解。阅读能力的核心是理解,阅读散文也如此。阅读散文最基本的要求是通过词句篇章理解文章的主要内容,进而体会作者的写作意图。教学时要注意培养学生理解散文的能力,而要理解,可以在识别、再现、探疑等方面下功夫。字不离词,词不离句,要识别某个词,只有正确理解它在具体语言环境里的含义,才能正确地理解作者所要表达的思想。如魏巍《我的老师》中描写的儿童狡猾的眼光的细节值得推敲。"狡猾"究竟何意? 是否就是词典上注释的"诡计多端,不可信任"? 显然,这种解释用在这儿是不恰当的。句中的"狡猾"不是贬义,而是贬词褒用,形容儿童的聪慧、调皮、敏锐。引导学生仔细辨别,就能正确理解词语在句中的含义。在识别、探疑的同时,也要启发学生开展想象。要学生调动生活经验,用感性材料进行合理的充实,对文中刻画的老师的假愠,假愠的背后是对学生真挚的爱就会有具体深切的感受。捉住矛盾促使学生思考是培养学生理解散文的一种有效方法。教师要使"读书无疑者"能"有疑",有疑才生问,有问才积极思考,追根穷源。如《小麻雀》这篇散文中的小麻雀被猫咬伤后,作者老舍写它"求生与求死的心情都流露在这两只眼里"。从字面看,无生字难词,但真正要洞悉其中奥秘,须动脑筋剖析。"求生"与"求死"是一对矛盾,怎能同时既"求生"又"求死"呢?"求生"是一切动物的本能,可小麻雀为什么还要"求死"呢?抓住这个矛盾组织学生讨论,回顾小麻雀伤上加伤的遭遇,分析它当时的痛苦情状和企求摆脱痛苦的心情,学生就会弄明白其中寓含的深意。教散文时,积极启发学生提出问题,探究疑难,学生就能体会到纸的背后的内容,加强对写作意图的理解。

要含英咀华。一篇好的散文不仅具有较高的思想境界和充沛的感情,而且语言也很有特色。人们常把最精练、最富感情色彩的语言称为诗的语言,散文的语言在音乐性、节奏感等方面虽不如诗强烈,但同样讲究和谐悦耳,讲究准确、生动、精练、优美。教学时,在引导学生体会意境美、形象美的同时,应特别注意语言的咀嚼,推敲它怎样来表现丰富的内容,抒发浓厚的感情。臧克家同志的《闻一多先生的说和做》这篇散文以记叙为主,但其中不少语言含有诗意,字词凝练,句式整齐,音调铿锵,感情浓烈,给人以强烈的感染。如"目不窥园,足不下楼,兀兀穷年,沥尽心血",四句16个字,内容丰厚,气势流畅,一个"沥"字深刻地表现了闻先生用心血一滴一滴浇灌学术研究花朵的钻研精神,精当,凝练。又如"不动不响,无声无闻",两个"不",两个"无",看来普通,但细细咀嚼,颇有韵味。不是"不动",而是在"动",在废寝忘食地"动",用灯光"漂白了四壁"地动。这个"不动",是不说,是无声,是听不到。用

"不动"来突出闻先生的"做",突出他沥尽心血,埋头实干。再如"他'说'了""他'说'了""他'做'了"的排比段,感情如冲开闸门的潮水汹涌澎湃,一泻千里,倾泻出对闻先生英勇精神的高度钦佩与赞扬。结尾的"他,是口的巨人。他,是行的高标"是对闻先生人格的艺术概括,句式短促,音调高亢,节奏分明,情深意赅。教学时,带领学生含英咀华,学生可体会到:散文中运用诗意的语言能增添文章的浓度,能使人物形象更为鲜明,能更为深刻地表达主题,能以文中包孕的感情激流给人以激励、鼓舞和感染。

总之,教散文必须教出散文的韵致。通过朗读、吟诵、分析、咀嚼,引导学生进入艺术佳境,受文中美好形象、高尚思想的熏陶感染,与作者的感情细流或波涛发生共鸣,从而在语言文字的运用技巧上获得实实在在的借鉴。

课堂教学二题

兴趣从何而来？

生活中我们常见到这样的情况：棋迷下棋即使挥汗如雨或手指冻僵，也不以为苦，依然兴致勃勃，调兵遣将，以期力克对手，勇操胜券。球迷打球，驰骋腾跃，主动积极，只要能够夺魁，废寝忘食也心甘情愿。这是什么缘故呢？关键在于一个"迷"字。这种"迷"劲很有魔力，能使人产生克服困难的勇气，能引人进入佳境，享受无穷的乐趣。

学语文也要有这么一股"迷"劲。不入迷，没有浓厚的兴趣，看到一个个字就好像是僵死的符号，头脑就发胀；提起笔来写，搜索枯肠，犹如用完了的牙膏壳，挤不出东西来。这样，难以正确地理解与掌握祖国的语言文字，学习效率低，学习质量差。入了迷，对语文发生浓厚的兴趣，学习就另是一番景象。字是那么有韵味，词是那么隽永，句子向你招手，标点符号向你眨眼睛，看起来娱目，读起来悦耳，知识像清泉一样往你心中流，那种乐趣比下棋、打球还要美得多。

怎么才会对语文产生浓厚的兴趣呢？兴趣来自对目的的追求，来自对学好语文的重要性与必要性有充分的认识。语言是思想的外壳，语言文字是交流思想的工具，学习、工作、生活一时一刻也离不开它。放眼看未来，要成为伟大祖国物质文明和精神文明的建设者，现在做学生的时候，就必须打好基础。基础的一个重要方面是正确地理解和掌握祖国的语言文字,具备了这方面的本领,将来就可熟练地运用语言文字记载建设中的辉煌成就,交流各条战线的丰富经验,赞颂高尚的道德情操,讴歌亲爱的党、亲爱的祖国。立足于现在,必须真切地了解语文在学好各门功课中的重要性。不在字、词、句、篇上下功夫,不努力提高听、读、说、写能力,无论听任何课都难以抓到要领,对其他教科书的理解掌握就大受影响。懂得了这些道理,学起来就有动力,就有使不完的劲。

学语文,要有对祖国语言无限热爱的深厚感情。我们中华民族有几千年的文明史,推翻三座大山以后,古老的文化焕发出社会主义的灿烂光辉。在古今文学宝库、科学宝库、技术宝库中有数不胜数的用祖国语言文字写出的珍品。青春年少,正是学习的黄金时代,认真地精读一些叙事、记人、写景、状物、说理的佳品,体会语言文字在表情达意上的妙用,广为浏览各种书报杂志,吸收其中的精神养料,不仅在思想情操上受到熏陶感染,而且大大激发民族自尊心和民族自豪感。一个热爱祖国的青年学生必然热爱祖国的语言,也只有把对祖国的满腔热情、满腔爱倾注到学习祖国的语言文字之中,才能学有感情,学有浓厚的兴味,学有显著的成效。

浓厚的兴趣还来自孜孜以求的"钻"劲。不"钻",就入不了门,咀嚼不出语言文字的韵味。一篇文情并茂的文章,一首感人至深的诗歌,无不在语言上进行过推敲与锤炼。唐代伟大诗人杜甫的名句"语不惊人死不休",它道出了写作的人为选择最精当的词句来表达情意简直到了呕心沥血的程度。学语文时钻研作者遣词造句的奥妙,捉摸文章谋篇布局的匠心,趣味浓郁,乐趣无穷。有时哪怕是一个普通的词,一经推敲琢磨,就能显现出光华。如《荔枝蜜》中有这么一句:"我不禁一颤:多可爱的小生灵啊!"乍看,"颤"是振动的意思,钻研一下,就可发现这个词用得十分传神。蜜蜂在极其短暂的生命中辛勤酿就百花蜜,永把香甜留人间的高尚品质拨动了作者的心弦,作者无比激动的感情流入笔端,炼出了这个"颤"字,它既深刻表现作者的思想震动,情不自禁,又对为人类酿造甜蜜生活的蜜蜂进行了由衷的赞美。我们读到句中的这个"颤",也会立即发生共鸣,心里一揪,震动、同情、感谢、赞扬……词句是有无限魅力的,只要钻进去,乐趣就无穷。以兴趣为先导,遨游在语言文字的海洋之中,锲而不舍,练就运用祖国语言文字的真功夫。

两种倾向值得注意

语文教改由于广大语文教师的努力,取得了不少成绩,老师付出的艰辛劳动自不言而喻。然而,在前进的过程中,有两种倾向值得注意。

一是课上得过于飘洒,"活"似乎有余,而"实"很为欠缺;二是课貌似很"实",字词句篇色色有之(严格地说,没有"篇",只有"语段",毕业班尤甚),但课文往往被肢解得只见树木,不见森林。前者课上七嘴八舌,有时辩论得热闹非凡,冷静思考一下,究竟达到怎样的教学目的,令人愕然。学生读得甚少,甚至将课文丢在一边,抓住某个或某几个枝枝节节,一飘千里,游谈无根,学生读写能力怎能得到有效的培养?后者受升学指挥棒的制约,许多语文教师虽不想这样做,不愿这样做,但又不得已而为之,其中苦处难以言表。

语文教学目的是从事语文教学活动的准绳,检测语文教学质量的标尺。尊重学生,发挥学生的积极性的想法极好,但还须因势利导,让他们在语文能力方面获得比较全面的切切实实的训练,尤其是认真读书、认真写字、认真作文不能忽视。只有循序渐进而又持之以恒地在课堂教学中进行切实认真的训练,学生才真正得益,语文教学目的也才能真正实现。教师还要进一步解放思想,"敢"字当头,从升学应试教育的怪圈中解脱出来。学生不从应试的机器、教师不从命题的工具中解脱出来,学生学习语文的积极性必然受到压抑,读写听说能力难以有长足的发展。

情思横溢，繁而有序
——《依依惜别的深情》简析

《依依惜别的深情》是作家魏巍所写的十多篇朝鲜通讯中的名篇之一。它记录了中国人民志愿军和朝鲜人民依依惜别的历史镜头，热情歌颂了中朝两国人民用鲜血凝成的伟大友谊。

魏巍的朝鲜通讯以选材严、开掘深、主题鲜明、见解深刻著称，笔触饱含激情，传神地描写中国人民志愿军战士的伟大情怀更是为读者所乐道。这篇文章教学时除引导学生领会上述特点外，以下几个方面可以作一番琢磨。

情 思 横 溢

"感人心者，莫先乎情。"一篇感人的佳作必然情动于中而形于言。《依依惜别的深情》情思横溢，离情感人，是最显著的特点。在凯歌声里，志愿军要告别朝鲜父老踏上归途，由此而产生的离情是这篇通讯着力描写的内容。文章标题定得妙，既极其概括，撮内容之要，更是浓墨渲染，泼洒万般情。"惜别"，舍不得分别；"依依"，万般留恋，不忍分离；"情"前面还着一"深"字来修饰，层层增添，分量沉重。

难分难舍之情似乎触不及，摸不着，怎么才能既充分展现，又能引起人们的共鸣呢？作者颇费心思。

首先是下笔点离情。分笔描绘，用比较衬托的手法。先写朝鲜父老,"他们可以承担一个浩大的战争,可以承担重建家园的种种艰辛,可是却承担不了如此沉重的离情"。众所周知,朝鲜战争给朝鲜人民带来的灾难是何等的"浩大",何等的沉重,在焦土、废墟上重建家园又是何等的万苦千辛,而这些难以承受的困难,英雄的朝鲜人民承受下来了;如今,生死与共的志愿军要离开,他们对离情却"承担不了"。用两个"可以承担"来反衬离情的沉重,朝鲜父老没有这样的心理承受能力。然后写志愿军,远离祖国八年,对祖国时时想,时时念,但是一旦要离开,却又"无限地依恋"。话分两头说,通过一比一衬,离情的深度得到了表露;而离情之所以浓重是由于植根于"生死之谊"的土壤之中,所以"牵"动人心,难以承担。一个"牵"字刻画出情思的缭绕,含绵绵不尽之意。

  其次是以事传情。文中记叙了志愿军临行前为朝鲜父老做的一件件一桩桩事,句句记事,事事传情。如布置营房,这本是极平常的事,但因为是人民军战友们要来接防,于是,布置得极为仔细。刷营房,擦水壶已十分精心,而营地的美化更是心血倾注。"从东山爬到西山,从北岭奔到南河",一"爬"一"奔",说明了采石奔波的辛劳;垒花坛,既注意色彩的调配,又着力于花纹的勾勒,所"绣"的图像也是精心安排的——如"水中青莲",高洁明净品格的象征;"雪地红梅",坚韧热烈性格的象征;而天安门和牡丹峰则分别是中朝两国显明的标志。远看,色彩绚丽;近看,更知其中精巧:"手电泡"、"花瓷碗片",漱口池里的"祝辞",无不渗透战士的深情。事仅一件,而经过色彩与图像的铺排,经过花坛整体与细部的不同角度的描写,志愿军战士的苦心,对人民军战友真挚的情意刻画得既具体又生动。

  再次是借物寄情。物品本无情,情注其中,物也多情,为使赠物载深情,文章俯仰用笔、曲折以生姿。明明是赠品,不在"赠"上着力,却在"机密"上下功夫。"从来不舍得用,从来不拿给人看";"藏"在小包袱的

"最里层","包藏多年;跟他们跋山涉水,在水里火里,就是牺牲生命也不肯丢的"。"机密"越写得足,越写得透,越能显示赠品的珍贵;这种珍贵并不在于物质的价值,而在于以感情浇铸,有夫妻之爱,有姐妹之情,有一家几代人的情谊。这种至亲至爱的物品用以赠人民军战友,深刻形象地表现了战友情深。

以梦境抒发真情也是渲染离情的特点之一,战士们为朝鲜一个驼背的孤苦妇女修房子,帮助她搬家,群众场面描绘得热热闹闹。就在大家跳舞庆新居时,妇女的老母亲从阳德赶来了,向政委诉说她梦境的优美、感人——天龙、乐声、鲜花、舞蹈,犹如天上,实是人间。用梦境托真景,似梦似真,而就在这梦与真的交错中纵情歌颂了友谊,渲染了浓重的依恋之情。投鲜花的细节用"看来很轻"而实则"每一朵都沉甸甸的,把裙子都坠下来"的强烈反差进行刻画,生动地表现了朝鲜人民对志愿军战士高尚情操的由衷赞扬。这样写法,比直书厚谊深情更能勾起人们的遐想,更富有诗意。

散文中为了表达特定的感情,常常采用景随情移。本文为了表现朝鲜人民对中国人民志愿军烈士的永久纪念,也采用了移景的方法。烈士蔡定琪移葬的仪式是在天空景色变幻中进行的。原先天气极好,忽然下了一阵大雨,现出一弯美丽非凡的彩虹,最后彩虹又渐渐隐没。阴晴顷刻之间的变幻,彩虹的隐与现,目的均在对烈士的赞颂。如果只停留在写晴朗的天气,就难以出现象征中朝友谊的彩虹;如果贸贸然写彩虹,没有极好的天气作为衬垫,彩虹就成为空穴来风;再说,重新安葬选择好天气也合乎人之常情。故而,这种转换景物的配置,既分量厚实,又倾注生者对牺牲者的无限情意,是真实,又蒙上神话的色彩。人间友谊,天地为之感动,表达情意增添了相当的深度。

志愿军和朝鲜父老离别情景的描写更是情满纸上。作者采用了几个方面交织起来叙写的方法倾吐心意。"不塞不流,不止不行",写朝鲜父老感情的潮水化作泪雨伴随志愿军前行前,先浓笔描绘朝鲜父老对离情的极度克制。"阿妈妮们,孩子们,姑娘们,她们做这些事情的时候,统统没有哭";他们听志愿军战士的话,听里干部们的话,"在做这些事情的时候,统统没有哭";志愿军的脚步移动了,人们的眼睛潮湿了,但"谁也忍着,竭力喊着口号,仍然没有哭"。正因为描摹了"统统没有哭"的态势,情蓄储得深,蓄储得满,千行泪雨的横洒就成为势在必行,充满了感染力。群众场面的描写以花的雨、泪的雨贯串,结构成中朝军民难分难舍的巨流,融汇成情的海洋。这个"全朝鲜人民在捧着赤心送着他们至亲至爱的友人"的感动人心的场面,单靠娓娓细说表达不了奔腾的感情,于是作者直抒胸臆,抒情,议论。先用排比句颂可敬的朝鲜人民的刚强,在战火纷飞的岁月中,敌人使生灵涂炭,使城镇变废墟,使家园烧成灰,沉重的灾难如石压顶,"你没有哭","你没有哭",再用"可是"一转折,写眼泪倾洒,颂对战友的多情多义。这样的抒情议论,不是凭空的,客观的,而是情景交融,物我双会。"我的一滴泪,也止不住滴在这千行泪雨中",感人的情景使作者不能自已,滴下了多情的泪,情由景生;而由衷的赞美,精辟的议论又揭示了送行场面的本质,寓含了时间的跨度,透露了胜利得来的血的昂贵代价。

《庄子·渔父》中说:"不精不诚,不能动人,故强哭者虽悲不哀,强怒者虽严不威。"确实如此。这篇作品之所以情思横溢,在于自己对朝鲜父老有精诚的深情。在抗美援朝战争中,魏巍曾经两次奔赴朝鲜前线,同中国人民志愿军战士生活在一起,同"最可爱的人"的灵魂融合在一起,所以能以深刻的感受与无限的爱,娓娓地道出他们真诚的高尚情怀;也正因为魏巍目睹了朝鲜人民在战争中所遭受的灾难,又在凯歌声里感受到了他们重建家园的欢乐,对他们的爱和恨,理解得深入,所以同样能细腻而逼真地道出了他们内心的情和意。作者写志愿军依依不舍之情,写朝鲜父老依依惜别之情,无不把自己的情倾注其中,你情,他情,我情,渗透交融,奏出了一曲扣人心弦的鲜血凝成的友谊的乐章。

繁 而 有 序

一篇比较复杂的记叙文往往材料丰富,涉及众多的人、事、景、物,如果开笔前不全局在胸,不作整体构思,就难以使文章首尾开阖,繁简奇正,各极其变。这篇通讯材料繁多,但由于紧紧围绕"依依惜别的深情"这个中心,以意运法,故繁而有序,多而不乱。

文章由两大部分组成,前一部分叙写志愿军离别朝鲜前的情景,后一部分叙写离别时的场景。前一部分为后一部分做铺垫,后一部分感人肺腑的场景是前一部分人们离情的必然发展。在结构材料时,精心地作了安排:

开篇满怀欢欣勾画了劫后朝鲜国土分外美丽的景象。红松,白鹭,碧水,姑娘们飘着彩色长裙,绚丽的色彩绘出了凯歌声中山水的欢乐,人民的欢乐;汽笛欢腾,白鹭飞翔,与傲立在山岩上的红松应和,有动有静,有色有声。这幅明丽的秋景图墨势淋漓,为惜别的深情提供了抚今思昔的背景,寓含了离情有根的深意。文章要如马奔驰,必须"往而复还",否则,气势就不易贯通。开笔写秋,离别的日子又写秋,深秋的拂晓,寒风袭人,朝鲜父老用红叶、用无数的彩纸条,用成串的纸花表达送别的情意;结尾处以"他们行进在枫林烧红的山野,行进在社会主义的东方"收煞。尾首呼应,文脉顺畅,浑然一体。画面用"红"作底色,既显示秋天的特征,又象征了友谊的火红。

通讯选取了多种多样有意义的材料,而要把这些材料连缀成文章,须讲究缝制的方法。从总体上说,用的是横式结构方法,美化营地、赠送珍品、修房架桥、诗章送行、花海泪雨等,各自有较为集中的内容,一一排列,段落清晰。然而,横式排列时,又前后有序,引导读者步步深入地领略依依惜别的深情。先从身边的刷营房、美化营地起,然后写动人心弦的赠礼,由珍藏的写到特制的,层次清晰。叙写身边的事以后,进而写为朝鲜父老做的好事,架桥、挖井、修屋、生火、制作小手枪、雕制龙头拐杖,一一列举,以表现事物的全貌。在这个基础上再细写修房、搬家事例,先"面"后"点",点面结合。朝鲜父老对志愿军深情厚意的几组材料连缀得有章有法。先是一件件表达心意的事情的列数,再记瞎眼老妈妈和无名老诗翁的感人事例;先写对生者的离情,再记对死者的悼念,层次井然。文中丰富的材料能贯串起来,是以时间的推移为线索:"可是,在这些日子,在志愿军就要跟他们分手的日子,深深的离情却牵着他们的心。""可是,志愿军的行期,仍然是一天天地迫近了。""离别的日子,终于不顾人们深重的离情来临了。"时间线索与相应的有关材料组成了一个个镜头。

写依依惜别的深情自始至终从中朝两方面来写,故而经常转换笔锋。转换时衔接紧密,过渡自然。如从志愿军战士为孤老修房、搬家转换到写朝鲜父老的诚挚心意时,先用抒情议论承接上文,"深情的人民啊,你对我们的军队作了多么美丽的歌颂!可以想见,人们要离开这样的一支军队,怎么会不深深地依恋",再用"可是"一转折,由志愿军行期的迫近引出朝鲜父老们白天做活安不下心,夜晚不能安静睡眠,转得自然而妥帖。

辞采微婉

"情欲信,辞欲巧",一篇佳作既要有情真意实的内容,又要有精美的文辞。如果仅内容好,而文辞陋涩,不仅内容大为逊色,而且会使读者厌读。这篇通讯歌颂中朝两国人民用鲜血凝成的伟大友谊,情真、事真固然起决定作用,而文辞微妙委婉又是锦上添花。

选词严格,力求表达情意准确而丰厚。如在每一座礼品室里,战士们"都袒出了他们的一颗颗红心"。"袒",响亮,给人们以见物如见心的感觉,留给读者想象的余地。又如朝鲜老妈妈的一双眼睛,"就被那年年月月的泪水沤瞎了","沤瞎"的"沤"寓意丰厚,它揭示了日本侵略者加在朝鲜人民头上的灾难,反映了朝鲜老妈妈思念女儿的内心痛楚,寄寓了作者深沉的爱和恨。凡此种种,不一而足。

善用形象化的比喻对战士的品格、意志进行刻画,收深化认识、引起共鸣的效果。如:"这些中国孩子的心,简直是金子一般的心,银子一般的心,水晶一般晶莹玲珑的心";又如:赞颂朝鲜人民时,写道:"你真是一把拉不断的硬弓,一座烧不毁的金刚!"都是用几个比喻比一个对象,特征显明,是博喻手法的具体运用。

形式多样的排比句,长短错落,增添文章的气势,表达感情酣畅。有的语句短促,如"这里有爱人分手时连夜做成的手帕,有一参军就背着的绣花袜底,有……有……有……"似速吐为快,一口气把"机密"泄露;有的语势委婉,如"哪些溪涧在山洪到来时不好通过,就架起一座座石桥和板桥;哪些人离河太远,就在散居的村舍边,挖下一口口水井;哪些水井靠近大路,又在水井上加上井盖",和句前的"思虑"配合得十分和谐;有的和比喻套用,增加形象性,增加感情的浓度。如"有的说,你们走了,就像我掉了扇膀子;有的说,你们走了,就像是吃饭时缺少了盐;有的说,要是背得动,妈妈要把你们背着送过鸭绿江",读起来分外感人。

文章结尾部分集中地议论、抒情,排比、比喻交错使用,有大段的直抒胸臆,有曲曲折折的描写。送别时光是强忍泪水肚里流,继而是一声哭声挑起千人泣,最终是送行者、被送者融合在一起,不分行列,不分军民,不分男女,错错落落,五光十色,不像队伍,胜似强有力的队伍。感情奔泻之际,以"这支巨流,行进着,行进着,越过了一道道水,一道道山,他们行进在枫林烧红的山野,行进在社会主义的东方"收束,如截奔马,意味隽永。

镌　刻[1]

教室里鸦雀无声。"……啊！这是最后一课,我真永远忘不了!"看起来刚才小陆满怀感情的朗读深深感染了同学。

"当、当、当……",录音机里突然传出了敲钟声,沉重,遥远。趁同学惊诧之际,我出示一张韩麦尔先生写完"法兰西万岁"两个大字后的彩色图片,要求学生图文对照,仔细观察,仔细阅读,要求学生在理解的基础上用饱含感情的语言描述课堂上庄严肃穆的场景,描述韩麦尔的神情、语言、动作,以及他内心的痛楚和期望,描述此时此刻小弗朗士的心情和感受,说明这个场景在"最后一课"中的地位和作用。

学生观察,阅读,情不自禁地朗读,极其认真地寻找"惊人"的语言来表述自己的看法——

"这是一个令人心碎的场景！真的,令人心碎!"

"教堂的钟声,祈祷的钟声,普鲁士士兵的号声,是驱赶韩麦尔出课堂出学校的最后信号,所以他难过到极点,脸色惨白……"

"他心里乱极了,他要和同学们作最后的告别,但痛苦使他的喉咙哽住,不能用语言表达。'我的朋友们啊',说明他对同学、对镇上的人爱极了,留恋极了。"

---

[1] 本文发表于《语文学习》1990 年第 10 期。

"他只向学生做了一个手势,话也不说,其实,坐在课堂上的人心里都明白,韩麦尔被迫离开学生、离开家乡,痛苦极了。我觉得这里是'此时无声胜有声'。"

"写'法兰西万岁'两个大字的情景激动人心。这两个大字是韩麦尔使出全身的力量写的。他把丧失故土的痛楚,把对侵略者的仇恨,对自己祖国的热爱,对恢复失地的向往和信念,都凝聚在里面了。"

"韩麦尔的神情、写的字使小弗朗士更加震动了,他一下子长大了,他从没有这样敬仰他的老师,老师对祖国故土一往深情的热爱使他感动不已。"

"这个场景是'最后一课'的高潮,我要是小弗朗士,这一课我真的永远忘不了。"

"我不是小弗朗士,我也忘不了。"

对学生的畅所欲言,我大加赞扬,并参加他们的行列,谈一段亲身经历。那是在"七七"卢沟桥事变后,日本侵略者的铁蹄长驱直入,家乡危在旦夕,小学即将解散。一天下午,音乐老师教我们唱《苏武牧羊》,"苏武留胡节不辱,雪地又冰天,苦忍十九年……",尽管曲调温柔敦厚,节拍缓慢,但老师却教得那么激动,我们这些七八岁的孩子被深深感染了,心中第一次闯进了"祖国""气节""亡国奴"这些大字眼,似乎一下子长大了许多。从此,这首歌不断在我胸中激荡,构成了生命的一部分。现在想来,在中华民族到了最危险的时候,老师用"心"在歌唱,唤起我们幼小心灵的觉醒。就像小弗朗士一样,这一课,我永远忘不了。

学生屏息静听,心弦拨动。

课文中的最后场景是掀起高潮,在学生心中留下不可磨灭的印象,还是教成尾声,一带而过,须认真思考,正确把握。按故事情节的发展,不言而喻,应是高潮;分析学生的心态,掀起高潮不易。按照文章写法的习惯轨道,"啊！这最后一课,我真永远忘不了！"是煞尾之句,学生读到这里,容易误解为主要内容已完,末尾不过是交代几句而已。这是继续学好课文的心理障碍。再说,课文中渲染的不平常的严肃气氛,韩麦尔的不寻常的服饰与神态,法语课上言简意深的教导,习字课上从字帖引起的想象……犹如波峰叠起,学生一直处于兴奋状态,读到"我真永远忘不了"很容易自我调节,思维的弦松弛下来。为此,须巧妙地"引",大胆地"放",聚意点"睛",才能发挥这部分课文的教育功能和训练价值,落实教学目的。

引。声象并举,引入高潮。在学生朗读刚停,寂静笼罩课堂的刹那间,骤然响起"当、当……"的钟声,使学生既怔又诧,全神贯注。学生注意力刚集中,出示有关彩图,诉之于他们的视觉,激发学习兴趣。

放。以形激思,深究主题,放手让学生眼看、耳听、口述、心思,发挥学习的主动性。场景寓含的深意是通过鲜明的形象来反映的,从形象推敲入手,可激发学生积极思考,加深对主题的探讨和领悟。初一学生因知识与能力水平所限,综合分析有一定困难,采用三个"描述"、一个"说明"展开讨论,可连点成线,连线成体。学生力所能及,思维活跃,气氛热烈,既锻炼了阅读分析能力和口头表达能力,观察力、思维力、想象力、创新力也相应获得发展。学生注意力高度集中,前半部分课文的学习又为领悟主题蓄了势,描述时常有"神来之笔",闪烁出智慧的火花。

点睛。以情激情,在学生心田弹奏爱国主义最强音。韩麦尔向故土、亲人告别的庄严而令人心碎的场景发生在19世纪的法国,然而那种强烈的爱国主义精神是人类最美好的感情,教学中要着力"移情",在学生心中激起强音。一以文中之情激学生之情,二以自己胸中之情激学生爱国火焰。聚意点睛,站在学生之中交流真切的感受,叩击心弦,传情激情,熏陶感染。

教师语言要有吸引力[1]

教师,通过言传身教,在学生心田撒播知识的种子与做人的良种;教师的言教,相对来说,用文字的比较少,大量是用口头语言,因此,口语是教师从事教育教学的基础,教师口语是否规范、生动、娴熟,是否有说服力和感染力,关系到教育质量的高低,丝毫不能掉以轻心。

那么怎样才能使自己的语言有吸引力,像磁石吸铁那样吸引住学生呢?我认为应做到以下几点。

一、声情并茂

情是教育的根,"感人心者,莫先乎情"。教师的语言要能拨动学生的心弦,就要以声传情,注情于声,声情并茂。教师带着感情教,满怀深情说,所教的课,所讲的道理就能在学生心中引起共鸣,从而使师生心心相印。

声情并茂不是提高嗓子,矫揉造作,而是要发自肺腑的真情。比如语文课中要以课文中某高尚人物的思想感情激励学生,教师自己先要动情。自己动情,才可能对学生动之以情。教师动情,语言就会有感情

---

[1] 课堂上,教师主要通过语言与学生交流与沟通,教师言语水平在课堂教学中起着关键作用。如何提高自己语言的吸引力呢?作者的这篇文章给出了建议:声情并茂、娓娓而谈、幽默风趣。"语言千古事,得失寸心知",教师语言的锤炼非一朝一夕之事,它需要学识与修养的不断沉淀。

的冲击波,这种感情的冲击波是肺腑心声的吐露,能叩开学生的心扉。如《七根火柴》主人公无名战士牺牲的场景十分感人,教师如果重复"真伟大、真了不起"这样的语言,不仅不能感染学生,而且会损坏人物的形象。此时此刻,在启发学生阅读理解的基础上,教师如果满怀感情地说:"言为心声,一个人的遗言更是心声的表露。一般说,一个人临死之前留下的遗言多半是自己的后事和子女家庭安排,而无名战士用尽力气所说的却是'这,这是,大家的','你把它带给……',死神没有让他把最后一句话说完,但从他的手势,从他断断续续的话语中,我们能深刻领会到他把生的希望留给战友,把死亡留给自己的无私忘我的精神,这种精神光华四射!"效果就大不一样。这样描述,无名战士的高大形象就从茫茫草原移植到学生心中,学生感情的潮水就会涌上心头。

强调"情",不等于语言不考究。"言之无文,行而不远",音准、语调、声音频率、语速、用词造句等均要琢磨,才能达到表达情意的最佳效果。

二、娓娓而谈

娓娓而谈,就要敞开自己的心扉,或叙述,或议论,目中有人,语调平和,字字句句轻叩学生的心弦。犹如小河淌水,淙淙潺潺,悦耳动听;犹如春风化雨,吹拂学生的心田。例如组织学生学《听潮》一文,课的起始,教师这样与学生交谈:"同学们,你们看到过海吗?听到过有关海的故事吗?回忆一下你们在电影、电视、书报中看到的形象,列举一些词句来形容它的情状好吗?(放手让学生说)我也说一点自己的感受。海,无边无际,辽阔壮美;神秘莫测,变化无常。有时它平静温柔,海鸥掠过水面,在海空盘旋翱翔;有时它汹涌澎湃,浊浪排空,怒吼咆哮。生活在海边的人,目睹海的情态,耳闻海的呼啸,熟悉海的脾气,热爱大海;远离海边的人,读描绘海景的佳作,也会有身临其境之感,感受到海的壮观。作家鲁彦的《听潮》,着力描写了海潮涨落的情景,让我们一起认真阅读,仔细体味。"学生是学习的主人,尊重学生,平等交谈,是师,是友,感情交融,学生就会迅速进入学习佳境。

娓娓而谈特别要注意思路的清晰和语言的优美。理思路最为重要的是一条线索手中擎。目的地在哪儿,起点在何处,心中要一清二楚。如果说到哪儿滑到哪儿,学生就会丈二和尚摸不着头脑。语言要优美。爱美是人的天性。爱迪生说过:"最能直接打动心灵的还是美。"自然美,人文美能打动学生的心灵,教师优美的语言更能直接打动学生的心灵,优美的语言诉之于听觉,应音量适度,语速恰当,语调和谐,应遣词造句比较讲究,文学气息比较浓一点。

三、幽默风趣

教师要善于用风趣的语言开导学生,讲究幽默,把情趣和理趣结合起来,使课堂充满笑声,充满和谐、愉悦的气氛。一次,学生抄袭作业,怎么教育呢?学生在学习中发生差错,厉声厉语,指责,批评,定然把事情搞砸。此时此刻,说一两句风趣的、富于幽默感的话,不仅能缓和气氛,而且是安慰剂、定心丸,能消除学生的窘态,帮助他们跳出困境。

风趣,幽默,是语言艺术,对词义的褒贬、色彩、应用范围等创造性地运用,就能收到非比寻常的功效。风趣,幽默,特别能启迪智慧,因而,对学生很有吸引力。恰当的场合,恰当的时机运用,可催化感情,深化理智,达到教育的目的。

语言千古事,得失寸心知。教师语言的锤炼看似容易实艰辛,绝非一日之功。乍看是口才问题,实质是学识与修养问题。文如其人,言如其人,就是这个道理。

教师语言内在素质浅探[①]

众所周知,革命前辈老教育家徐特立同志对教师的人格问题有十分精辟的论述。他说:"教师是有两种人格的,一种是'经师'(因为中国过去教经书中的知识的称经师,现在是教科学知识,为了容易记,所以仍袭用这个名称),一种是人师,人师就是教行为,就是怎样做人的问题。经师是教学问的,就是说,除了教学问以外,学生的品质、学生的作风、学生的生活、学生的习惯,他是不管的,人师则是这些东西他都管。我们的教学是要采取人师和经师二者合一的。每个教科学知识的人,他就是一个模范人物,同时也是一个有学问的人。"

显然,从这段话中我们清晰地意识到教师肩负着经师和人师的双重任务,而这二者又要有机地结合起来。既要教书,又要育人,一时一刻也离不开言传身教。教师的言教,相对来说,用文字的比较少,大量是用口头语言,因此,在职的教师和未来的教师有计划有实效地进行口语训练就非常必要。口语是教师从事教育教学的基础,关系到教育质量的高低,坚持不懈地训练,就能掌握语言的技能技巧。马卡连柯在《论共产主义教育》中说:"只有在学会用 15 种至 20 种声调来说'到这

[①] 德国著名教育家第斯多惠曾经说过:"教育的艺术不在于传授本领,而在于激励、唤醒、鼓舞。"作者深谙其道,一直主张既要教书又要育人,一时一刻也离不开言传身教,而这个过程的完成,离不开教师语言内在素质的提高。本文从现象到本质开出了提高教师语言内在素质的"药方"。

里来!'的时候,只有学会在脸色、姿态和声音的运用上能作出20种风格韵调的时候,我就变成一个真正有技巧的人了。"娴熟的口语技巧是经过长期训练,积累丰富的经验而形成的,对学生的教育起无可估量的作用。然而,教师口语是否规范、生动、娴熟,是否有说服力和感染力,绝不是纯技巧的问题,而是与语言的内在素质密切相关。教师应该抓内在素质的提高,促口头语言的表达;抓口头语言的锤炼,促内在素质的提高。言为心声,言为表,心为里,二者双锤炼,就能获得双提高。

从现时的教坛来看,教师教育教学语言准确、生动、优美、流畅屡见不鲜,但也不乏有常见的毛病。如语言贫乏,干瘪无味;平淡如水,缺少光彩;啰唆重复,逻辑性差。如果就语言训练语言,只是治标,难以收到理想的效果;如果探求这些毛病的内在因素,标本兼治,效果就大不相同。现摘其要说几点。

一、在学识、文化上打功底

语言贫乏,干瘪无味,是教师口语的第一忌。翻来覆去用那几个词,说来说去那几个句式,总觉得意思没能充分表达,但又苦于找不到恰当的言辞。这种情况貌似语言问题,实质是受到学识与文化的制约。可能对要讲述的事物有某些认识某些了解,但往往囿于表层,既无深度,更谈不上旁征博引。因此,表现在语言上就干枯,可听性差。

教师作为文化人,是人类创造的精神财富的传播者,理应广泛地学习,以知识的清泉滋养自己,不断积累词汇,丰富语言,阐述道理透辟深刻,令人折服。在这方面可资我们学习的榜样很多。

鲁迅先生在北平师范大学讲课,来听讲的人越来越多,礼堂容纳不下,临时只好挪到大操场上去。他站在一张方桌上,处于人群当中。他既安详,又激动,滔滔不绝地说,鼓励青年学生认识国民党统治的黑暗,走自己的路。在秋风萧瑟中,没有扩音器,也没有扬声喇叭,但听者专心致志,激动感奋,听得一清二楚。何以有如此震撼人心的力量?是鲁迅先生语言的威力。而这种威力来自他的丰厚的学识,崇高的人格。

这是一座破饭厅翻改成的大教室。在昏暗的灯光下,屋里的人挤得满满的。这是闻一多先生在讲"什么是九歌?"学生随着他的声音被引到一个富于遐想的情境:

黄昏时分。从四面八方辐辏而来的鼓声,近了,更近了,十分近了。"神光"照得天边通亮。满坛香烟缭绕。

男女群巫,和他们所役使的飞禽走兽以及各种水族,侍立在两旁。

……

教室里弥漫着像歌唱一样的声音,人们几乎分辨不出讲坛上是闻一多还是屈原大夫。讲者和听者的心融成一片,两千年前的《九歌》活跃在现代人的心里。闻先生的教学语言为何有如此的魅力?得益于学识渊博。他研究《楚辞》,对神话有癖好,对广义的语言学与历史兴味浓厚,从人类学、社会学中吸取了关于原始社会以及宗教、神话的知识。为了研究中国文化典籍,他孜孜矻矻,"三年不窥园",数载不下楼。

鲁迅、闻一多这样的老师给我们以高山仰止的感觉,是我们学习的典范。尽管与他们的学识、文化有天壤之别,但执着追求,勤于打功底的精神对我们来说,特别重要。

中华民族的优秀传统文化,是中华民族几千年文明中所创造的宝贵财富,是一座丰富的宝藏。历史的进程已经走到了90年代,在全世界科学技术日新月异的今天,作为教师,既要有本民族几千年优秀传统文化的修养,又要学习现代科学文化知识。而且,人类创造的精神文明应该择其精华而吸取。因此,还须花一定的时间学习外国文化。学习不学习大不一样,经历一定时间的检验,语言上文野之分、雅俗之分、丰腴与贫乏之分就十分明显。

例如,指导学生作文,讲观察的重要性。三次五次,总是说,要仔细观察,观察要仔细,学生味同嚼蜡,如果这次说:"眼睛是通向心灵的窗户。扑入眼帘的东西要看仔细,脑子里转一转,刻下痕迹,切不可浮光掠影,视而不见。"下次说:"要看仔细,识得事物独有的特征,要体察入微,辨毫析厘;要深入底里,识得神气。"再下次说:"反复观察,巨细不漏,细微处尤其看真切;多角度观察,看出层次,看出多种形态;边观察,边联想,使静物'活化'。"然后又可说:"记人、写景、状物,要识得真,勘得破。"与学生谈的是一个问题,但在不同的场合又有些细微不同的变化。不重复同一句式同一词语,学生有新鲜感,易于接受。

二、在思想、情操上锤炼

平淡如水,缺少光彩,是教师口语的第二忌。语言上没有什么差错,可听起来总觉得缺了点东西,听的人感动不起来。课堂上平淡无光的语言,学生注意力难以集中,学习效果受到影响。苏霍姆林斯基曾这样说:"教师的语言修养在极大的程度上决定着学生在课堂上脑力劳动的效率。我们深信,高度的语言修养是合理地利用时间的重要条件。"三尺讲台方寸地,教师语言发挥的作用往往能超越时空,在学生心中弹奏经久不衰。能否达到这个境地,关键在语言里是否有"魂",是否有光彩。

伟大的民族精神是中国魂,正是这种民族精神,使得中华民族在几千年的风风雨雨中,百经挫折而不屈,屡遭坎坷而不回,披荆斩棘地开辟道路,奋然而前行。这种民族精神是炽热的爱国精神和自强不息的奋进精神的综合。教师是要有点精神的,教师语言的"魂"就是来之于这种精神。

情动于中而言溢于外。语言的闪光来自思想的深邃,语言的激昂慷慨来自胸中感情的激荡。不断地锻炼自己敏锐的目光和洞察事物的能力，不断地陶冶自己的道德情操，是提高语言修养，克服平淡无光的有效途径。

这一点我有深切的体会。哪怕是提一个问题，不以真情浇灌，语言也会平板暗淡，碰不到学生学习的兴奋点。如教王愿坚同志《七根火柴》中无名战士牺牲的场景时，我打算问："这里对无名战士进行了怎样的语言描写和动作描写？"多么平淡！在写作术语上打转，置身于旁观者的立场，问得苍白无力，我立刻自我否定了。我教学生学英雄，自己同样是学习者，想到这一点，心情开始不平静了。于是我改为这样问："无名战士牺牲前说的什么话？有怎样的动作？表现了他怎样的思想？"然而我又立刻自责起来，我觉得自己十分笨拙，找不到恰当的语言引导学生深入阅读，咀嚼体会。此时此刻，我突然想到了天安门，想到了人民英雄纪念碑，耳畔国歌声响起，眼前是一幕幕为缔造中华人民共和国而前仆后继的悲壮的波澜壮阔的场景，我热血沸腾，口中跳出了这样的话："无名战士留给人间的最后话语是什么？留给人间最后的动作是什么？这些语言和动作显现了他怎样的心灵，怎样的精神？和一般人相比，他的伟大之处在哪里？"众所周知，一首激情洋溢的歌曲，主旋律一出现，就会把人的心抓住，把感情"吊"起来，欲罢不能。关键之处提问也应如此。要把学生的感情"吊"起来，首先自己的感情要"吊"起来。没有厚实的内在因素，语言就成为单纯的符号，成为缺乏活泼泼生命力的躯壳。

有时自己确实对人、事、景、物有所爱，有所憎，有所思，有所想，但表达时仍苦于找不到鞭辟入里的语言。此时可采用移植的办法。如周总理诞辰日，我们学习《春夜的沉思和回忆》，导入课文我想用充满哲理的语言颂扬周总理伟大的人格和表达由衷的爱戴之情，但自己没有这种驾驭语言的能力。于是先让学生朗声背诵学过的泰戈尔的诗《某人》:"你的天性是忘掉自己/我们的心中却把你牢记/你总是把自己掩藏/我们的爱戴使你放射光辉/你把发自心灵的光芒/带给那黑暗的东西/你从不寻求名声和崇拜/可是爱之神却发现了你。"然后在黑板上书写了泰戈尔《飞鸟集》中的两句诗:"让死者有那不朽的名,但让生者有那不朽的爱。"并向学生挑明移植的用意:"怎样使死者有不朽的名,又怎样使生者有不朽的爱呢？今天是总理诞辰日,我们对总理的爱像泉水一样喷涌而出,让我们来学一篇纪念他的文章。"

为教而学,经常学习闪光的语言能使自己的思想升华、感情净化,语言宝库也就随之充实起来。

三、在思路、思维上梳理

啰唆重复、逻辑性差是教师语言的第三忌。啰里啰唆,颠三倒四,说得没完没了,学生最害怕。十句百句里可能有一句是金子,但砂砾堆砌,把它埋了起来。学生听的时候,要挑拣,要分辨,费时费力。

有些经验丰富的教师讲课要言不烦,一语破的。特别是数理化教师,逻辑推理,一环扣一环,滴水不漏。究其原因,这些教师思路清晰,思维合乎逻辑。因此,要克服啰唆重复、颠三倒四的毛病,须在梳理上下功夫。

理思路最为重要的是一条线索手中擎。目的地在哪儿,起点在何处,心中要一清二楚。中途有岔道,千万不能七拐八拐。云深不知处,忘记了目的地,学生就会丈二和尚摸不着头脑。比如教课文,哪怕是一个局部,所使用的教学语言也要分出层次,一步一推进。语言的轨迹也就是思路的轨迹,思路轨迹清晰不乱,语言也就有条不紊。例如引导学生学《驿路梨花》的开头部分。这篇文章写的是一物多事多人,围绕小屋展开故事情节,赞扬助人为乐的雷锋精神。故事的最大特点是引人入胜,文章开头就展现了这个特点。要用语言讲出引人入胜的特点,首要的是梳理清楚作者在文中的思路,而梳理作者在文中的思路,也就梳理了自己的思路。文章一起笔就展现了故事发生的广阔背景,把读者带入了哀牢山南段的群山密林之中。这是第一步。就在"我们"找不到住处,心里"着急",一筹莫展的时候,"突然"发现了梨树林,希望在眼前。这是第二步。这个希望是怎样有层次地表现的呢?两个"看",一看梨花,二看人家,由花而人。月光,晚风,梨树林,花瓣,人在花中走,花伴人夜行,好一派边疆优美的风光。这是第三步。犹如经过一组镜头的摇动,记叙的物——小屋终于推到了读者的面前。这是第四步。为什么下笔不写小屋,到此时才写呢?前面几段文字去掉行不行?不写,缺少优美的意境;不写,缺少诗意的点题;不写,小屋展现显得生硬。这样写,味道浓郁,引人入胜。这是这部分的最后一步。也就是说,"引人入胜"这根线要牢牢抓在手中,一步一步往前走,每一步都要吃准,不能三步、两步、一步、四步,乱麻一把。如果不梳理清楚,语言就会东一榔头西一棒子,不得要领,学生听了如入五里雾中。理清楚,语言就有条有理,引人入胜。讲授知识,与学生谈话,目的、步骤、前因、后果,脑子里都要有清晰的思路。思路明晰,说话就条理清楚,有板有眼。

有时语言啰唆重复,是因为思维赶不上趟,来不及反应,或者是思维出现这样那样的缝隙,一时找不到合适的东西补。为此,平时要积极锻炼思维的敏捷性和严密性。要培养学生敏捷的思维以适应现时代社会快节奏生活的需要,教师自己就不能让自己的思维总是慢条斯理,总是慢镜头放映。我常强迫自己训练思维的速度,比如,让学生就某篇课文质疑,他们提出一二十个问题,我立刻储存在脑子里,并试图立刻加以分类处理,如哪些问题须当堂讨论解决,哪些可放到课后;哪些是重点讨论的,哪些作一般性处理;哪些以教师为主处理,哪些可放手由学生处理,等等。经常训练,反应灵敏度就有了提高。与此同时,我还强迫自己心有二用,心有三用,心有多用。学习要专心致志绝对没有错,但时代社会发展如此迅速,教师要处理的事情也十分繁杂,因此,心有多用也是客观需要,非锻炼不可。

思考问题有漏洞是常有的事,经常开展多向思维,多角度多方位思维,有助于弥补,使思维日趋严密。思维训练和语言训练一样,非一日之功,只要坚持不懈训练,必然在语言和思维方面获得双丰收。

文如其人,言如其人。语言的内在素质牵涉做人的各个方面,教师在学识、文化上勤奋积累,思想纯正,情操高尚,思维敏捷,思路清晰,语言就有了内在的功底。勤加训练,多多实践,教育教学语言就能神采飞扬,使学生入耳入心,有效地完成教书育人的历史使命。

优化课堂教学发挥语文的多功能作用
——在苏浙沪闽百校语文教学研究会第十届年会上的发言

教育是实实在在的事,来不得虚假,也不需要包装。正因如此,我们就应该坦率地承认,现在的语文教学,效益是不够高的。效益不高的原因是多方面的,而其中主要的原因,恐怕是对语文学科的性质还未真正认识清楚。

语文虽然与其他学科有相同、相通之处,但是,语文毕竟有其独具的个性特点——语言是人独有的使用工具,伴随人的一生。中国人学的是汉语,是自己的母语,那么,就应对自己的语言有个清楚的认识。可以这样说,民族语言是民族文化的根,它对外是屏障,对内是血液。

怎样在有限的课堂中提高语文教学的效益呢?首先就得具体分析一下,为什么要提高课堂教学效益。

1. 提高语文课堂教学效益是时代的需要

人类已经跨越了蒸汽机时代,跨越了内燃机动力时代,进入了信息时代。科技的飞速发展,使各个领域都发生了巨大的变化,教育必须适应这一社会变革。教育还必须有超前意识,要教在今天,想到明天,要以明日建设者的要求来指导我们的教学;但教育又带有一定的滞后性,任何一张考卷,都难以考出学生真正的水平,基础教育是给人打基础的,其效应往往要一二十年后才可能反映出来。教育的超前性和滞后性的统一,可以使我们知道,我们的教学,既要看成绩,又要看破成绩,这也是时代的需要。

2. 提高语文课堂教学效益是社会的需要

社会需要各种人才,而对我们中学生的要求,则有共同的内容,例如,要求学生思维是活跃的,表达能力是强的等。当然,这与学习成绩有时不是一回事,它注重的是学生的基础是否扎实,换个角度来说,专业水平与基础知识有时不是一回事。上海大学曾请一位博士生导师陪一个外国专家游览苏州,讲解时这位博导对《枫桥夜泊》这首诗是什么也无法正确翻译,这是否说明这位导师的专业水平不高呢?当然不是,这恐怕还是个基础问题。我们说,学习应该是每个阶段完成一定的任务,要在有限的时间内提高效益。吕叔湘先生十余年前曾说,语文教学"用时最多,效益不高",并将其概括为少、慢、差、费。当时,我很不能接受,现在回过头来想想,觉得这个说法的确有道理,我们的语文教学的确有许多无效劳动,往往是事倍而功半。高校、社会、家长,对中学教学各学科中,指责最多的就是语文——其实,母语教学是一个世界性的难题。

提高课堂教学效益,所涉及的问题非常多,其中的关键是教师。一所学校教学质量的高低,往往取决于教师水平的高低,名校之所以成名,就在于有了名师,"山不在高,有仙则名"嘛。因此,要提高课堂教学效益,教师就要在理论与实践的结合上深入思考。

没有理论指导的教学,往往是盲目的行为。上课要一清如水,首先就要有一定的思考深度,有时还要展开一些争鸣——学术问题一定要有思想的撞击,通过撞击,可以使一些本来模糊的问题逐渐清晰起来,而一定时间的争鸣,也逼得你逐步深入地考虑问题。教师不学理论,怎么能成为好教师呢?教师不能成为好教师,学校又怎么成为名校呢?

就语文教学来说,学教学理论就是要树立正确的语文教学观。语文教学观是一个大的体系,包括性质观、目的观、任务观、教材观、教法观、承传观、师生观、测试观等。在这众多方面中,最主要的是性质观,没有正确的性质观,教学往往"雾里看花,终隔一层"。

语文就是语文,不是语言学,不是文学,是要在教学过程中,教会学生运用语言知识,形成学语文的能力,并培养学生健康的情感,提高学生的学习兴趣。

不同阶段,对学生学语文的要求是不一样的,一定阶段完成一定的学习任务是科学的。

语文是一门综合性很强的、非常实用的学科。语言,对个人而言,是思维的工具,对人与人的交往来说,是重要的交际工具;语言是人独有的,是人之所以为人的标志,是人的本质属性。同时,语文又是一门人文性很强的学科,1996年人教社修订的《教学大纲》提出语文是"最重要的文化载体",说到了点子上。

还要清楚地知道,我们所进行的语文教学是母语教学,小孩在小的时候,是没有语法知识的,但他却能较准确地运用陈述句、反问句、祈使句、感叹句等来表达意思,学校的语文教学,就要使之规范化,在规范化的过程中,不断地用民族文化滋养他。一篇篇文章,语言文字是形式,意识情感是内容,语文教学是要通过形式去把握内容的。

语文是实用的,又是多彩的,古今中外无所不包,因而,语文教学也是多功能的——确定教学目标,当然也要从多功能出发。语文教学要重视训练功能,这是不错的,但语文教学绝不止训练功能。

初中阶段应是在小学的基础上正确理解和运用祖国的语言文字,具体地说就是读、写、听、说——不是听说领先,而是要注重读写。中学语文教学,是以语文智育为中心,渗透德育、美育以及科技教育等,要在教学的过程中发展学生的智力。

一个好教师,往往使学生越来越聪明,培养学生健康高尚的审美情操,培养学生社会主义的道德品质——但语文课不是政治课,不是美学课,是在语文教学的全过程中来渗透这些教育,就这一点来说,它除了有训练功能之外还有教育功能。《岳阳楼记》为什么那么感人,能传诵至今?并不是因为范仲淹对岳阳楼的景观描写出色,而在于他提出了他人未能提出的观点——"不以物喜,不以己悲"——这是超越了同时代的其他人的见解。我们在学这篇文章的时候,就不能只是训练,还要用文中提出的境界——"先天下之忧而忧,后天下之乐而乐"——去感染学生。

用语言构成的作品,也同时反映了一定时代、一定民族的文化,因此,它必然具有认识价值。例如,我们读柳宗元的《捕蛇者说》,就可以了解到当时社会的赋敛之重;读契诃夫、莫泊桑等外国作家的作品,就可以了解到他们所处时代的社会状况。

语文学科与生俱来的特殊性,决定了它的多功能性,要优化语文课堂教学,就要认识它的这一特性,在教学过程中充分发挥其多功能的作用,而不是把语文课上成纯语言课,纠缠在语法、修辞等术语上,也不是把语文课上成政治课、历史课。成功的课堂教学,往往是发挥了教师的积极性和学生的积极性,使教与学和谐地发展,使知识的传授、能力的培养、智力的发展、思想情感的熏陶融为一体——这,就可以说是优化的课堂教学,是发挥了语文的多功能作用的课堂教学。

课堂教学要规范学生对语言文字的运用,要活跃教学气氛,要对学生进行一定的训练,但这绝不等于说,语文教学是老师教、学生听,是学生漫无目标地讨论——"放羊式",是练习、练习、再练习的课。我们说的活跃,我们说的规范、训练,主要是指活跃学生的思维,训练并提高他们的学习能力,指导他们发现问题、思考问题、逐步解决问题。列夫·托尔斯泰说,一所学校校长不能思考问题,教师就不能思考问题,学生也就不能思考问题。这一说法虽然绝对了一些,但是,从教学必须要思考,并最终落到学生的思考上来说,对我们很有启示作用。上课要高效益、高质量,就一定要激发学生思维的积极性,鼓励他们大胆地发表自己的见解,哪怕这一见解还不成熟,甚至是片面的、错误的。有一次我教《一面》,很多人来听课,当我讲到文中所说的鲁迅是同志,是朋友,是父亲时,一个学生发表自己的意见,不同意这种说法,理由是鲁迅对李四光、梅兰芳的看法就不正确。对这位学生敢于在这样的场合下发表自己的看法,我给予了充分的肯定。当然,对学生的思想偏颇,还是要进行必要的引导。也只有这样,才能既培养学生的独立思考、敢于发表见解的能力,又引导他们正确思辨,真正活跃他们的思维。这样,才能优化课堂教学,提高课堂教学的效益和质量。

一个教师,教出几个尖子学生并不难,难的是面向全体学生,使每个学生都能在原有的基础上明显提高。教学就是要在教师指导下使学生之间、师生之间互相交流,互相提高,老师与学生都是发光体。

有一次我教《晋祠》,导入课文时设计了两个环节。第一个环节是教师引导,学生畅所欲言。教师说:在我们伟大的祖国名胜古迹无处不在,请大家用响亮的声音完整地讲一处名胜。这个环节有五个目的:(1)交流信息;(2)语言表达能力的培养;(3)发展智力,如记忆力、想象力;(4)思想情操的陶冶;(5)自然导入课文的教学。第二个环节是,教师读一段《中国名胜词典》上对"晋祠"的解释,学生翻开练习本做记录,然后用浏览的速度看课文,比较一下哪个写得好。这个环节达到以下几个目的:(1)激发学生的求知欲;(2)培养听写能力;(3)发展智力——辨析本来就是培养学生的思维能力;(4)激发学生热爱祖国河山的情感——这是在教学中"润物细无声"地滋养起来的。教学就是要这样一箭数雕,既培养规范语言文字的能力,又要使中华民族的精神、民族文化的精华渗入学生的心田。老师设计的整堂课都要让学生思考,让学生学会学习。

我们现在是站在世纪之交来思考语文学科,来思考语文教学,一定要想得深一些,要使学生今后有真才实学,有高尚的思想品德,从而使他们真正能立足社会。从这个意义上来认识优化课堂教学的目的,那我们一定能知道该怎么做才是对的。

交流与沟通

昨日黄昏,用相机摄下了20世纪最后的落日,今日清晨,第一件大事就是迎接2000年的第一轮朝阳。虽未能去温岭目睹第一缕阳光,似乎有点遗憾,但中央电视台直播三亚旭日东升的壮观景象,同样让我沉浸在欢乐与遐想之中。海天连接处,泛起了微红色,深了,浓了,斑斓了,转眼间太阳探出了头,正目不转睛时,太阳已跃出海面。刹那间海水金光粼粼,翻腾着,欢笑着,海滩上众生灵一跃而起,载歌载舞,欢呼生命的孕育,颂扬阳光的恩典。2000年的第一轮朝日,生机无限,象征我们祖国的事业灿烂辉煌,人民的生活幸福安康。

在阳光洒满书房的时候,台东师范学院语文教育学系何教授来访。我原本不认识他,前几天在华东师范大学参加中国语文与人文素质教育国际研讨会,有天下午,我作报告,他主持会议。会后他对我说:"我一定要来拜访您,请应允。"果真,他拣了个好日子。一进门,他就笑呵呵地说:"大陆的语文教学是大山,我总要来挖一点儿。"他又说:"前年我们开语文学术研讨会,请您,您没有去。"我立刻致歉意,说明患病住院不能前往的实情。

走进书房,何教授对书橱里的书大有兴趣,滔滔不绝起来,最终聚焦到中小学教育阶段的语文教学。他讲到他们学生课业负担重,读书时间少,又讲到今年岛上要增设二十多所大学,让高中阶段的学生,包括农校、商校等职业学校的学生都能进相应的大学攻读。他又剖析给我听:"尽管我们语文教学做法不完全一样,但提高学生语文能力,教他们做人的目标是一致的。"我们探讨、分析、展望、交流得很融洽。他说:"我们这些人都是祖国大陆的文化哺育大的,从小学开始就学,中学更不必说,中华民族优秀文化是我们的根,不忘根,事情总好办。"我们的课程改革、语文学科改革的讨论,不正是要大大增强文化的内涵,以求学生整体素质的提高吗?对待文化我们是怎样的态度与看法?我如数家珍般地向他解说。

临行前,他向我索取了我写的四本书,我签上名,写上日期。"2000年元旦",这几个字在阳光照射下分外耀眼。出了门,他还在喃喃自语:"2000年,元旦,在大陆,太值得纪念了。"

是啊!中华数千年的优秀文化是中国人民的根,母语是维系民族团结的纽带,是黏合剂。语文学习不能小视,学好语文,让学生有扎实的文化底蕴,对他们将来立身处世,为建立统一国家,为中华的伟大复兴,会起难以估量的作用。

美文教学答问
——关于《难老泉》《海燕》《我的空中楼阁》

难 老 泉

问：《难老泉》这篇游记是抓住难老泉的什么特点来写的？怎样来显现这个特点的？描绘中寄寓了怎样的深意？

答：写景物，必须抓住景物的特点。泉，是地下涌出的水，涓涓不止。这是泉的共同特点。写难老泉，若仅止于此，就难显特点，难以给读者清晰的印象。这篇游记抓住难老泉的"难老"精心渲染，有声有色，形象鲜明。

为了显现"难老"，作者选择了不同的角度进行描绘。先从泉名入笔，给人总的印象。由听而感，由看而想，绘其"年轻"，绘其水源、碧波"永远是活泼泼的，青春常在的"，而引"冯唐易老"的文句进行比较，更是绝妙，用人的"易老"反衬泉的"难老"。这样描绘，特点初现。接着写泉的历史。写泉老，写泉很老，"据说有两万万年或者三万万年"。作者写"老"之意分明不在"老"，而在托出泉的青春常在——难老。然后，作者又从水的流量角度，"一秒钟一点八吨"，用数据刻画泉的"流水永远不停，雨涝不增，天旱不减"，给"难老"的特点增添科学色彩。再就是对水潭中浮萍和水草作具体的描绘，状色状态，突出它们的"冬夏常青""冬夏常一色"，水草伴随流水波动，从另一个侧面表现泉的"难老"。结尾以"永锡难老"收煞，以"记忆还是新的"衬托，墨迹浓厚，题意显豁。

文章有层次地紧扣"难老"的特点步步写来,一条内在的思想感情线索贯串其中。难老泉"古老"而又"难老",寄寓了对历史古迹的仰慕,透露了对现实新貌的赞美。

问:文章既着力写难老泉,又为什么宕开笔墨写城市建设,意图是什么?作者是怎样宕开笔墨的?收到怎样的表达效果?

答:这篇游记内容深广,艺术画面开阔。写难老泉,如只局限于对古迹的咏颂,思想的深度往往有限;花一定的笔墨写"古老的美丽的城市"的新建设,文章时间跨度大增,历史的陈迹和城市的新貌交替出现,就把横贯几千年的壮丽图景,老而弥新的社会风貌,呈现在读者眼前,既咏古,又颂今,主题思想大为深化。古迹与新貌交织起来写,不仅表现景色的优美和历史文化的悠久,更赞颂人民的英勇和巨大的创造力。

作者宕开笔墨写,意在加大文章内容,笔调灵活,宕而有致。文章未从难老泉入笔,而是先宕开写山西。由山西宝地写到山西省会太原,由太原这个城市写到晋祠,由晋祠写到难老泉,由外到内、由大到小地引出难老泉的绝色佳景。这是一宕一收。第二次着力写难老泉时,先宕开写晋祠,写晋祠的地理位置,历史变化,"足有三百多项名胜古迹",再由晋祠的一绝、二绝,写到三绝"难老泉"。这是二宕二收。第三宕是由"难老泉"宕开写不系舟,最后以"最难忘的还是'难老泉'"收尾,点明题意。

文章以难老泉为中心,把景物、传说、古迹、新貌熔于一炉,笔端跳荡,使形象、感情、文采有机地结合起来。既使读者获得知识,又使读者获得美的享受。

问:文章的主要材料有哪些?这些材料是怎样缝合起来的?其中一些过渡性的语句如果删去,对篇章会有怎样的影响?

答:文章材料是文章的质地,材料丰富,文章的质地就厚实。这篇游记材料十分丰富,用眼前景物、古史资料、传说故事、诗文引用编织成完整的篇章。

文章的主要材料有:山西以及山西省会太原的旧貌与新颜;难老泉的现状与历史;"桐叶封弟"的历史传说;晋祠的地理位置、来历;晋祠三绝;"饮马抽鞭,柳氏坐瓮"的故事;晋水的潜力得到发挥的现状,等等。为了把这些材料有机地组合起来,一是用线索贯串,一是恰当地穿插。文章以"我"的游踪为线索,移步换景,引导读者一步步由近及远,由城里到城外,由晋祠整体到晋祠局部。游览足迹的移动是文章的明线,咏"难老"的思想感情是文章的暗线,明暗两条线索贯串,结构清晰,有条不紊。在记游的过程中,作者又穿插了许多与景物有关的古史资料和故事传说,巧妙地缝合,扩而不乱,铺而不拖沓。如"桐叶封弟"的历史传说,并非突兀起笔,而是由难老泉说到晋水,由晋水说到晋国,再追溯晋国的历史,层层递推,"桐叶封弟"的故事就极其自然地引了出来。又如"饮马抽鞭,柳氏坐瓮"的故事,先说故事,后点题。说故事前,用"'难老泉'的来历,有一个美丽动人的故事"过渡;故事结束时,又引用《山海经》说明"柳氏坐瓮"的根源,线脚细密,平服自然。再如有关"中流砥柱"的令人惊心动魄的传说,作者把引用的内容和自己的解说结合起来写,给人以天衣无缝的感觉。以传说中的争水之苦反衬今日人民是一家的融洽和欢乐。同是穿插,但缝制的笔法不尽相同,活泼而不平板。

在缝制材料时,作者注意运用过渡性语句,如用"'桐叶封弟'的故事,历史传说是这样的"句子开启下文,用"这故事的题目叫作'饮马抽鞭,柳氏坐瓮'"一句承接上文等。如删去这些过渡性语句,结构就松散,本文熔铸景物、传说、古迹、新貌于一炉的特色就大为削减。

问:文中旁征博引了不少文史资料,它们各起什么作用?

答:"冯唐易老,李广难封"的故事分别出自《史记》卷一百二《张释之冯唐列传》和卷一百九《李将军列传》。引《滕王阁序》里的这两句，目的不在评说人物，而在于以人世间的艰难反托难老泉的青春永驻，抒发赞赏羡慕之情。"桐叶封弟"的故事出自《史记》卷三十九《晋世家》。文中引用这个故事生动地介绍了晋祠的来历，再引述《水经注》的记载，由北魏而北齐，而唐，而宋，就把这处名胜古迹的来龙去脉叙述得清楚明白。既叙历史，又绘景物，寄寓了对悠久文化的赞颂，对历代劳动人民智慧和创造精神的赞扬。

讲述"柳氏坐瓮"的传说，给难老泉蒙上了一层神秘的色彩，（有的记载为：柳氏女子路遇白衣大士要水饮马，饮毕白衣大士送马鞭一根。）极其形象地刻画出泉水喷涌，永不停息的特点，加大了文章的可读性。引用李白的题诗和范仲淹的赞诗状泉的美丽，颂泉给人民带来的福音。引用南北两渠的农民争水互斗的传说，既进一步揭示了泉水对人民生活、生产的重要，又歌颂了新时代晋水发挥潜力，人们用水力进行创造的功绩。

总之，旁征博引增大了文章容量，增添了知识性、趣味性，使主题的表达更为丰富，更为深刻。

问：《难老泉》是篇游记，开头未记游，却从"当铺、钱号……"写起，这是为什么？

答：记游的文章写法众多，开篇入题也各有巧妙。《难老泉》这篇游记的开头确实别开生面，它不交代游览的时间、地点、同行者，而是列举"当铺、钱号、窄轨道""煤炭、汾酒、老醋"等山西具有代表性的事物进行新旧社会的强烈对比，前者随着土皇帝的覆灭"最后湮没"，后者在人民的生活里"广泛散发着热力和芳香"。这样下笔倾注爱憎，为全文颂扬古城新貌、颂扬难老泉"难老"定下了基调。这样下笔，由山西写到太原，再写到难老泉，范围逐步紧缩，突出绝色佳景，顺理成章，极其自然。

海　燕

问：《海燕》这篇写景状物的文章描绘了哪两幅动人的燕子画面？是怎样描绘的？

答：前一幅是故乡春燕图，后一幅是万顷海涛燕飞图。前一幅图景极写小燕子的伶俐可爱，给春光平添许多生趣，给孩子增添许多欢乐，给农民们、市民们带来几多舒心，几多忧愁。后一幅描写万里海空小燕子出现的情景。小燕子在海上斜掠、浮憩，俨然是海上英雄的形象。

作者笔下的小燕子活泼、生动，使人如见其形，如闻其声，并能感受到它情意跳动的脉搏。这是由于作者抓住描写对象的特点，既作粗线条的勾勒，又作精雕细刻描绘的缘故。课文起始用一句话勾勒，然而这种勾勒不死板，笔触是流动的、有序的，尽管是粗线条，但丝毫不平面。先抓住燕子的总体特征加以表现，"乌黑的一身羽毛，光滑漂亮，积伶积俐"，以羽毛的色彩、光感和质感显示燕子的"形"，又以"积伶积俐"显现燕子的"神"，形神兼备，第一笔就写活了。然后添上剪尾、劲翅，一个比喻，一个形容修饰，使形体完整起来，"凑成了那样可爱的活泼的一只小燕子"。这好像是一个人手握画笔，曲线、直线，几笔勾勒，小燕子的形象就在眼前。

精雕细刻的描绘多侧面多角度，有静态写生，有动态描写。憩息于电线与憩息于海面的都突出静态，但又有细微的不同。前者以"小黑点"喻燕子，选择了远观的角度；虽是"闲散的憩息"，但"粗而有致"，再与"几支木杆""几痕细线"组合，塑造了宁静美。后者也是静态，但静中又有动。先用"浮圈"为喻，绘小燕子的双翅支撑着体重，绘出"从容地憩"的静态，接着又绘它"随波上下地浮着"，以波动托燕动，动静结合，突出"舒适""安闲"的样子。

对小燕子的动态描写更是生意盎然。既绘小燕子斜飞于旷亮无比的天空、横掠于粼粼湖面、斜掠于广阔海面的隽逸之势，又描摹燕鸣啁唧之声,而剪尾与翼尖打水,湖水与海水小圆晕一圈一圈荡漾的特写,更是把小燕子的可爱刻画得活灵活现。

作者描绘的画面如此动人,除在画面的主体物上精心雕塑外,背景的配置也是下了相当功夫的。写春景,由"千条万条的柔柳""红的白的黄的花""绿的草""绿的树叶"来装点,色彩绚丽,高低参差,富于立体感。而"皆如赶赴市集者似的奔聚而来"比喻的运用,则更是创造了百花争艳、万物争春的热闹气氛。轻风、细雨引来了烂漫无比的春天,绘画了这幅隽妙无比的春景,再让小燕子飞入图中,以景衬托,物添生趣,画面情趣盎然。海景的描绘采用了单一的底色——皎洁无比的蔚蓝,虽单一,但不单调。用微风拨动细波,用薄纱似的云平贴空中,以静托动,以动显静,再加上初夏阳光照射,画面上添加了"金光灿烂"的亮色,和谐,宁静,美丽。作者绘景时,融入主观感受,增强了真实感和亲切感。

问:既然文章标题是《海燕》,为什么要花那么多的笔墨描写故乡的小燕子?是不是赘笔?为什么?

答:文章写于1927年大革命失败以后,国民党反动派疯狂迫害进步知识分子,年轻的作者郑振铎被迫于同年5月离开家乡,离开祖国,远游欧洲。这篇《海燕》就是在旅欧途中写的。作者写海燕,绝非就物咏物,而是托海燕寄情思。

文章贵在有精妙的整体构思。作者以故乡的小燕子开篇,目的在于种下情种。"燕子归来寻旧垒",还是去年的主,还是去年的宾,宾主之间是何等的融融泄泄!去年的小燕子如不来光顾,主人便忧戚,甚至以为自己的命运蹇劣。燕子确是多情物,作者据此特点把故乡的春燕和故乡人的感情、命运、快乐、忧愁紧密相连,情意绵绵。故乡的小燕子越被刻画得可爱、可亲,撒播的乡情就越浓重、真挚。作者花许多笔墨写故乡的燕形、燕态、燕情不是赘笔,而是为海上的思念做必要的铺垫,使后半部分在海上的乡思有坚实的基础。

问：既然文章是在旅途中写的，又是借景抒情的，为何不从眼前的海上景写起呢？

答：文章无定法，怎样组织材料要服从主题表达的需要。只要能准确而显明地表达作者的思想感情，谋篇布局可不拘一格。如果作者先写眼前海景，势必要插叙故乡春燕的内容，然后再调转笔锋写海燕、海景。这样的布局当然可以，也比较常见，但难以显文章组材上的特色。如果尽情描绘春燕飞舞图，处理不好，插叙部分就会显得累赘。如今，舍弃眼前景，暂缓着笔，着力于铺垫，运用起笔突兀、另辟蹊径的技巧，借托海燕抒发思乡的情感就得到了极其生动的表现。当然，这样组材要十分注意故乡景和海上景脱节的毛病，一是在结构上要妥为连接，二是要善于把二者交织起来写。"如今，离家是几千里！离国是几千里……至少是轻烟似的，一缕两缕的乡愁么？"这三段是承上启下的过渡段，连接点是"我们的小燕子"。

问：作者怎样把故乡的小燕子和海燕交织起来写的呢？这样写能取得怎样的表达效果？

答：文章把故乡的小燕子和海上的小燕子交织起来写，似分似合，似合似分，借助它们吐露思乡恋国的真情。有时二者合起来写，"托身于浮宅之上，奔驰于万顷海涛之间，不料却见着我们的小燕子"，"在故乡，我们还会想象得到我们的小燕子是这样的一个海上英雄"，故乡的燕子飞来海上，此物即彼物，彼物即此物，确信无疑。二者有时又分开了。过渡段中两个有疑而问，结尾处的"它们果真是我们故乡的小燕子么"，又清晰地表明海上的燕子不一定就是故乡的燕子，此物不一定是彼物，彼物不一定即此物，心中有疑。文章就在这有疑无疑、似分似合之中曲曲折折地把思乡恋国之情怀刻画得淋漓尽致。特别是结尾处写绝小绝小的海鱼的飞窜，用孩提时代以瓦片打水漂在水面所划起的一条条长痕为比喻,不仅倾注爱燕子的感情,而且寄寓了无限的深意,这就是乡情有根。末尾一句"乡愁呀,如轻烟似的乡愁呀",反复激荡,主题毕现。

问:表达情意时,我们常说简洁的语言好,而这篇文章中却常出现重复的语句,这是为什么?如果删去重复之处,表达效果受不受影响?

答:表情达意既要准确生动,又要力求有感染力。有时需用简洁的语言,有时需要必要的重复,以增强表达效果。如:"那些小燕子,那么伶俐可爱的小燕子,便也由南方飞来……"如果删去"那么伶俐可爱的小燕子",语言是简洁、平实了,但咏燕的意味却大为削弱,不能充分表达爱燕的感情。又如:"第一年,小燕子来住了,第二年,我们的小燕子,就是去年的一对,它们还要来住。"这一句中的"我们的小燕子,就是去年的一对"是必要的重复,重复这一句,突出了"燕子归来寻旧垒"的特点。这样写,既刻画出与燕子的亲昵,又为主题的表达暗伏感情的潜流。再如:"见了它们,游子们能不引起了,至少是轻烟似的,一缕两缕的乡愁吗?""至少是轻烟似的"如不插入,句子也能达意,但分量大不相同。至少是轻烟似的,分明告诉读者"轻烟"不轻,乡愁十分浓重,难以自已。

我的空中楼阁

问:这篇描写景物的短文为什么以"我的空中楼阁"为标题?作者在点题时用了怎样的妙笔?

答:文章着力描写的是作者生活中的第一件艺术品——小屋。为什么不以"小屋"为题,而用"我的空中楼阁"呢?这是由于小屋建在山上,远观犹如在空中,尤其在夜晚朦胧之际,更给人以空中的感觉。小屋有"活泼翘起的屋檐""整齐的图案式的屋瓦",姿态翩然,凌空而起,具备"楼阁"之姿。用"我的空中楼阁"喻山脊小屋,既能充分显示小屋的特征，又增添了诗意与美感。以此为题，生动形象，对读者有吸引力。

　　文章虽以"我的空中楼阁"为标题，但迟迟不出现这个字样，直到结尾才妙笔点破。怎么"点"的呢？从小屋出入的交通要道引出往返于快乐与幸福之间的山路，初次点明"空中"。"山路被我唤作空中走廊"，情注其中；"我只觉得出外时身轻如飞，山路自动地后退"，路解人意，空中走廊写活了。

　　接着，着力展现小屋夜景。用白天的清晰和夜晚的朦胧对照，突出"朦胧"特征；用山下万家灿烂的灯火和山上疏落的灯光对照，突出"疏落"的特点；用把黑暗照亮和把黑暗照淡对照，突出"照淡"的情景——在夜幕深重的晚上，山在虚无缥缈间，再次暗点"空中"。在这样的背景中出现的小屋确实宛如"雾失楼台"，和上文细绘的"清晰的小屋"迥然不同，反差度很大。经过一引一描摹对照，作者用"不是……而是……"的句式下判断，点明"它不再是清晰的小屋，而是烟雾之中、星点之下、月影之侧的空中楼阁"，水到渠成，佳景如在眼前。"烟雾之中、星点之下、月影之侧"三个修饰语又一次显现"空中"的特点。

　　在描绘小屋夜景前，作者直抒己见，写道："我把一切应用的东西当作艺术，我在生活中的第一件艺术品——就是小屋。"这样写，不仅注情于景，而且加大景物的艺术浓度，启发读者观赏，激起读者在艺术赏析上的共鸣。

　　问：作者的小屋在文中展现的是一幅优美动人的立体图景，这幅图景是怎样描绘的？怎么会产生如此的艺术效果？

　　答：写景状物贵在逼真，写山像山，写水像水，活泼泼地有生气。要把景物写活，须精心构思，塑造出立体的图景。本文在描绘立体图景方面很有功力。

　　首先，把小屋放置在优美环境的怀抱之中描绘点染。作者不是就小屋写小屋，而是十分注意环境的配置。文章首句别出心裁地连用两个比喻形象地刻画出小屋和它的载体"山"。"山如眉黛"给人以秀丽的感觉,而小屋恰似"眉梢的痣一点",这就构成了秀中之秀。接着点出小屋在山中的位置——"立于山脊一个柔和的角度上",然后运用博喻"好比一望无际的水面飘过一片风帆,辽阔无边的天空掠过一只飞雁,是单纯的底色上一点灵动的色彩,是山川美景中的一点生气,一点情调",尽力渲染小屋对山景发挥的作用,把"点缀"写得具体生动,活灵活现。这是一点缀,小屋点缀了山。作者未就此搁笔,而是继续在环境配置上深入,笔锋顺势而下,写树对小屋的点缀。这是二点缀。写无花树的美丽,写满山的树为小屋布置了美妙的绿的背景,写屋后的大树浓荫笼罩,写屋前的树遮掩小屋,小屋在绿荫环绕之中,含蓄而有风度。

其次,定景换点,从各种不同的角度描绘。有近看,有远观;有白日景,有夜晚景;有地上景,有天空景;有屋内景,有屋外景;有自然实景,有心灵虚景;有静景,有动景,凡此种种,围绕着描写的主体——小屋,多角度、多侧面进行巧妙的编织。近看,如上面所述;远观,小屋在树与树之间若隐若现,特别是"树与树之间露出一些建筑的线条,一角活泼翘起的屋檐,一排整齐的图案式的屋瓦"的描绘,更是绰约多姿。远观,不仅状其姿,而且点染色彩,绿树、蓝墙、白窗,十分醒目。文章用大量篇幅写小屋的白日景,结尾处换写夜间景,时间转换,加强了小屋清晰和朦胧的整体感。写地上景,着眼于"小","领土"有限,土地小,房屋小,花园小,花园中的路小,后者次第比前者小;写天空景,着眼于"大","领空"无限,足以举目千里,足以俯仰天地。大小对照,小屋的"小"得到充分的表现。园内紫藤、月季等彩色的花,天空绚烂的云霞,在"美"上聚焦,有形的围墙与无形的围墙相互配置,从另一个侧面表现小屋的优美。屋外美景非常,细笔细描;屋内简笔勾勒,以简胜繁。屋内只提到光线和设计与装饰,前者勾画其明亮及由时间推移而带来的变化,后二者似写实不写,"可以省去许多室内设计和其他装饰","无须挂画,门外有幅巨画——名叫自然",以不写室内来突出屋外,突出自然美景,用笔别致。文中饱蘸笔墨绘实景,但也用疏笔穿插心灵的虚景。如写"领空"无限大时,穿插"适于心灵散步,眼睛旅行";写外出时身轻如飞,穿插"山路自动地后退",虚实结合,情景相生。文章通篇写"静",但不时又有"动"的衬托,如以树的轻轻摇动衬托小屋的"静",小屋就显得越发的宁静了。

文中图景之所以呈立体状,除了从不同的空间位置的角度,不同的内外环境的角度,不同的时间变化的角度巧作安排外,还和语言的运用、寄情于景的处理密切相关。作者笔下的景渗透了作者的情,缘情写景,"物皆著我之色彩"。作者向往独立安静的生活,对大自然充满热爱,故而笔下景物灵动而优美,柔静、宁谧伴随着快乐与幸福构成了文章的主旋律,产生了动人的艺术效果。

问:这篇文章在语言技巧上有何特点?对绘景状物、表达主题起什么作用?

答:这篇短文用词讲究,语言优美,犹如一首令人陶醉的散文诗。

遣词造句准确、生动。选用恰当的词语准确地表达情意,文章的生命力就大增。作者选用词语十分精心。写小屋的出现,"点破了山的寂寞,增加了风景的内容","点破"一词很是传神。它表明山原本笼罩在寂寞之中,小屋的出现打破了这种寂寞。那么,为什么不用"打破"呢?小屋玲珑,特征之一是"小","点破"既能紧扣此特征,又色彩温和,符合文章的基调。如果用"打破"或用"一扫",分量就失之于浓重,破坏了轻柔之感。又如写山上的空气用"特别清新"形容,"清新的空气使我觉得呼吸的是香","香"这个词用得贴切生动。"香"在句中表现的是自我感觉,这种感觉由外物"清新的空气"引起。空气清新又与满山皆树、园内有花紧紧相连,树香、花香弥漫在空气之中,因此,"我觉得呼吸的是香"。"香"寓意丰厚,既表达自我感觉和欢愉心情,又暗暗颂赞山中树、园中花。即使是数量词、方位词的运用,也是一字一字斟酌的。如"烟雾之中、星点之下、月影之侧"的"中""下""侧",用得极其妥帖,如果稍作更换,就不符合景物实况,不能准确地表达情意。

巧妙设喻把景物刻画得惟妙惟肖。文章从"山如眉黛"设喻起,至"门外有幅巨画——名叫自然"设喻终,比喻连迭,不仅无累赘堆砌之感,而且增添了文章的生动性和优美感。这是由于作者善于抓住景物的特征,选用共同点鲜明的另一景物打比方,刻画出姿态,刻画出精神,刻画出细微之处。如以人的面庞喻花,以人的姿态喻树,然后用排比句形容树的姿势、活力与精神,这就把树的美丽刻画得具体、细微,形象生动。

语言是思想的载体,用词妥帖,句式整散,富有变化,善设比喻,描写细致,故而写作意图得以充分表现。

导学生入艺术佳境
——《听潮》《闻一多先生的说和做》《第二次考试》教学思考

《听潮》《闻一多先生的说和做》《第二次考试》三篇散文的作者分别根据自己的所见所闻与深切的感受，着力刻画了不同时期不同人物的优美高尚的内心世界。教学时，要注意以范文中革命战争年代和社会主义建设年代革命前辈、革命烈士、英雄人物的革命气节、高尚情操和献身精神熏陶感染学生，激发他们热爱祖国、热爱人民的感情，珍惜社会主义新生活，继承和发扬艰苦奋斗的光荣传统。

这三篇散文虽以叙事记人为主，但每篇各有侧重，有的抒情性较强，有的描写成分较多，有的着重在叙事记人。教学时，要帮助学生从不同角度认识散文这种文学体裁的特点，以范文为借鉴，学习精细地观察生活，选择典型材料，从恰当的角度表现文章的中心思想。

这三篇散文描写逼真，感情奔放，文笔比较优美。运用了记叙、议论、描写、抒情等多种表达方法。教学时，要加强朗读、口述的训练。通过朗读、吟诵，发展学生思维能力、想象能力，使学生对文中所塑造的人物的心灵美以及散文的意境美、语言美有较真切的理解。

教学时，应把握以下三点。

第一，着眼于展现艺术境界。有人说，在文学的百花园里，散文和诗是两朵最亲近的姐妹花，虽然它们各具风姿和逸韵，但色泽芬芳却有不少相同之处。一篇清新隽永的散文，总是洋溢着动人的诗情画意，展示出耐人寻味的艺术境界。散文是无韵之诗,讲究意境的描绘。所谓意境,就是艺术境界。王国维在《宋元戏曲考》中曾这样论述:"写情则沁人心脾,写景则在人耳目,述事则如其口出是也。"可见意境讲究一个"真"字,景物逼真,感情真挚。作者的思想感情和描写的景物交融为一的时候,就会出现感人的艺术境界。王鲁彦的《听潮》在这方面颇具特色。

这篇经删改后的散文着重在景物的描绘,用优美的笔触描写大海的神奇变幻和海潮奔涌而来的壮观,摹声绘态,展现大海的雄壮美,歌颂大海所寓含的伟大力量。

作者描绘海潮奔腾而来的情景如"在人耳目"。文中抓住海潮汹涌澎湃的特征细笔细描,先写潮初涨时的声音和情态,再写涨到高峰时的壮观。采用了拟人的手法,模拟海潮的声音、情态和性格,十分逼真。一个"惊醒"报告了潮来时的消息,然后从声、光、色、形等多方面描绘渲染:"汩汩的声音","银光晃动","银龙似的","像铃子、铙钹、钟鼓在奏鸣着",使人如闻潮声,如见潮水上涌。接着从与岩石撞击的角度写潮的势头。一笔用排比句,用准确的动词刻画大海掀巨澜的力量,"它狠狠地用脚踢着,用手推着,用牙咬着,它一刻比一刻兴奋,一刻比一刻用劲";一笔写岩石受海浪冲击后的反响,"战栗""嗥叫"。而写岩石,也正是为了写海潮。"海的鳞甲,片片飞散",用形象的比喻描绘出海潮冲刷岩石溅起无数水花的景象。最后,重笔描绘涨潮达到高峰时的雄伟气势和惊心动魄的奇观。文中用了多种多样的声音状海潮的巨大声势,"战鼓声、金锣声、呐喊声、叫号声、啼哭声、马蹄声、车轮声、机翼声,掺杂在一起",真是天上地下,人马杂沓,犹千军万马混战,惊心动魄。文中又用"愤怒""咆哮",猛烈地"冲向"岸边,"冲进"罅隙,"拨剌"壁垒,疯狂地"汹涌着","吞没了"岛屿等分量很重的词语描绘海潮的汹涌澎湃,震天撼地。

文中之所以能突现出海潮的雷霆万钧之势，摧坚吞垒之力，不仅由于作者善于运用拟人、比喻等修辞方法制造音响效果，描摹出滔滔滚滚的雄姿，而且还在于交代了听潮、观潮的十分优越的位置：幽静的寺院里的一间靠海湾的楼房，还有一个露台突出在海上。露台观海，脚下是海，闭窗听海，观潮者犹如置身于大海之中，心潮随着海潮起伏翻腾，情景交融，使读者有身临其境之感。更何况在海潮奏伟大乐章之前，作者精心设计了前奏。作者来小岛上游览观光，领略海景，必然要早观潮，晚观汐。因此，交代了听潮、观潮的时间与地点后，立即从潮入笔初写海景。先以潮水冲击岩石的音响诉之于读者的听觉，再以"细雨似的，朝雾似的，暮烟似的飞沫升落"的情态诉之于读者的视觉，又以"带着腥气，带着咸味"的气味诉之于读者的嗅觉。这样写，初显海潮特征，为海潮咆哮、奔腾、为大海的伟大乐章作前奏。

文章着力写大海的汹涌澎湃，显示其雄壮有力，也不忘描绘它的温柔静谧。写后者，不仅能使读者较为全面地了解大海，认识它的神奇变幻，而且也为大海的雄壮有力做了很好的铺垫。有"静"有"动"，唯其"静"，"动"就更为突出，更为吸引人。写海景的变幻，人的心情变化由"欢心""喜悦"到"战栗""恐惧"才有依据；而心情变化的刻画又更逼真地表现出海景的神奇，内情与外物相融合，意境展现，真切感人。

文中描写大海平静的画景也颇富有诗意。先用"静寂"这个词语总拎，然后从"波浪"轻吻、"海面"平静、"银光"颤动、"红玉"琼台等方面写其静态，波平浪静，色彩柔和，使读者欣赏到大海的宁静美。而五个比喻的连用，像诗人"沉吟"，像"朦胧的月光和玫瑰的晨雾那样温柔"，像"情人的蜜语那样芳醇"，像"微风拂过琴弦"，像"落花飘零在水上"，给大海的宁静美增添了神秘、欢愉的色彩，分外有情趣。与写大海怒吼的过程一样，也描写了海的静寂之中细微的变化。从"波浪轻轻吻着岩石，像朦胧欲睡似的"开始，而后写它的"沉吟"，再写它的"睡熟"。为了渲染宁静的气氛,写大小岛屿"也静静地恍惚入了梦乡",写星星"也像要睡了",写"我俩也像入睡了似的",真是万籁俱寂,皆入梦乡。这种对"幽静的和平的愉悦的神秘"的诗意描写,为下文的海潮呼啸奔腾、狂暴不测充当先行,传递消息。

作者分别细致地描绘海静、海闹的变化过程,犹如一幅幅画面的连续转动,增强了立体感,增添了使人身历其境的实感。

文学欣赏,常常是通过眼前的有限形象不自觉地捕捉和领会到某种更深远的东西而获得美的享受。教学《听潮》这篇散文,不正是可以引导学生从海潮的形象中领略沸腾生活的壮美,胸襟广阔的可贵吗?

第二,着力于再现动人形象。有人说:散文有四美,形象美、绘画美、音乐美、含蓄美,而形象美最为重要。这话有道理,散文中有鲜明的形象就会有艺术感染力。散文中的形象往往通过神速的剪影来表现,以十分稀少的笔墨,活灵活现地描绘出某种场景或某个人物,形神毕现,给人以难忘的印象。臧克家同志的《闻一多先生的说和做》记述了闻一多先生从学者到革命家的言行片段,"口的巨人""行的高标"的形象就跃然纸上。教学时要着力于再现这位革命家的形象,以他孜孜矻矻钻探文化宝藏的精神和疾恶如仇,为祖国安危而英勇献身的凛然正气和高尚情操教育感染学生。

作者巧妙地选取了不同的角度来记述闻一多先生的事略,赞颂他的可贵精神。文章的第一部分记述他作为学者方面"做"了再"说"、"做"了不"说"的特点。第二部分记述他作为革命家"说"了就"做"、又"说"又"做"的特点。中间用三段过渡,脉络清楚,连缀紧密,给人以深刻的印象。

文中记述闻先生的言行,描写闻先生形象很具匠心。尽管文中说作为革命家方面的闻一多先生与作为学者方面的闻一多先生对待"说"与"做"的情况迥乎不同,但实质上二者并不矛盾,二者统一在言论与行动的完全一致,而且以宝贵的生命"证实了他的'言'与'行'"。言行一致是闻先生人格的写照。如果笼统地写,容易落入窠臼,流于一般化。选取恰当的角度,采用剖析的方法记述,具体而实在。既刻画了闻先生力戒空言、崇尚实干的学术道德,又刻画了为民主事业作狮子吼的慷慨陈词、昂首挺胸的战士形象。采用剖析的方法记述,不仅从不同侧面揭示了闻先生的精神世界,而且揭示了他思想前进的历程,从埋头寻觅文化药方,到挺身而出为争取民主、反对独裁而斗争。这样记述,虽只是言行的片断,但学者、革命烈士的精神美洋溢纸上,形象鲜明,血肉丰满。

这篇散文以记叙为主,但其中不少语言含有诗意,字词凝练,句式整齐,音调铿锵,感情浓烈,给人以强烈的感染。如"目不窥园,足不下楼,兀兀穷年,沥尽心血"。四句16个字,内容丰厚,气势流畅,一个"沥"字深刻地表现了用心血一滴一滴浇灌学术研究花朵的钻研精神,精当,凝练。又如,"不动不响,无声无闻",两个"不",两个"无",看来普通,但细细咀嚼,颇有韵味。不是"不动",而是在"动",在废寝忘食地"动",用灯火"漂白了四壁"来动。这个"不动",是不说,是无声,是听不到。用"不动"来突出闻先生的"做",突出他沥尽心血,埋头实干。再如"他'说'了""他'说'了""他'做'了"的排比段,感情如冲开闸门的潮水汹涌澎湃,一泻千里,倾泻出对闻先生英勇精神的高度钦佩与赞扬。结尾的"他,是口的巨人。他,是行的高标"是对闻一多先生人格的艺术概括,句式短促,音调高亢,节奏分明,情深意赅。散文中运用诗意的语言能增添文章的浓度,能使人物形象更为鲜明,能更为深刻地表达讴歌闻先生坚持真理,英勇无畏,慷慨献身精神的主题,能以文中包孕的感情激流给人以激励、鼓舞和感染。

为了突出形象,深化主题,文章在记人叙事的基础上,穿插了一些精要的议论,安排十分得当。第一部分先引闻先生的"言",然后记其

"行",再进行议论,表现他在治学方面的埋头专攻精神。第二部分把闻先生的"言"和"行"糅合起来写,把"言"插入所叙事实之中,而这些"言"又是闻先生致作者信中亲笔所书,言导行,行证言,情真意切。作者在记"言"述"行"的基础上,连用三段文字进行议论,给人以飞流直下、一气呵成的感觉。这样写,既绘出了闻先生"说"的气冲斗牛,声震天地的情状,再现了他坚强不屈的声音,昂首挺进的形象,又深刻地揭示了他以生命为代价求民主反独裁的高尚人格。议论中寓含深情,议论中夹以事实,叩击读者心弦,使人对闻先生的无畏精神、凛然正气和高尚情操油然而生敬仰之情。

散文的形象不局限在人的形象,更多的是见之于物的形象,景的形象。通过形象的描绘,表现写作的意图。教学中着力于再现神采奕奕的形象,学生不仅能观形闻声,而且能深入理解文章的主题,受到教育与启示。

第三,注意把握思想感情的踪迹。优秀的散文非常讲究结构的艺术,乍看,笔下所写似乎信手拈来,随心所欲,实在颇有规矩,其中总有一条线索贯串首尾。寻觅作者逻辑思维的踪迹,把握蕴含在字里行间感情起伏的波涛,文章就能拎起来,不会像断了线的珍珠四处乱滚。何为的《第二次考试》这篇散文在谋篇布局上很讲究章法。

这篇文章记叙了一个学生参加合唱训练班入学考试的故事。它的基本情节是:(1)陈伊玲初试获胜;(2)抢险救灾;(3)复试失利;(4)事因揭晓;(5)终被录取。如果按故事的发生、发展、结果为顺序,应这样排列;而作者对题材进行了调度:写初试获胜后,立即写复试失利,然后调查事因,设下悬念,形成波澜,造成故事的曲折性,增强吸引力。

作者在文中制造了一系列悬念,处处布置疑点,时时引起读者揣测,收到引人入胜的效果。文章一开始把先后两次考试成绩悬殊的现象巧妙地构成一件"奇怪的事情",造成了一个大悬念,在解开这个"奇怪"的谜团过程中又不断设置一个个疑点。有的用一系列疑问句设疑、布疑,如小石子投入水中,激起读者心中的浪花——"是因为怯场心慌,还是由于身体不舒服,影响声音?人们甚至怀疑她在生活上是否有些散漫?是否不注意自己身体的健康?"正当人们在这几种可能性中揣测、推论时,作者又通过人们的感觉说明"可是整个看来,她通体是明朗的,坦率的,可以使人信任的",于是再用一个反问句布疑,"难道就因为一点意外的什么事故使她遭受挫折吗?"正当人们希望从陈伊玲口中听到复试失利的原因时,偏偏作者写她"抱歉地对大家笑笑,飘然走了",真使读者疑上加疑。有的以场景描写来制造悬念。如正当苏林教授因陈伊玲复试反常而生气时,作者突然调转笔锋,不写他的心理活动,而插入几句台风袭击后窗外断枝残叶、狼藉满地的景象。读者不禁要想:这与陈伊玲考试有什么关系呢?苏林根据报名单上的地址"好容易"才找到了那条马路,那条弄堂,偏偏扑入眼帘的是受台风与火灾严重破坏的景象。就在读者急于想知道事情的真相时,文中又设了一个小疑点——"……手持纸条,不知从何找起"。这样处处设疑,妥善布疑,似乎山穷水尽,终究柳暗花明,激发读者浓厚的兴趣。

作者在精工编织材料的过程中,对作品的重点人物倾注了赞美的感情。白居易在给元稹的一封信里说:"感人心者,莫先乎情,莫始乎言,莫深乎义。诗者:根情,苗言,华声,实义。"诗歌如此,散文也是这样。一个作家,记叙什么事情,歌颂什么人物,选择什么语言,跟他的思想感情分不开,都是从"情"这个根子里出来的。《第二次考试》的作者用饱蘸感情的笔赞扬陈伊玲这样的热爱人民,热心为人民服务,具有共产主义道德品质的社会主义新人。从人物的声音美、形态美、行动美揭示人物的心灵美。作者安排她的第一次出场,首先在声音的描绘上下功夫,不仅直接描绘她音色"灿烂",理解"深沉",而且以门外窗外听的人的"挤挤挨挨",以教授们的眼神、表情为衬托,进行渲染刻画,给人以强烈的美的享受。接着在外貌、神态上轻轻一点,绘出蓬勃的朝气和毫不骄矜的品质。第二次出场在声音描写上作了明显的对比——"发涩""毫无光彩",在神态上也一反前次的朝气蓬勃,而是眼睛"黯然无神",嘴角流露出"无可诉说的焦急"。然而,作者在描写这个人物异样时,仍然着力写了她内在的美,"她通体是明朗的,可以使人信任的";临走时"抱歉"的微笑也透露了这一点。除了上述的直接描写,文中还通过苏林教授的看照片勾画她的肖像,通过她弟弟的转述刻画她的行为的高尚。

总之,作者把这个人物放在不同的环境里,从不同的侧面揭示她的内心世界。有同一环境里表现不同的直接描写,有另一环境中别人的转述,从侧面来描写,笔笔带情,表现高尚的品质。尽管没有写一次对话,一个内心活动,但陈伊玲的高贵的品质、动人的歌声和优美的风采所构成的艺术形象却栩栩如生地展现在读者的眼前。值得注意的是:第二次考试后,这个人物"飘然走了",再没有和读者见面。作者用这种"曲终人不见"的手法来处理,耐人追寻,思索,意味隽永。

教散文,必须引导学生进入艺术佳境,与作者的感情发生共鸣,体会语言文字运用的奥妙。

酣畅淋漓,激情澎湃
——《少年中国说》教学谈

《少年中国说》是梁启超的名文之一。撰写该文时,作者只有20余岁,书生少年,锐气方遒。他饱含充沛的感情,以一泻千里之势酣畅淋漓地表达自己要求祖国繁荣富强的强烈愿望和积极进取的乐观精神。这是一篇颇具鼓动性的好文章。

根据文章气势磅礴、语言晓畅的特点,从初三学生有一定的阅读浅近文言文能力的实际出发,教学该文时可采取读、讲、评、写相结合的方法,吸收文中的精华,激发爱国主义的情思,学习运用排比递进的句式说理表情。

一、在指导朗读中帮助学生弄懂词句含义,理清思想脉络

文章着眼于论说国之老少,而以人之老少为喻,盛赞少年勇于改革的精神,阐发少年在创建富强国家中应负的重任。

第1段运用对比的手法提出"吾心目中有一少年中国在"的论题。朗读时叙述、反诘、感叹的语气须准确掌握。"一则曰""再则曰"不能在"则"后停顿,要读成"一""则曰""再""则曰",即"一开口就说""再开口就说(仍说)"。作者对日本人、欧洲人称我国是"老大帝国"持反对意见,反诘道:"我中国其果老大矣乎?"我们中国果真是古老了吗?("老大"在文中用作偏义词,重在"老"字)作者不正面回答,而是用"是何言,

是何言"的叠句否定"老大帝国"的说法,摆出心目中有少年中国在的观点。"是何言"的叠句须读出不满的、反对的、气愤的感情,前句稍轻,后句加重。

第2段以人之老少为喻,把老与少的不同"性格"进行鲜明的对比,赞颂少年中国兴旺可爱,针砭老年的消极保守。

朗读这一段时,须注意层次的推进,语势的充沛。文章先用"欲言国之老少,请先言人之老少"引出比喻进行论证。"请先言"(请允许我先谈)要读得舒缓,启人思索。接着用"老年人常思既往,少年人常思将来""老年人常多忧虑,少年人常好行乐""老年人常厌事,少年人常喜事"等三组句群进行对比剖析;然后用"夕照""朝阳""瘠牛""乳虎"四个比喻两相对照,总括老年与少年特征的迥异。"大略",大要,要点;略,谓举其大纲。最后以"人固有之,国亦宜然"收束。固:固然;宜然:应当怎样。从人之老少的比喻归结到国之老少,回应段首的语句,层次清晰,结构严谨。

"惟思既往也故生留恋心"等排比句句首的"惟"是副词,表示动作行为的理由,可译为"因为""正因为"。"也"用于句中,表示停顿。"故惟知照例"中的"惟"用在谓语之前,表示对事物范围的限定,译作"只"。朗读这几组排比句时须:1. 处理好句中停顿。2. 分号处作较长间歇,使老与少对比鲜明。3. 读出层层递进的气势。如:既往—留恋—保守—永旧;将来—希望—进取—日新等词重读,一层一层推进。

第3段简析造成国之老大的原因,着重论述中国少年的责任,极力赞颂未来的少年中国的壮美。

朗读段首一二句剖析国之老少的原因及前途时,要褒贬分明。冤业:业,佛教名词,指身、口、意三方面的活动。文中的"冤业"指做坏事,老朽作孽。为缘:缘,缘分,关系。为缘,结成关系。"使举国之少年而果为少年也……可翘足而待也",从正反两面论说少年精神状态的老少关系到国家的兴亡,进一步强调少年的责任。朗读时要把两个假言判断句对比着读;结论读得斩钉截铁,"全"应重读。"使":假如。举国:全国。"少年智则国智……则国雄于地球"排比句从多种角度阐述少年与未来中国呼吸与共,命运相连。胜:超过。(后面常带"于""过")雄:作动词用,称雄。朗读时要铿锵有力,根据内容的递进,语调步步加强,如江河倾泻,掀起波澜。朗读"红日初升"等七个比喻时须节奏鲜明,感情奔放,一气呵成,充分表达对少年中国的由衷赞美。其道大光:它的精神发扬光大。伏流:潜伏地中看不见的水流。隼(sǔn):一种凶猛的鸟。结尾的"美哉"句音韵优美,对偶整齐,朗读时须激情满怀,盛加赞叹。与国无疆:疆,止境。和国家一样无止境。

二、在练习讲演中激发爱国主义感情,培养视说的能力

学生对文章初步理解后,进行演讲训练。训练采用两种方法,先原文视说,后看原文,用现代汉语讲。

训练的要求:1. 看句说话,用口头语言论说,不照文章朗读。2. 语意前后连贯,首尾呼应,不疙瘩,不断裂。3. 根据文章内容的起伏处理好抑扬顿挫,不用一个语调平推。4. 赞颂少年勇于改革的排比递进句讲述时应热情洋溢,有破竹之势;讲七个比喻时特别要注意音韵的铿锵,让"光""洋""扬""惶""张""皇""芒"等押 ang 韵的字(诗韵下平声七阳)通过讲述在听者耳中制造强烈的音响效果。5. 用现代汉语演讲时力求贯通晓畅,不拘泥于个别字词的死解,有的词语译成白话反使文章逊色的就不译。6. 可辅之以简单的手势。

训练的程序:1. 个人准备。在熟悉和理解课文的基础上,用无声的内在语言进行演讲训练。2. 小组切磋,试讲一两段,进行评议,明确训练要求,掌握演讲的要领。3. 在提高认识的基础上,个人再准备。

4. 请程度不同的几位学生在全班讲述,检查训练效果。

第3段是讲演训练的重点段落。该段是文章的重点所在,作者对祖国独立进步、繁荣昌盛的急切愿望溢于言表,反复论说少年须具有积极进取的精神,意气扬扬,激昂慷慨。训练得好,学生能受到强烈的感染,激发爱国主义热情。试以现代汉语将该段讲述如下:

造成今日老大中国,是中国老朽造的孽;而创建未来少年中国,却是中国少年的责任。那些老朽的人有什么值得说的?他们和这个世界告别的日子已经不远了,而我们少年才刚刚来到这个世界,与世界发生联系。假使全国的少年果真是生气蓬勃,那么我们中国作为未来的国家,它的进步不可限量;假使全国的少年也是暮气沉沉,那么我们中国仍是过去的古老国家,它的灭亡将翘足而待。所以今天国家兴亡的责任不在别人,而完全在我们少年身上。少年聪明,国家就聪明;少年致力于富,国家就富有;少年致力于强,国家就强盛;少年有争取独立的精神,国家就能独立;少年有争取自由的精神,国家就能获得自由;少年勇往直前,国家就进步;少年超过欧洲,国家就能超过欧洲,少年在地球上称雄,国家就能在地球上称雄。我们少年中国有如红日刚刚升起,光芒万丈;有如大河从潜伏的水流奔涌而出,一泻千里,一片汪洋。有如潜龙从深渊中飞腾而起,金鳞熠熠,利爪飞舞;有如新生幼虎在山谷里呼啸,百兽闻声惶恐震惊;有如鹰隼初展翅翼,在高空翱翔,搏击风云。有如奇花异卉,含苞欲放,光彩照眼,富丽堂皇;有如刚磨砺出来的宝剑,锋刃闪闪,大放光芒。我少年中国头顶着青色的长天,脚踏着黄色的大地,历史悠久,疆域广阔,前途像大海一般辽阔,将来的日子久长。美好啊,我们的少年中国,您和天一样永远不老;伟大啊,我们中国的少年,你们和国家一样,前途不可限量。

三、组织学生就思想内容与表达特色进行评论，培养赏析能力，吸取文中精华

梁启超，举人出身，1890年起从学于康有为，大力宣传维新变法理论，是我国19世纪资产阶级改良主义运动戊戌维新的中心人物，在反对封建顽固派和宣传西方资产阶级文化思想方面起过相当进步的作用。但同时他又提倡保皇，与资产阶级革命派展开论辩。他学识渊博，于学无所不窥，于论无所不及，著作内容宏富，涉及政治、经济、哲学、历史、新闻、文化艺术、文字、音韵、训诂、宗教等，淹贯经史，参验古今。曾倡导文体改良的"诗界革命"和"小说界革命"，开白话文风气之先。他的论文以流利晓畅，饱含感情著称。评论该文时，应注意上述基本情况。

在学生理解文章内容与表达特色的基础上，组织他们进行评论，鼓励他们充分发表自己的看法。通过交流、争辩，对下列一些问题有比较正确的认识。

作者在文中表露的思想观点在当时是有积极作用的。清朝末年，政治昏暗腐败，民不聊生，帝国主义列强欺凌宰割，国家濒临危亡的边缘，《少年中国说》正是写于这个时期。作者以炽热的爱国主义激情贬斥保守老朽的危害，憧憬上升的、前进的国家，激励人们关心国家的命运，明确肩负的重任，励精图治，勇于革新，热切地期望祖国能以生气蓬勃的崭新面貌称雄于世界之林。这种热爱祖国、以国家为己任、积极进取的精神在当时有进步意义，在今日仍有借鉴作用。

文章写作技巧十分精湛，文情并茂，高歌猛进，神完气足。作者纯熟地运用排比递进的句式剖析老少的长短，层层解剖，鞭辟入里，如进洞天，步步深入，终究底蕴。作者又运用博喻的手法，精选了红日、大河、潜龙、乳虎、鹰隼、奇花、干将等生意盎然、活泼的形象，推波助澜，层

出不穷,赞颂少年中国这一事物,突出其生命力旺盛、锐不可当的气势,既收特写镜头之效果,又纵横开阔,令人感奋,有很强的感染力。文章论述国之老少以人之老少为喻,而国家之能否为少年,责任又全在"我少年";顺流而下,颂歌高唱,既盛赞少年中国,又盛赞中国少年。这样收尾,不仅题旨显明,而且感情充沛,振奋人心,具有很大的鼓动性。当然,文中也有瑕疵。比如,少年老年之说的比喻就不尽妥当。对事物采取改革或保守的态度并不能只以年龄大小来划分,它是由种种复杂因素决定的,作者仅从年龄角度论述,欠严密,不周全。这是由于认识上的局限性所致。

  为了加深对课文的理解,从中获得借鉴,课后可进行仿写练习。总题可拟为《壮哉我中国》,小题自拟。要求运用博喻和排比递进的句式层波叠浪地阐述振兴中华、建设"四化"的宏图壮志,倾吐热爱社会主义伟大祖国的深情。

叩击学生思维的门扉
——《说"疑"》教学管见

初中议论文教学中常遇到两个明显的困难：一个是教材比较浅近，似乎不像内容博大精深、语言洋洋洒洒的大文章难懂，有丰富的宝藏可以挖掘；一个是学生不喜爱学。由于年龄特征和知识所限，他们多半还不喜爱这类文章。他们常常认为讲道理的文章是说空话，学起来没劲。不正视这些困难，不注意研究解决它们的办法，就难以落实语文教学大纲中关于初中议论文教学的目的要求。

《说"疑"》是《语文·上海市初中补充教材》中的一篇议论文。它篇幅短小，文字浅显，说理明白，教学时为了克服上述困难，我做了一些探索。

引发。早在两千多年前，教育家孔子就说过："知之者不如好之者，好之者不如乐之者。"要变"厌"为"爱"，就得在培养"好之""乐之"上下功夫。"好"与"乐"单靠说大道理，是难以形成的，要靠知识本身的威力。研究现代教育的苏联教育家赞可夫说得颇有道理："要以知识本身吸引学生学习，使学生感到认识新事物的乐趣，体验克服学习中困难的喜悦。"基于这样的认识，在课的起始阶段，我既未解题，又未介绍作者，而是先在黑板正中写了一个常见的"疑"字，要学生释义。并以"疑"为词素组成若干常常用到的词。学生活跃起来。在学生积极组词的情况下，教师就势一收，确定文章标题中"疑"的含义，指明"说疑"就是谈谈疑问，从而把学生的注意力集中到文章的论题上来。

学生明确文章的论题后，我以提问再生波澜，叩击学生思维的门扉。所提的问题是：我们学习中经常碰到"疑"，是好呢，还是不好？是喜欢呢，还是讨厌？就在学生动脑筋思考而又说不清楚之际，抓住学生急欲获得答案的良机，着重指出：课文《说"疑"》把这些问题剖析得清楚明白，认真学习，就可受到有益的启发。这样，学生就能积极地进入课文的学习。

品味。味是品出来的。"味"，要靠学生自己品尝，教师不能代替，也无法代替。教师只能积极引导学生咀嚼课文的语言因素，紧扣课文特点体会其中的甘甜，从而理解并掌握论说事理的有关知识。教《说"疑"》一文时，我让学生"三品"课文：

一"品"，要求学生通读全文，找出文章的中心论点，弄清作者对所议论的问题持有的见解。怎么找？怎么找准？学生不大有把握。我要他们以统编教材初中第五册中的知识短文《论点和论据》为指导，先从理论上明确论点的概念，然后以此为依据找出课文的论点。估计有的学生会错把标题当论点，故须指点他们辨别论点与论题的区别，论点与文章标题的区别，使他们懂得论点是作者在文中要表明的主张，是全文的灵魂，文中所有的事实与道理均为了证明主张的正确，而论题只是文中要讨论的问题。文章标题可以是文章的论点，也可不是。学生经过一番咀嚼，分辨同异，就能准确地找出该课文的论点——科学研究就是破"疑"，破"疑"才有所发明。

二"品"，要求学生再读课文，认真思索，有条理地讲述全文围绕论点从哪几个角度进行论述的。先让学生择用几个动词与"疑"组成动宾词组，对文章每个角度论述的内容进行概括，然后引导学生以知识短文《论点和论据》为指导，从理论上明确论据的概念与要求，再进而分析课文每个角度用了多少论据，各具什么特色。

第一个角度是见"疑",用三个事实一个引述作论据进行论证,三个事实是:牛顿见苹果落地生疑,瓦特见壶盖跳起来生疑,伽利略见挂灯摇摆幅度不论大小时间都一样而生疑,有疑就会努力探求,以至有所发现,有所发明创造。一个引述是张载的"于不疑处有疑,方是进矣"。这些事实与引述有力地论证了"疑是思之始,学之端",要破"疑"必先见"疑"生"疑"。作者摆了三个事实后与"寻常人熟视无睹"作比较,以张载的"于不疑处有疑"作结,突出了科学研究中见"疑"生"疑"的重要。

第二个角度是解"疑",文章以从海藻中提取碘时前后两种态度的事实为根据,论证见"疑"决不可"讳疑",而应当"解疑"。作者把利比息对"深褐色的液体"的"想当然"与波拉德的"细加研究"进行正反对举,生动地论证了"讳疑"会在真理面前失之交臂,而"解疑"才能有所发现。文中摆此事实论证时,不停留在一般性地评论,而是巧妙地引用了利比息自传里就这件事吸取教训的话,这就大大增强了论据的说服力。

第三个角度是敢"疑",摆了六个事实进行论证。这六个事实的表述是一详二简三略。第一个事实详述,伽利略敢于怀疑流传了1800年的亚里士多德关于物体从高空落下,"快慢与其重量成正比"的错误断言,才打开真理的大门,推动了力学的发展。第二、第三两个事实用排比句作简单的说明,而此后三个事实仅用列举的办法进行反诘,语言极其简略,但发人深思。这样详略得当地摆一系列事实作论据,有效地论证了:对前人留下的"已知"成果要敢于"疑"。

三"品",要求学生三读课文,明确通篇文章是怎样开展论证的,语言上有何特点。启发学生思考:文章开头与结尾各说明什么问题?段与段之间怎样衔接的?语言上咀嚼出什么味道?引导学生体会文章一开篇就诠释论题"疑"的含义:"未解之惑,未识之物,未辨之味,未通之理,皆可谓之'疑'。"这一连用了四个并列的词组,明确清晰,生动概括,为下文的论述做了必不可少的准备,避免概念上发生歧义。释义后,点出"任何人都不能回避这个'疑'字",顺势引出文章的论点。论点提出后摆了足够的有代表性的事实进行论证,论证时不是一件件一桩桩材料的堆砌,而是有机地组合成几组,详略分明地为论点服务。材料较多,运用时错综有变化,活而不乱。还要引导学生体会文章所表明的主张要令人信服,不仅靠事实与道理,还要靠语言的精确和逻辑性。一篇较好的议论文,总是字斟句酌,选用恰当的词句精确地表达思想。且不说"失之交臂""发现""提出""创立"等用词的精确,也不说"见'疑',决不可'讳疑',而应当'解疑'"等句子承上启下的严密,单说结论部分的用语就可体会其论述的周密性。结论部分,要言不烦地进一步对"疑"进行深入透辟的剖析,既用两个"就是"、三个"不"、三个"敢"的句子正反论述,重申搞科学研究见"疑"、破"疑"的重要,又用肯定否定的句式清楚地阐明"敢疑"与"虚无主义者的怀疑一切"应加以严格的区别,两者迥然不同。这样进行论证,不片面,不顾此失彼,合乎事理,严密周到。在严密论证的基础上,作者水到渠成地顺手点出写作目的:在实现"四化"的进军途中,身为科学技术大军中的战士,都要敢于"疑",善于"疑"。文章从"疑"的含义诠释开始,至对"疑"的精辟结论为止,首尾呼应,构成了完整的篇章。

为了使学生对全篇的论证留下完整的印象,可摘师生发言之要作如下的板书:

诠释"疑",提出论点

见⎫
解⎬疑(三个事实,一个引述)⎫
敢⎭　(一件事前后对照)　⎬论据
　　　(一详二简三略)　　⎭

论证后,下结论

落实。教学该篇课文的目的是：1. 使学生理解学习中敢疑、善疑的重要性，培养独立思考，敢于质疑的好学风。2. 使学生懂得读议论文找准论点、论据、结论的方法。为了实现上述目的，我还采用了以下一些做法。

启发学生见"疑"敢"疑"。让学生明白文章虽就科研而论，但同样适用于学习。针对学生学物理的实际，我补充了这样一个例子：19世纪末叶，物理学的发展好像很完善了，在绝大部分物理学家的眼光里，物质世界的运动已经构成清晰的画面，后辈物理学家只要在已经基本建成的科学大厦中做一些零碎的修补工作就行了。对已经取得的成绩与结论敢不敢"疑"呢？有眼力的物理学家指出：在物理学晴朗天空的远处，还有两朵小小的乌云，一是热辐射实验，一是迈克尔逊-莫雷实验。由于从事科研的物理学家敢"疑"，不"讳疑"，这两朵乌云不久就发展成为物理学中一场革命的风暴，揭开了近代物理的序幕。例子一讲，连锁反应。有的学生认为因为有人敢"疑"牛顿的经典力学，不受它的束缚，1905年才出现爱因斯坦的相对论；有的学生认为课文中"不怀疑'电磁波穿过空气层就会一去不复返'的结论，马可尼就不可能用导线把信号通过大西洋，开创无线电事业"这个论据不确凿，用词有问题，"导线"是有线，与"无线电事业"矛盾。经过讨论，解了"疑"，明确两点：一是"导线"应改为"电台""装置"或"发射天线"；二是电磁波穿过空气层能复返，雷达就是明证。英文选用雷达（radar）这个缩略词也很妙，从左到右，从右到左，字母的顺序都是一样的。学生独立思考，敢于质疑，收到效果。

我还要求学生运用学课文时找论点、论据、结论的方法独立学习吴晗同志的《谈骨气》一文。学生颇有兴趣，不仅按要求完成任务，而且在肯定该文是好文章的同时，指出对"骨气"的诠释、下定义有可商榷之处。"什么叫骨气，指的是抱有正确、坚定的主张，始终如一地勇敢地为当时的进步事业服务,遭遇任何困难,都压不扁,折不弯,碰上狂风巨浪,能够顶得住,吓不倒,坚持斗争的人。""骨气"怎么是"人"呢?应作修改。

最后是布置学生练笔。题目只出一个字,"谈……",由学生自己确定论题,这样天地广阔,万物皆可收入笔底。要求文章设有明确的论点,较为充分的以事实为主的论据和清楚明白的结论。学生写了颇有吸引力的《谈笑》,有启发性的《谈时间的珍惜》,有针对性的《谈癖》等,议论文粗浅的知识得到落实。

把议论文的教学和有关知识短文的教学有机结合起来,把阅读和写作有机结合起来,学生感到看得见,摸得着,学得到手,学习的劲头就来了。学的劲头一来,尝到甘甜,学生就会怀着打开新领域的喜悦心情,步步往前探索。

改弦更张　因树为屋
——第二次教《事事关心》

两次教马南邨同志的杂文《事事关心》，前后比较，对如何处理教材、制订教学目的、选择教学方法等问题，认识上似乎稍有深入，下面摘其要谈一点粗浅的体会。

一、轻车熟路虽方便，脱离学生实际也枉然

一般地说，教新课文必须花功夫钻研，也舍得花功夫钻研。但教熟悉的课文就不大一样，车已驶过，留下了"辙"，沿着车辙走熟路，既省时，又省力。然而，教学毕竟不是行车。"教"要在学生身上起作用，就须认真了解学生，从他们的实际出发，制订切合他们实际的教学目的，选择易为他们接受的教学方法。这样就只能"借走"某一段或某几段熟路，或者完全另辟新径。更何况人的认识总是随着时代的进步而发展，随着知识的丰富而深化，对做过的事、走过的路，应站在新的高度重新认识，或肯定，或否定，或扬弃，或发展。教学上如热衷于走熟路，以不变应万变，那就难以收到预期的效果。

第一次教《事事关心》，我采用了"归类集合"的方法，把四篇论说性课文和一篇知识短文结合起来教，先总，后分，再总，共用了5课时，对课文进行了粗线条的处理。依据有二。教学对象是初三年级下学期的学生，他们接触过二十多篇议论文（包括文言文中的议论文），对议论文

基础知识有所了解，初步具备了阅读议论文的能力，只要稍加点拨，就能理解各篇文章说理的特点和方法。这是一。二是编者把《事事关心》与《谈读书》《关于写文章》《散文重要》等四篇文章组成一个单元，并配以知识短文《读书笔记》，其编排的意图是通过这些题材大体相同、写法各异的文章，让学生懂得读书、作文的基本态度与方法。根据教材和学生的实际，我把文章分成两组教。总述四文的特色后，先指导学生学两篇"读"的，再指导学生学两篇"写"的，然后综合起来比较分析。教学的整个过程致力于诱导，立足于自学，知识短文中写提要、做摘录、做卡片等要求让学生在自学及练习中消化掌握。

第二次教，情况发生了变化。开始，我对这一点认识不足，也想如第一次那样大刀阔斧地处理，出几个讨论题，让学生通过讨论掌握课文。可是，当我提起笔制订教学目的时，被学生的具体情况和教材的特点卡住了，我不得不停下笔，再钻研教材。第二次教学对象是初二年级学生（因是实验性教学，故提前在初二试教），议论文没学几篇，论点、论据等知识不具备。这个班级因为年龄小，这类体裁的文章学得少，如果不从扶一把着手，不指导得具体细致，学生不易受到实在的益处。

再从教材看，第一次是同类文章组成一个单元，第二次单篇教；第一次《事事关心》与《谈读书》同时教，一次两篇，目的是让学生在学习围绕中心逐层深入地论述道理和运用比喻与举例论述事理等写作方法的同时，懂得读书的基本态度和方法，学会做各种类型的读书笔记。第二次单独教一篇，究竟应达到怎样的目的才切合学生的情况呢？

从学生和教材这二者的具体情况出发，我否定了原先的打算，而决定采用细线条的梳理，紧扣中心论点，用作者说理的思路来训练学生的思路，引导他们领悟：要别人信服自己的观点，不仅要观点正确，而且要学会充分说理，一层一层说，一层一层推。为此，我以文章的论述层次为主线,串上两个观点:努力读书和关心政治必须紧密结合;以古论今,古为今用。前者是文章的中心论点,后者是阐述这篇文章中心论点的基本特色。只着眼于前一点,比较浮泛,削弱了文章论述的个性;二者拧起来落实,分量沉,有一定深度。

教学方法是为教学目的服务的;而教学目的是否得当,首要的在于目中要有人,有具体的活生生的学生。教材的处理,方法的设计,无不为教会学生服务。因此最熟的教材也要当新教材教,和第一遍教时同样花功夫。教学征途中充满了哲理,贪图轻车熟路,无视学生实际,其结果往往是徒劳而无功。

二、虽不完全改弦更张,也要注意因树为屋

课前的教学设计是否正确周到,要到教学实践中去检验;而在实施过程中遇到种种意外时,一定要从"学"的实际出发,不能执着于"教",强行"通过"。

教《事事关心》,我原先的计划是:围绕教学目的,把文章的阐释对联含义、正反论述努力读书与关心政治必须紧密结合和激励今人胜古人作为教学的重点。以阶级的历史的观点评析东林党人读书讲学的进步意义和历史局限这部分是课文的难点,但无须重点教,只要让学生理解对古人的主张必须采取历史唯物主义的态度,吸取精华,扬弃糟粕,不在具体材料、具体问题的是非上开展争论。原打算第一节课把引古、述古、论古的内容告一段落,引导学生在熟悉这部分课文的同时,训练他们思维的细密度和条理;第二节课着重于论今、激今的内容,引导学生通过反复朗读理解文中主要观点,并用20分钟左右的时间让学生就古为今用的观点和层层深入的说理层次进行反馈,再拓展一步,启发学生由"古为今用"联想到学过的有关古诗文中的名句,挑明可借鉴的精神,训练学生思维的准确性和灵敏度。

在实践的过程中,谁知第一节课就碰到了障碍。一是学生质疑较多,有的又表达不清,只好请他们重说,这就占用了时间;二是学生理解阐释对联含义的写法时只注意先分后总的粗杠杠,对上下联阐释方法的差别、语言运用的奥妙、补述的作用未加考虑,这样,按课前预计的速度就通不下去。二者皆由于估计不足所致。教是为了学,计划与学生实际情况发生了矛盾,必须及时更动,灵活掌握。

面对学生学习课文时的具体情况,课前设计虽来不及完全改弦更张,但也要相机行事,因树为屋。且不说让学生提出所发现的问题,就以学习"阐释对联含义"这一内容说,我就从两个方面作了更改。一是增添了提问,如:我们把上下联一起读一读,上联着眼于什么角度来解释的?下联又是着眼于什么角度?解释上联跟解释下联有什么不同?请注意关键词语。学生阅读理解,回答得仍不周全,就再提示。如:解释上联11个字时,哪几个词很重要?为什么要加"真的"这个词?加了以后起何作用?凡此种种,目的在于步步诱导,使学生学在细处,学到深处,填补未加思考的空白点,培养细读深思的好习惯。二是增加反复,帮助学生加深理解,加深印象。学生的知识基础、思维能力、阅读水平、口头表达等方面不是一刀齐,其中有许多层次,某个问题一两位学生回答得不错,不等于大部分学生都已理解,因此,教学重点所在,学生不易发现的运用文字的精到之处,教师须多频率、多层次地提问,让各层次学习状态的学生都得到锻炼的机会;而在多层次的交流过程中,比较,鉴别,深化,学生得益的面就广,认识也随之向纵深发展。

教然后知困。教师犹如指挥员,在课堂上要指挥各种类型的学生主动积极地学习,课前必须制订比较周密的计划,切不能打无准备之仗;而实施计划时,课堂上会发生千变万化的情况,教师又必须头脑冷静、积极运筹,取得驾驭的主动权。对这些我虽略有认识,但实践起来却不易得心应手。天天教课,月月教课,年年教课,教训远远多于正面经验的,每次课后稍思片刻,总会感到缺这少那,感到一种说不出的遗憾。

结论是:在遗憾中奋发,在教训中锐意进取。

如鱼饮水，冷暖自知[1]
——谈谈怎样写"教后"

上完一节课或教完一篇课文，坐下来稍作反省回味，把教学过程像放电影一样在脑子里过一遍，撷取其中有启发的写下几笔，既有意义，又是乐事。

教学有其连续性，教过不是了结，不能边教边丢，教后清醒地回顾一下走过的脚步，可使下一个步子走得更稳，更扎实。教师课前的准备，不管怎样从教材实际和学生实际考虑，写成的教案毕竟只是书面上的设计，将它拿到课堂上，付诸实施，师生共同活动，学生学习积极性发挥，教学中会出现不少意想不到的情况。及时择要记一记，有助于知教知学，知自己知学生，有利于总结和积累经验教训。

记自己的一孔之见。一孔之见虽未必成大器，但来自实践，发自心胸，生动具体。点点滴滴记录下来，日积月累，对某一教学活动规律的探索就会从两眼漆黑进展到朦朦胧胧，再进展到曙光就在眼前。比如教记叙文，最早我总是用"平推"的方法，别说学生感到无味，就是自己也教得没劲。有一次，我试着先拎出其中表现主题思想的关键语句引导学生理解、咀嚼，然后紧扣这一点设计几个问题，要求学生通观全文，

---

[1] 本文指出写"教后"的意义后，谈到写"教后"的方法："记自己的一孔之见"，"记教学中的疏漏失误"，"记学生学习中闪亮的光点"。作者强调目中有人，写"教后"也要"记学生学习中闪亮的光点"，这是以学生为本的体现。

理清记叙的脉络,体会篇章结构的安排。实践证明,这样教比"平推"效果好,学生既有兴趣,又意识到读书要学会抓要点。教学实践给我以启发,我记下了自己的一孔之见:"教"和"写"是两个不同的范畴。一篇文章从开头到结尾有其特有的逻辑顺序,这个顺序受作者的写作意图所制约,为表达作者的写作意图服务。教文章,目的在以文章为依据,对学生进行听、读、说、写能力的训练。"教"有自己的目的要求,不能和作者"写"的意图混为一谈。"教"应该有自己的逻辑顺序,不能照搬"写"的逻辑顺序。善教者应该把两者有机地结合起来,使"写"的逻辑顺序为"教"的逻辑顺序服务,更有效地实现教学目的要求。

有了这点认识,自己有意识地进行多次试验,发现有的文章用"平推"的方法教效果也不错,有的文章可在部分段落中顺序作适当的更动,有的文章甚至可在一个段落里将某个重要的句子作妥帖的安排。把这些零零星星的认识记录在案,翻阅,琢磨,领悟到:看问题不能形而上学,不能不加分析地判断"平推"的教法好或是不好,应从教材实际和学生实际出发,因文而异,因人而异,这个"异"不是标新立异,主观臆断,而是建筑在深入钻研教材和了解学生的基础上。

记教学中的疏漏失误。教学能力、教学水平非自天而降,能力在不断纠正差错中增长,水平在努力克服疏漏中提高。"吃一堑,长一智。"经常回顾教学中的弱点、缺点、过错,能使自己聪明起来,考虑问题周到一些。我常常不满意自己上的课,有时觉得少讲了点什么,有时又觉得似乎讲过了头,有时觉得师生活动板眼不十分合拍。这些自我感觉如果任凭它随时光流逝,不留一痕半迹,就无补于教学的改进。冷静下来,梳理教学过程,找"疏",查"漏",辨"差",识"错",透过现象捉住问题的症结所在,可使脑子开窍,少走"前车之覆"的道路。比如,课堂上怎样让学生的脑子"转"起来,其中学问很多。就以提问来说,有的能一石激起千层浪,有的只吹皱一池春水,有的却"扑通"一声,余波全无。起初,我责人多,责己少,常认为学生不愿动脑筋。平心静气分析解剖,才知自己颇应负疏漏失误之责。提问题常常欠深思熟虑,或失之于深,或失之于浅;或笼统难以捉摸,或枝蔓不中要害;或时机未掌握,或顺序欠妥当。凡此种种,及时地记几笔,犹如盏盏红灯,提醒自己在教学道路上不要再去瞎撞。

记学生学习中闪亮的光点。课堂上,学生的注意力集中到特定的学习轨道上以后,潜心思考,阅读推敲,常会发表出人意料的见解,展开使课堂生色的争论。这些看来似乎是"神来之笔"的见解,闪发着年轻人智慧的火花,看来是尚为幼稚的争论,孕育着运用语言的能力、认识世界的能力。我珍惜这些光点,带着如获异宝般的心情记下它们。这些光点记录着一个个生气勃勃的学生的进步与成长,这些光点帮助我深入了解学生的思想、性格,学习的深度、广度,这些光点也开阔我的思路,弥补自己教学的不足。"知之者不如好之者,好之者不如乐之者",回味一个个闪亮的光点,简直是乐在其中。

语文教学活动是复杂的师生双方的活动,既是科学,又是艺术,其中甘苦如鱼饮水,冷暖自知。教后提笔书写"冷"与"暖",不仅别有一番风味,更是为了孜孜以求,积极进取,做不畏劳苦的语文教学规律的探索者。

附 "教后"二则

"日暮里"引起的争论

这次教《藤野先生》,好几个学生问了这样的问题:文章既然是写藤野先生,为什么好多笔墨不是写他?前几段文字好像与写藤野先生联系不起来,似乎不搭界,是不是废笔?文章到底是写鲁迅自己还是写藤野先生,简直弄不清楚。学生质疑突破词句的局限,进入选材、谋篇的探索,思考问题的能力提高了。

原打算该课文两课时授完,课堂上小周同学提出关于"日暮里"的问题,引起了争论,临时改变计划放手开展讨论,授课延长一课时。小周认为"思考和练习"的第二个题目欠妥。"为什么一直记得'日暮里''水户'两个地名",后者可理解,表露了鲁迅强烈的爱国主义思想感情,而前者难以解释,拉扯不到爱国主义思想感情上。有的学生认为文中的话不一定每个句子都包含什么意思,法国大作家雨果就曾这样说过。有的学生表示异议,认为长篇小说尚可这样说,短篇小说,篇幅短的散文,如是好文章,就不应如此。小章说:鲁迅先生自己说"不知怎地,我到现在还记得这名目",没有什么理由,不应该外加。此时,小曾用期待的眼光看着我,我立刻请他发言。他说:"'日暮'象征着国家的衰败。鲁迅东渡日本为的是寻求救国救民的道理,可是到了东京看到清国留学生如此醉生梦死,感到前途茫茫然。旅途中一看到'日暮里'这个地名,触景生情,故而印象很深。因此,记得这个地名同样是表露鲁迅先生爱国主义的感情。"他一口气讲得那么流畅,同学们用惊异的眼光看着他,我也有些愕然。这个不轻易发言、话音常憋在喉咙里的学生不是不会发言,不是不会响亮地发表自己的意见,只要真正拨动他的心弦,心中的话儿就会顺畅地流淌。我对他的了解深了一层,为他口头表达的进步而高兴。

抓住了这个有争议的问题,就势对做学问的方法进行了指导。向学生指出:考证事物应注意本证,不能牵强附会。鲁迅先生说"不知怎地"是最可靠的证明。推论要有根据,不能建筑在臆断的基础上。

过去教《藤野先生》,一开头就讲"东京也无非是这样",总讲不好,"无非"这个词的意味出不来。这次先引导学生弄清东京"清国留学生"精神空虚,堕落腐败的情况,回过来再教这一句,"无非"就有着落,学生能比较具体地领会其中饱含的厌恶之情。同时,能更为顺当地过渡到下文:"东京也无非是这样","到别的地方去看看,如何呢",由中国到东京,由东京到仙台,贯串了对救国救民真理的寻求,厌倦的心情与追求的愿望跃然纸上。

《果树园》教后琐记

长文短教的方法须进一步探索。

划分段落的效果与课前设计吻合。把语法知识融合于段意的概括之中,由单音词而双音词,而偏正词组,而动宾结构,而扩展为完整的句子。如此概括段意,既巩固旧知,启发学生学习兴趣,又节约课堂教学时间。学生反应快,未及指名提问,已齐声回答。

第一部分"农民的快乐",第二部分"地主的仇恨",两相比较,前者教得活,时间又节约,后者有些琐碎。究其原因,前一部分问题设计得较好,紧紧扣住"笑"字作了取舍详略的处理,引导学生理解作品怎样从一个"笑"字引出下面一连串的"笑",由于重点突出,课堂上也欢声笑语,此起彼落。后一部分毛病出在舍不得割爱,再加上学生的生活实际与作品中反映的生活距离很远,一下子不容易有真切的体会。

学生对景物描写部分发表了自己的看法。认为景物虽描绘得细腻,但"肃穆""蠕动"用得不够恰当。经过讨论、点拨,觉得"蠕动"尚可以理解,绘出"浓密的树叶"在晨风吹拂下"在伸展开去的枝条上"的动态,比喻含寓其中,而"肃穆"难以理解,总觉得不及"宁静"好。学生的看法不无道理。

学生对描写景物的"细"又理解又不完全理解,对诉诸视觉、听觉的景与物看得出来,而对这些景物的静与动的安排,光感与质感的描绘缺乏认识,课中着重进行指导。为了让学生增添一些感性知识,课外指导学生看了一幅油画,领会"林子中回映出一缕一缕的透明的淡紫色的、浅黄色的薄光"。学生兴趣甚浓,对油画所绘景色展开争议,有的说是早晨的树林,有的说是夕阳西下的时候。

为了训练学生描写景物的能力,出了三个题目供学生练笔时作参考,三个题是:"晨读""夕阳""秋色"。

让课堂充满生命活力[①]

让课堂充满生命活力，一直是我从事语文教学孜孜矻矻追求的目标。课堂教学不是简单的知识传授、机械训练，而是师生互动、思想碰撞、心灵交流、师生共同成长的生命历程。

学生进学校求知，日复一日，月复一月，年复一年，大量的时间是在课堂里度过的。课的质量，课的内涵，课的吸引力、感染力、辐射力，直接影响学生的知识积累、潜能开发、情操陶冶和价值观的形成，影响他们今日能否健康成长，明日能否长足发展。教育的基本特点是细水长流，春风化雨。一堂堂质地优良的课如涓涓泉水滋润禾苗，对学生的文化积淀的功能，对学生心灵世界的熏陶感染的功能，是任何急功近利的做法都无法代替的。"逝者如斯夫，不舍昼夜。"一堂课45分钟不会停留，流过去的时间不能复还。因此竭尽全力上好每一堂课，就成为我从教工作的第一要义；学生学有兴趣，学有所得，学有提高，学有创意，学有追求，就是我无限的快乐。为了学生在求知的海洋中能充分发挥主动性、积极性，发挥聪明才智，我挑灯夜读，潜心钻研，精心设计，反复琢磨，研究学生，我执着追求着这样的课堂：

课上得一清如水。课切不可"糊"，一堂课教什么，怎么教，为什么

[①] 本文发表于《人民教育》2004年第7期。什么是"目中有人"？什么是"以学生为本"？用作者这篇文章中的话说，就是"让课堂充满生命活力"。当一堂课上到"以能者为师"时，这堂课就是一堂真正充满生命活力的课，就是一堂让每个学生成为"发光体"的课。

这样教,心中须一清二楚。跟着教材转,跟着教学参考书飘,必"糊"无疑。教材里有什么,就要学生学什么,一股脑儿搬出来,目的不明,内容多而杂,学生学起来如堕五里雾中。

课上得清清楚楚,首先教师要沉到教材里,从表达形式到思想内容,从思想内容到表达形式,反反复复推敲,跨越时空和作者对话、与编者交流,洞悉其中来龙去脉,体会它运用语言表达情意的独特个性。对教材洞若观火,方能心中透亮。

其次,把握住教材独特的个性,自己要有真切的感受,还要根据学生的学习实际,确定明确的教学目的。这堂课究竟让学生学到什么,学习目的明确了,就要根据教学目的,对教学内容精心剪裁,处理详略,突出重点。根是根,枝是枝,叶是叶,千万不能搅和在一起,一搅和,面目必不清。

再者,教学思路要清晰,教学线索要分明。抓一把芝麻满地撒,东一榔头西一棒子,学生会丈二和尚摸不着头脑。围绕教学目的,拎起教学线索,教学思路逐步展开:或层层推进,或步步深入,或由具体到一般,或由一般到具体,或浅者深之,或深者浅之,轨迹清楚,轮廓分明。思路清晰是教课的基本要求,教学流程清晰,学生学起来心中才明白。

当然,教师的教学语言也要清楚明白,不颠二倒四,不拖泥带水,不语病丛生。要在要言不烦、一语中的上下功夫。教师语言规范、准确,不含糊其词,学生听起来声声入耳,清晰可辨。有的课"糊"就"糊"在目的不明,这个知识点一点,那个问题碰一碰;浮泛、肤浅,说几句不着边际的话;对问题的认识与理解,教师和学生在一个平面上移动,学生怎能留下深刻的印象?又能获得多少教益?课由"糊"到"清",看似教学的技能技巧,深思一番,就可知晓其中蕴含的丰富。

课上得情趣横溢。课切不可干瘪无味,冷若冰霜。学生课业负担重,碰到干瘪无味的课,厌学情绪就会勃然而生。厌学是求知历程中的大敌,而情趣横溢的课是抵御这个敌人的最有效的武器。

课堂饱含情意,充满人文关怀。文章不是无情物,师生之间更是情意绵绵,教师上课热情洋溢,激情似火,就能点燃学生心中求知的火焰。"我见青山多妩媚,料青山,见我应如是。情与貌,略相似。"(辛弃疾《贺新郎》)课堂教学达到这样的境界,师生对文本的深入探讨,心灵之间的沟通,就会畅通无阻。

"情"忌外加,忌矫揉造作,忌滥。"情"是文章内在的、固有的,贵在咀嚼语言文字,对它们所传递的情和意深有领悟;教师只有自己真正动情,才能传之以情,以情激情,感染学生。这种情是真挚的、高尚的,学生耳濡目染,就会受到熏陶。教师将学生带入与教学内容相应的情景之中,就可激发情感。如教学生学习《最后一课》的最后一个场景时,不是一般性地朗读、讲述,而是声像并举,引入高潮。"啊!这最后一课,我真永远忘不了!"就在一位学生充满感情的朗读刚停,寂静笼罩课堂的刹那间,录音机里骤然响起"当、当……"12响沉重而遥远的钟声,学生既怔又诧,全神贯注。趁学生惊诧之际,我出示一张韩麦尔先生写"法兰西万岁"两个大字的彩色图片,要求学生图文对照,仔细观察,仔细阅读,要求他们在认真品读的基础上用自己饱含感情的语言描述当时课堂上庄严肃穆的场景,描述韩麦尔的神情、语言、动作以及他内心的痛楚和期待,描述此时此刻小弗朗士的心情和感受,说明这个场景在《最后一课》中的地位和作用。学生观察,阅读,情不自禁地朗读,沉醉于文本之中,极其精心地寻找"惊人"的语言来表述自己的看法——

"这是一个令人心碎的场景,真的,令人心碎!"

"教堂的钟声,祈祷的钟声,普鲁士士兵的号声,是驱赶韩麦尔出课堂、出学校的最后信号,所以他难过到极点,脸色惨白……"

"他心里乱极了,他要和同学们作最后的告别,但痛苦使他的喉咙哽住,不能用语言表达。'我的朋友们啊',说明他对同学、对镇上的人爱极了,留恋极了。"

"他只向学生做了一个手势,话也不说,其实,坐在课堂上的人心里都明白,韩麦尔被迫离开学生、离开家乡,痛苦极了,我觉得这里是'此时无声胜有声'。"

"写'法兰西万岁'两个大字的情景激动人心。这两个大字是韩麦尔使出全身的力量写的。他把丧失故土的痛楚、把对侵略者的仇恨、对祖国的热爱、对收复失地的向往和信念,都凝聚在里面了。"

"韩麦尔的神情、写的字使小弗朗士更加震动了,他一下子长大了,他从没有这样敬仰他的老师,老师对祖国故土一往情深的热爱使他感动不已。"

"这个场景是《最后一课》的高潮,我要是小弗朗士,这一课我真的永远忘不了。"

"我不是小弗朗士,我也忘不了。"

……

学生畅所欲言,我大加赞扬,并参与其中,谈了自己一段亲身经历——日本侵略者的铁蹄长驱直入,家乡的小学即将解散,音乐老师教我们唱《苏武牧羊》,"苏武留胡节不辱,雪地又冰天,苦忍十九年……"教师用"心"在唱歌,唤起我们幼小心灵的觉醒。从此,这首歌不断在我胸中激荡,构成了我生命的一部分。学生屏息凝神,在心中弹奏爱国主义最强音,思想升华,情感浓烈,师生在共同学习中成长。

激发兴趣是引导学生学习入门的金钥匙。兴趣往往是学习的先导。"知之者不如好之者,好之者不如乐之者",教师在教学全过程中须着力启发学生"好之""乐之"。初则萌发热爱的感情,继则求知的欲望在胸中激荡,进而徜徉美文佳作之境,咀嚼品味,乐在其中。那种汪洋大海般的"题、题、题",让学生做"苦行僧"是绝对要不得的。

教学要有趣味性,要充分发挥祖国语言文字的魅力,引导学生体会到文章的"味",从而步入胜境。这里所说的"趣味",不是庸俗低级或故弄玄虚,而是与知识性、科学性、人文性紧密相连。课的起始要着力让学生思维兴奋起来,迅速进入学习轨道;课中要张弛结合,让学生学得愉快;课末力求余音缭绕,激发学生继续学习的兴趣。可采取直观演示、开拓想象、抓点拎线、形成悬念、展现意境、激发情感、讨论答辩、运用"逆反心理"等方法,作为学习一篇篇课文的直接诱因,也可充分运用现代化的教学手段,与文字相互映衬让学生入目入耳,最终达到入心的目的。

例如,组织学生学习《聪明人和傻子和奴才》一课时,一开始用奇峰突兀的方法拎出课文鲜明的写作特点,用学生的生活经验和学习经验铺垫,激励学生振奋起来。"京戏,很讲究脸谱,而脸谱中的颜色、线条与人物性格很有关系。关公是红脸,表示什么?忠,赤胆忠心。包公呢?黑脸,表示铁面无私。小时候看戏,一看舞台上的脸谱往往就猜得出这个人是好人还是坏人,是忠,还是奸。如果是白脸,八成这个人奸刁或阴险。由此可见,外形描写为什么服务?为人物性格服务。学习《孔乙己》时,我们已有这样的经验,孔乙己两次出场的肖像描写完成了一个下层知识分子受欺负受摧残的苦人儿形象。肖像的描写为表现人物形象的思想性格服务,它在人物形象的塑造中起十分重要的作用。但是艺术高手不用肖像描写,只用人物语言,就能起到揭示人物性格的作用。刻画人物时,不写他穿什么衣服,戴什么帽子,不写他人高人矮,人胖人瘦,只用对话就能揭示人物的思想性格。这首散文诗通过三场对话写了三个典型意义的人物。哪三场对话?写了三个怎样的人物?看谁读得认真,把握得正确?"学生潜心阅读,煞有兴味。

又如学习《明湖居听书》,要让学生懂得白妞唱是绝唱,没有刘鹗的绝妙佳笔,绝唱就不可能留世。因而,既要启发学生展开想象,从整体感知入门,感受明湖居这个大戏园子里的氛围,又要发挥想象,通过视觉器官感受音乐形象。对文中以比喻具体描绘声音入耳的妙境,要组织学生朗读、品味、联想,以他们自己的生活经验加以补充;文中以通感手法具体描写声音的千变万化,就让学生根据语言描写用线条把表现白妞唱腔的千回百折之处画出来。如何如攀登泰山节节高起,接连有三四叠;又如何陡然一落,如飞蛇在黄山三十六峰半中腰里盘旋穿插,周匝数遍;又如何声音愈低愈细,渐渐听不见;又如何有一点声音从地底下发出,忽又扬起,像放东洋烟火,千百道五色火光,纵横散乱……学生仔细画线,用视觉形象展现描摹声音的形象,看得见,摸得着,领悟到声音的无穷魅力。

教学是通过语言进行的,有时一个贴切的比喻,一段富有哲理的话,甚至一个眼神,一个无声的手势,都会像童话中的魔棒一样,使学生全神贯注,饶有兴趣。教师语言要有味,除了规范、鲜明外,要有色彩,要有文化含量,要有较强的形象性,有时还可以有点幽默,能吸引住学生注意力,开启心窍。

求知是辛苦的,要真正获得知识、提高能力须付出艰苦的脑力劳动。如果课堂情趣横溢,在乐中求知,又何尝不是一种艺术享受?

课上得能者为师。课切不可教师"一言堂",课堂上只有教师一人是"发光体"。教学过程是师生共同参与的脑力劳动过程,教师与每个学生之间、学生与学生之间平等对话,共同琢磨讨论,学生的发现能力、质疑能力、思考探究能力、口语交际能力就会得到有效的锻炼。要积极创造让学生生疑、质疑、辨疑的条件,营造探究问题的气氛,让学生有思考问题的时间与空间。课堂气氛宽松、和谐,学生身心解放,无拘无束,无心理负担,就能勇于求知,寻根究底,对文本的阅读与学习就不会浮在表面,而会纵向深入,横向扩展,形成发自内心的独特体验与感受。

师生之间,学生之间,思想碰撞,迸发火花,学生可以从不同层面、不同角度受到启迪。

例如,学习《跨越百年的美丽》,学习进程中一位学生突然提出:"初读课文,我为'她那美丽庄重的形象也就从此定格在历史上,定格在每个人的心里'所感动,'定格'用得多好啊!但越读越觉得'美丽庄重'分量不够,这怎么'定格'呢?"我立即鼓励:"这个问题提得好!'定格'用得绝妙,瞬间凝固成永恒。'永恒'与'美丽庄重'究竟是怎样的关系?"有些学生迅速翻书,阅读、思考、探究问题的帷幕拉开。

"居里夫人的美丽非同凡响。法国科学院原本'人声鼎沸',她一走上讲台,全场立即'肃然无声'。从'鼎沸'一下子变为'无声',是大家被她的年轻漂亮、神色庄重吸引了。这是外表的'美丽'。还有更'美丽'的就是她宣布她和居里的惊人发现,将物理学带入了一个新时代。外在美和内在美的结合使'全场震惊',震惊的瞬间也就凝固成永恒,这样的'定格'当然可以。"

"在人们的印象中,居里夫人这样伟大的科学家形象是极其严肃的。她具有严肃的外貌,很容易使人发生误解,这种严肃性是少见的,无法用任何艺术气质来解说。"

"那是由于当时社会的严酷和对她的不平等,严肃和美丽不矛盾。"

"伟人也是人,也有美与丑。文章一开头就写居里夫人的美丽,很有人情味。美人往往为'美丽'所累。文章说得多精彩:'千百年来,漂亮就是一个女人的最高荣誉,最大资本,她的战胜自我也恰恰就是从这一点开始的。'这叫拒绝外界诱惑。当我想到她给那些追寻的目光'一个无情的后脑勺'的场景,真想笑出来。作品中这样来写美丽,不多见。作者这个角度选得好,有生活气息。"

"我认为居里夫人应'定格'在更高层次的美丽。关于放射性的发现,她不是第一人,可贵在她那'寻藤''问根'的精神,可贵在一千多个日日夜夜在曾停放解剖尸体的破棚子里提炼矿渣。这是燃烧青春,燃烧美丽,这是何等的毅力,何等的追求真理的科学精神!这些才是永开不败的美丽。记得列夫·托尔斯泰说过:'人不是因为美丽而可爱,而是因为可爱而美丽。'居里夫人这样高尚的人,当然十分可爱,也就当然非常美丽。"

"我再补充一点,居里夫人的美丽还在于她对待美誉的清醒、淡泊。有的人有了一点荣誉就以为了不起,居里夫人追求的是'永葆一种理性的美丽'。正如爱因斯坦所说,'在所有的世界著名人物当中,玛丽·居里是唯一没有被盛名宠坏的人'。"

"'美丽'是一个很平常的词,在文中却有如此丰富的内容,不深入思考,就领会不周全。看来,'美丽庄重'分量极重,从外表到气质、到精神、到人格,这样的形象'定格'在历史上当然散发光彩。"

"其实,我们中国也有这样的人。我读过一本书《吴健雄——物理科学的第一夫人》。吴健雄是世界最杰出的女性实验物理学家,她率先用实验证明杨振宁、李政道荣获诺贝尔物理学奖的'在弱相互作用中宇宙不守恒'理论而轰动物理学界;她获得了除诺贝尔奖以外的几乎所有大奖,她也是美丽庄重的。定格在人们心里。"

……

探究的气氛一形成,课堂上就出现思想、情感、知识、能力、态度、价值观等交流的网络,各抒己见,畅所欲言。由于思维处于高度兴奋状态,有时会出现惊人之语、"神来之笔",令人欣喜,令人振奋。合作、探究、个性化学习,课堂上就不是只有一个发光体——教师,而是"能者为师",每个学生都会发光。

学生自主学习积极性高,有时会超水平发挥,直接指出教师教学的不足、缺陷,乃至错误。例如,学习《变色龙》时,课将结束,一位学生突然站起来对我说:"你教错了!"我吓了一跳(听课的有一百多人),还反应不过来,不知错在哪儿。我立即请这位学生上讲台前讲述。她指着板书说:"这时警官奥楚蔑洛夫已吃准了这条小狗是将军哥哥家的狗,巴结拍马的心情更急切了,你用和前面一样的线条来表示,不符合实际情况,应该频率更快,距离更短,波峰更高。"一石激起千层浪,许多学生七嘴八舌表示赞成。学生是可爱的,我请他们用红粉笔修正我白粉笔线条的错误,并诚恳地告诉他们:我在习惯的轨道上走多了,课前只考虑到主人公变的现象和不变的本质之间的关系,用两条线条表示,而忽略了现象本身也在变化。我是单向思维,学生多向思维。就这一点而言,学生是我的老师。

学生是可爱的,他们只要真正进入学习境地,进行语文实践,不仅自己语文能力、语文素养获得提高,而且能弥补教学的不足,促进教师的提高。课堂教学,师生互动,教学相长,充满了生命的活力。

强调能者为师,不是放弃教师的责任,让学生随意讨论、随口说说,远离文本,不沾语言文字的边。语文课就是语文课,教师是教学的组织者、参与者,启发、引导、点拨学生学习的指导者,如果自主与自流、讨论与放羊不严格加以区分,学生又怎能学有所得,深受其益?

教学原本就是即席创作。教学千古事,得失寸心知。教了一辈子的课,尽管遗憾累累,但为了学生的花样年华不被耽误,我还是矢志不渝,执着追求。

关键在有所发现、善于发现[1]

课堂里出现生命的涌动,一个个学生或争相发表意见,或侧耳倾听,或小声嘟囔;发亮的目光,专注的神情,伴随着抑扬顿挫的语言,简直就是充满诗意的求知交响曲。这种语文教学境界令人神往,也是教师梦寐以求的。

这种生命涌动境界的出现,自然有众多因素的影响,但有一点不可否认,那就是与课文有关的某个问题或某些问题叩开了学生的心扉,学生的思维迅速转动,收到了一石激起千层浪的效果。问题从何而来?教师设计的,学生质疑的,而后者更鲜活,更切合学生身心发展的需求。

要提高阅读质量,学生必须发挥主动性、创造性。阅读是生命的活动,是收集与处理信息、认识世界、发展思维、获得审美体验的重要途径,靠灌输和机械训练难以实现。学生必须是真正的阅读主体,教师是学生阅读的组织者和引导者。早在两千多年前孔子就说过:"学而不思则罔,思而不学则殆。"20世纪60年代,叶圣陶先生就指出:"教师要善于引导学生自己多动脑筋,适当地多动脑筋,脑筋是不会受伤的。学生自己动脑筋,得到的东西格外深刻,光听老师讲,自己不思考,得到的东西就不太深刻。"当今社会,信息量大,新知识层出不穷,学生在学校学习,如果不学会自己动脑筋求知,不学会发现问题,探究疑难,不学着去

---

[1] 本文发表于《中学语文教学参考》2005年第5期。

分析问题、解决问题，在求知的基本能力方面就有极大的缺陷，对日后适应社会、长足发展就会形成很大的制约。语文学习与生活相伴，与人的终身相伴。在学生求学时代培养他们的发现能力、质疑能力、思维能力至关重要，千万不能掉以轻心。

发现问题是质疑能力的基础

学源于思，思源于疑。疑是思之始，学之端。要学得知识，就得思考，而对所学的内容产生疑问则是思考的开端。"疑"是刺激学生积极思维的诱因，激发学习的动力。求知欲从某种意义上来说，就是解疑欲、解惑欲。教学中我们常遇到两类情况：一是有些学生课内课外总会有不少问题找教师探讨，不仅本学科的，而且会延伸到其他学科，乃至生活上的、社会上的，林林总总。他们思维活跃，思路开阔，学习质量比较高。二是学习比较困难的学生不是不想提问题，而是提不出问题。教师关心地问他们："有什么地方不懂？"他们摇摇头。"有困难吗？""没有。"在求知过程中怎么可能没有困难，没有问题？不过是不去思考，不会思考，不知道怎么思考，懒于动脑筋罢了。两相对照，可知语文教学必须激发学生在求知过程中产生疑问，提出来探讨解决，或在探究的过程中学生自己有所领悟，自己解答。质疑能力的强弱关键在有无发现问题的本领，发现问题是质疑能力的基础。

有些课文难度不大，如果浅阅读的话，语言文字方面似乎畅通无阻，无疑难可言。然而，正因为浅读似流水，未停下来思考、斟酌、品味，雁过无踪影，随着视线的收缩也就未留下思想的痕迹，最多只有个朦胧的印象。如果动脑筋推敲一下，情况就迥然不同。如契诃夫的《变色龙》，一上课学生就提出了一连串的问题，经过认真梳理，探究推敲，阅读的深度和广度就大大加强，学生在学习语言文字、认识社会生活、培养审美情趣等方面的收益就大为提高。这些问题是：

（1）文章第1段写一片萧索的景象，既然"萧索"，应该说有乞丐，怎么说"门口连一个乞丐也没有"，是不是有些矛盾？

（2）奥楚蔑洛夫为什么老是脱下大衣，又穿上大衣呢？

（3）整篇文章没有一处提到变色龙，为什么要用"变色龙"作标题呢？

（4）这篇文章写了沙俄统治下人不如狗的悲惨状况，但在第5段中作者描写这条狗时写得非常可怜。既然人不如狗，为什么要把这条狗写得可怜？他这样写有什么意图？

（5）这篇文章的注释对"变色龙"做了解释，然而词典里除文章的解释之外，还解释为：比喻在政治上善于变化和伪装的人。这篇文章里的意思是第二种，编者为什么不把它写进去？

（6）奥楚蔑洛夫不是在真空中变来变去，为什么周围的人对此没有反应？

（7）第6段写这个警官明明知道谁在大声叫嚷，他为什么还要问"谁在嚷"？

（8）本文从人玩狗和狗咬人引出后面的故事，为什么作者只写了狗咬人，而人玩狗却一笔带过？

（9）第12段中赫留金在最后说了一句话："不瞒您说，我的兄弟就在当宪兵……"为什么他要插上这一句呢？

（10）第3段最后一句话"仿佛一下子从地底下钻出来的"，为什么要这样写？在文中起什么作用？

（11）文章揭露这个警官奥楚蔑洛夫对上级阿谀奉承，诌上压下，如今作为范文选入我们的课本，是否有现实意义？如果有的话，是什么呢？

（12）老师说，如果一个剧本第一场出现一个道具，后面就要发挥作用，否则就是多余的了。文章第1段奥楚蔑洛夫出场提着小包，最后回去的时候没有提小包。这是什么道理？

能提出上述种种问题，关键在有所发现。有的问题与注释有关，有的是细节描写，有的是主人公形象，有的是小人物群，有的是环境描写，有的是谋篇布局，有的是作品的意义，等等。尽管有的问题比较幼稚，未能前后串联起来思考，有的问题枝枝节节，略作思考，就可解答，但可贵在都是学生动脑筋发现的结果。只有发现，有了疑难，才可能读得深入；解了疑难，才可能与作者心灵交流，享受豁然开朗的快乐。

阅读是一种心力劳动，要能发现所学课文中的疑难问题，就须指导学生在以下几个方面努力。

一是课前认真预习，自学课文。学生初步自学课文时，应做到通读全文，看注释，看文前文后编者的导读与设计的思考与练习，查阅字典、词典，有条件的可在网上查找作者的有关资料及有关作品的信息。边读边做记号，圈、点、批、画。在三看一查（或二查）一记的基础上，就可发现学习中不清楚、不了解、不能解答的问题。先让学生学会在字、词、句方面找问题，即使有注释，也可查阅字典、词典对照。上述关于"变色龙"的理解即如此。然后鼓励学生把文章的各个部分前前后后联系起来思考，这样就可以发现材料的选择与剪裁、谋篇布局等方面的特点与问题。学生学会把局部放到整体中去理解，又在初步整体感知的基础上看局部，阅读就深入了一步。还要鼓励学生在文章的精彩部分以及容易被人忽略的地方发现问题，因而有关"军大衣"的细节描写，装腔作势的明知故嚷，"小包"的出现与隐没，自壮胆量的"宪兵"说等疑问，均从这里思考而来。课前预习，不是摆样子，走过场，眼睛扫视而过，而是要学生自己动脑筋，注意力集中，困惑、思索、理解、探求，经过这样的心理历程，激发阅读的兴趣，品尝到阅读的快乐。

二是密切联系生活来思考。任何体裁的课文都是写生活，反映生活，有些反映得直接，有些是间接反映。只要紧密联系生活来思索、咀嚼,就可以发现许多有趣的乃至寓意深邃的问题。带领学生学《记一辆纺车》时,为了让城市的孩子对纺车有具体的感性的认识,我就绘制了一幅纺车图。谁知一挂上黑板,就有学生举手提问,说哪里哪里缺了一个钉子,问她何以知道,她说从乡下外婆家里看到过一辆旧纺车,而且试着转动,对纺车的结构一清二楚。学生很可爱,常有意想不到之处让你惊喜。尽管这一问题与学好课文关系不大,但一下子增添了同学们学习的兴趣,起了催化作用。至于《变色龙》在今日有无现实意义,显然联系了现实生活进行思考,脑中有许多具体形象,人和事,也有许多潜台词。开展讨论,正确认识与判断,使学生在对作品的价值与意义增强理解的同时,也增添了对社会、人生的认识。

三是充分运用个人储存的知识。经过好些年的学习,每个学生头脑里都有自己的知识库。不用时,束之高阁;常用,使其运转,就能产生价值与效益。温故而知新,求新时温故,就能辨异,就能拓展,就能让学习充满活力。如学《白杨礼赞》时,学生有个问题一直在心中攒着,不说不快,欲罢不能。什么问题呢?她说:"茅盾先生说白杨树怎么怎么好,赞不绝口,楠木怎么怎么不好。我认为白杨树是不成材的,楠木是贵重木材。这样写,言过其实。"接着,她摆出论据作为支撑:"我是一名学生,人微言轻,可大作家屠格涅夫也是这样认为的。他在《猎人笔记》中说,白杨树的叶子硬得像金属,枝条也不美,为什么茅盾先生要这样说呢?"不仅提问题,摆观点,摆论据,而且把《猎人笔记》翻到第几页给大家看。这就是求知,运用了自己的生活常识和书本知识,发现了一个自己不解的问题,那么认真,那么执着,祈求取得令她信服的解答。学生对用象征性手法、景随情移的特点不了解,问这样的问题也就不足为怪了。

要能发现问题,还须开展联想与想象,由一联想到二、三,由此想象到似有关联的各种景、物、人、事,天上、地下、古今中外。前者线性思维居多。如读《记一辆纺车》,有学生联想到朱自清的《春》,于是提出这样的问题:"既然是散文,就应该有文采,如《春》,眼前如见一幅幅画;《记一辆纺车》像说明文,没文采,到底是什么体裁的文章?"学生对散文往往只知其一,不知其二,对这类托物叙事见精神的写法见得少,因而有疑问。但能联想到已经学过的知识,进行比较,发现问题,就值得鼓励。后者思维往往是发散性的,辐射性的,目注而神驰,眼睛看文字,思想已在天外遨游。以文本中某个信息为起点,把思维引向新的方向、新的对象和内容。

学生独立阅读,有所发现,把一个个问号装进脑子里,大大有助于阅读的深入。

善于发现孕育着独特的体验与感受

阅读是学生个性化的行为,阅读的过程应该伴随着主动积极的思维和情感活动。较长时期以来,我们的阅读教学重视和推行统一的标准,忽略也不尊重学生个体的独特看法、独特体会。其实,阅读就是读者和作品对话,和作者交流,总会仁者见仁,智者见智,深浅不一,褒贬有异。对于求学者而言,理解作品中的某些语言、某些结构、某些文意,有较为一致的认识,往往是学习的基本要求。阅读是座长廊,中外文化尽在其中,根据阅读者自身的经历、文化积淀、思维品质、兴趣爱好,完全可以有自己的独特体验,超越同龄人的理解与想象。当一名学生在阅读中发现别人未能发现的精彩,并胸有成竹,向同窗侃侃而谈时,课堂里就会升起思维的明灯,闪烁出智慧的光芒。

要培养学生在语文学习中善于发现,不人云亦云,须注意:

鼓励他们在阅读时要追根究底。学生学语文经常处于半懂不懂的状态,"一目十行",眼睛一扫就是十行,似乎没有什么不认识的字、不理解的词句,但如果问几个为什么,蕴含了哪些意思,在什么背景下写的,有何佳妙，常常答非所问，不着边际，或者茫然无所知。读书不能在字面上飘，要走进作品，有进深山探究宝藏的精神。例如，学习荀子的《劝学》，"学不可以已"，学习什么？由于思维定式的影响，许多学生总觉得只要提学习，就是学科学文化知识。有的学生通篇阅读，前后联系起来思考，发现文章的"宝藏"在"君子博学而日参省乎己，则知明而行无过矣"，故而劝学首先劝人们学习做人，学习能够改造人恶的本性，提高人的品德修养。"人"应该是这篇文章反复咏唱的主旋律。文章写了"君子"，又写了"吾"，进行比较，阐明通过学习，可使人向"善"。德国教育家第斯多惠说过："教育的艺术不在于传授本领，而在于激励、唤醒、鼓励。"阅读教学中唤醒学生的求知欲，激励他们努力发现，鼓励他们有独特的体验，阅读能力就可获得切实的提高。

坚持不懈地培养他们良好的阅读习惯。阅读是一种复杂、艰苦的智力活动，要有良好习惯的支撑。须和粗疏、漫不经心做斗争，否则面对书，只是劳倦眼睛而已。习惯是从实践中养成的，不认识的字要查字典，不理解的问题要反复推敲，查阅有关资料，这是基本的要求，而善于发现作品的生花妙笔，同样也是良好阅读习惯的重要内容。要能够发现，善于发现，阅读时注意力就须高度集中。记得法国科学家居里夫人曾形象地说："当我像嗡嗡作响的陀螺一样高速运转时，就自然排除了外界各种因素的干扰。"全神贯注，不受外界干扰，阅读就会逐步养成用探究的眼光看问题，灵活地、随机地、举一反三地进行联想，在阅读实践中积累发现问题的经验；就会逐步脱离肤浅，脱离大而化之，有自己独特的看法与感受。阅读，说到底是文化之旅。阅读中面对大师先贤圣者智者，诗云子曰，就如瞻仰一座座丰碑，不凝神屏息，不深入探究，怎可能领悟思想的深邃精辟、文字的隽永精湛？又怎可能品尝到阅读中饮琼浆玉液的快乐？良好习惯的培养比读几本书重要千百倍。有人说得好，未来的文盲不再是不识字的人，而是没有学会学习的人。培养学习能力,引导学生通过自己的主动发现来学习,把学习知识的过程和探索知识的过程统一起来,形成良好的学习习惯,会使学生终身受益。习惯的培养来不得突击,要细水长流,持之以恒,习惯成了自然,阅读就取得了自由。

引导学生广泛阅读,开阔视野,积淀文化底蕴。一个人思维活跃的程度与他的文化底蕴、知识构成关系甚为密切。脑子里知识储存丰厚,知识面宽,有底气,阅读思考时,参照的人、事、景、物、思想、语言就会滔滔滚滚奔涌而至,比较,对照,分析,判断,推理,创新,独特的体验、个性化的见解就自然而然地形成。阅读,就不再是面书、对书,而是进入作品的深层,与作者的心灵进行对等的讨论,或请教,吮吸养料;或质疑,探讨原委。此时此刻,学生真正成为阅读的主人,作品的价值也得到了极大的发挥。举例来说,长篇叙事诗《孔雀东南飞》是乐府的双璧之一,焦仲卿的母亲反对儿子与刘兰芝的美好的爱情,以致夫妻二人双双殉情,化为鸳鸯鸟。此诗历来认为是反映了封建礼教对女性的压迫。学生阅读时被文中流淌的真情所感动,有的提出不一定都用"封建礼教压迫"来套,焦母如此这般地蛮横无理,是出于"恋子情结"的病态心理。酿成这场令人感伤的悲剧绝非单一的原因。支撑这个看法的论据有二:一是因为弗洛伊德发现了"俄狄浦斯情结",因而"恋子情结"也是存在的;二是邻家有类似情况,三十出头的儿子娶不到媳妇,不是儿子不满意,而是母亲一概不满意,不是一个个女朋友不好,而是母亲"恋子"情深,害怕儿子结了婚就失去了儿子。应该说,这名学生的见解是大胆的、独特的,知识视野开阔,思维有独到之处,还佐以生活实例为据。如果对弗洛伊德一无所知,当然也就不可能有这样的发现。

又如《荷塘月色》,长期以来被认为是反映了作者对当时白色恐怖的严酷现实的不满,反映了作者希望在一个幽静的环境中寻求精神上的解脱而又无法解脱的苦闷与彷徨。有学生在阅读过程中有新的发现,说:"朱自清先生宁可饿死也不吃美国救济粮是了不起的,但他曾说过:'国学是我的职业,文学是我的娱乐,这便是我现在走的路。'我认为这篇文章的基本色彩是静谧与洁净,而这正是当年作者性情和人格的写照,体现了超然物外的情怀。我认为与其他游记作品一样,是愉悦自然、钟情飞鸟流云的文学。"学生如果对朱自清的生平与作品未认真阅读过,就不可能有这样的看法。

多元解读,求异思维用得恰当,学生阅读的深度与广度确实就大有长进。教学中不能企求学生的发现与认识都是正确的、无懈可击的,只要言之成理、持之有据,均可以鼓励。不完美的,片面的,乃至有差错的,只要积极引导就成,千万不能挫伤。

语言能力、思维能力双发展

把握语言的本质属性,对语言和思维之间不可分离的关系就有深刻的认识。思维是对外界事物的概括的、间接的反映,语言是思维的工具,思维是语言的内容,没有思维就不可能有语言。语言和思维分不开,语言是思维的固定形式。只有想清楚了才能说清楚;说话写文章没有条理,就是由于没有养成良好的思维习惯。学生要学好语文,提高语文能力,在思维方面应与语言一样进行扎扎实实的训练。

在现代社会从事语文教学,当然不能采用嚼烂了知识喂给学生的陈腐办法,要学生死记硬背;不能用"零售"的办法把"散装"的字词句篇送给学生,使他们难以捉摸。一定要引导学生动脑筋学习,一篇篇课文都是作者动了脑筋写出来的。如果忽略这一点,学生不注意语言与思维结合起来的训练,读,就有口无心,看,就浮光掠影,说,就不得要领,写,就内容干瘪,词不达意。思想上懒惰,思维不主动积极,对语言文字的理解与使用必然难以到位。在教学过程中,教师要根据教学目的要求善于选用恰当的钥匙,不断拧紧学生思维的"发条",使它转动起来,

"为什么?""怎么样?""有何根据?""理由何在?"引导学生对课文的内容、形式、语言等思考、辨别、分析、归纳,懂得形成结论的过程以及怎样去掌握结论。把语言和思维的训练放在同等重要的位置,使语言能力和思维能力双促进、双发展、双提高。

思维形态是多样的,我们常用的是形象思维和逻辑思维、发散思维和聚合思维、再现思维和创造思维等,在教学中均要培养,在不同的学年段,因教材的不同而确定不同的重点。训练的方式、途径多种多样,只要收到双发展的效果,教师可根据实际需要择善进行。

在无疑处生疑。课文有些词句,学生阅读时往往一晃而过,不觉得有问题,而这些地方往往又是理解课文的关键所在,或者是容易发生差错的。此时教师应故意设疑,激发学生思考。学《孔乙己》时,我故意问:"作品的主人公姓甚名谁?"学生一愣,有的笑了,说:"不知道,绰号叫孔乙己。"有的说:"文中说,'因为他姓孔,别人便从描红纸上的上大人孔乙己这半懂不懂的话里,替他取下一个绰号,叫做孔乙己'。"学生这一愣很有好处,想一想,再谈一谈,就不会误以为是真实姓名。不塞不流,不止不行,用问题堵一堵,塞一塞,思维就活跃起来。学生联想到阿Q、小D,并判断一个人活在世上,别人遗忘了他的真姓名,只知他的绰号,这就预示了他悲惨的命运。

抓住矛盾加以展示。对立的事物互相排斥,容易引起思考。无论是文章主旨、结构安排、细节描写等,只要抓住课文本身的矛盾,抓住学生理解课文的过程中产生的种种矛盾,就可激发学生积极思考。聂华苓的《人,又少了一个》中骨瘦如柴的女人明明活着,还"回过头来,冷笑了一声",还"漠然望了我一眼",怎么说"又少了一个"呢?挑起矛盾,让学生思想上碰撞,学生就能全神贯注地阅读课文,咀嚼词句,弄清楚究竟"少"了什么。人之为人,最为重要的是什么,又怎么会淡化了、消失了,纵横交错地思考,探讨文章蕴含的深意,对作者复杂的感情和内心深处的痛楚就能有所领悟。

创设辨疑、析疑的条件与气氛。思维从发现问题开始,但要不断深入进行,却有赖于分析问题、解决问题的逐步展开。引导学生围绕问题谈看法,摆见解,相互启发,寻找答案。教师不应越俎代庖,急于解答,丧失启迪学生思维的良机;也不能放任自流,说到哪里是哪里。任何问题,即使可多元解答,也总有一个"谱",一时下不了结论的,可存疑,挂在那儿,继续探讨。教育是有计划、有目的的活动,学生在探究的过程中须收到实际的效果。

辨疑、析疑可训练思维的敏捷性,培养学生发散性思维。如《藤野先生》一文描写清国留学生的丑态时,有"实在标致极了"的句子。为了让学生理解句子的含义,要求学生列举与"标致"相关的同义词、近义词、反义词,学生积极性高涨,举出美丽、漂亮、俊俏、婀娜、妩媚、潇洒、姣好、亮丽,北方的"帅"、上海的"嗲"、广东的"靓",以及丑陋、难看、俗不可耐等。发散以后再聚合。讨论句中的"标致"该怎样理解时,有的学生说:这里是说反话,"丑陋""难看"不足以表达作者的感情,应该是"恶心",词的前面附加"实在",词的后面还要加个"极",实在恶心到极点,要吐出来了,表现了作者对醉生梦死的清朝留学生极端厌恶的感情。学生在辨疑的过程中,不仅思维得到锻炼,而且对语言的识别能力大大加强。

辨疑、析疑时可往纵深发展,培养思维的深度,发展逻辑思维的能力。学习《记念刘和珍君》时,学生提出:"'我向来不惮以最坏的恶意来推测中国人的',前面又说,'有限的几个生命,在中国是不算什么的,至多,不过供无恶意的闲人以饭后的谈资,或者给有恶意的闲人作流言的种子',作者用了三个'恶意',似乎太多了。显然,它们的含义不一样,容易混淆,反倒不好。再说,'以最坏的恶意'来推测中国人也不应该,中国人不都是坏的。"问题是在把文章前后联系起来思考的基础上提出来的,有一定质量。学生首先就三个"恶意"发表意见,认为"有恶意""无恶意"的"恶意"是指坏心思、坏心眼,而"以最坏的恶意"的"恶意"是指最坏的设想、最坏的估计,并不是对中国人有恶意。"俯首甘为孺子牛"的人怎可能对所有中国人有恶意呢?显然,作者"推测"的"中国人"是指那些"下劣""凶残"到使他难以预料的反动派及其走狗,以此来揭露他们远比自己推测还要坏得多的嘴脸。如果改成"来推测有些中国人"似乎更准确,但文章味道就大不一样。这是气愤到极点、悲愤到极点喷出来的话,读者能看懂,能领会。教师鼓励这独特的看法,又引发了其他学生的思考。有学生认为,"向来不惮以最坏的恶意来推测中国人",是鲁迅思想的真实表露。他生活在旧营垒中,看到的丑恶现象太多,愚昧状况太多,包括妇女在内的人民群众,推测他们落后、软弱、冷漠、无知,而今,"三一八惨案"使他觉醒,"中国的女性临难竟能如是之从容",从这一点说,他有自责的意思;从另一角度看,他歌颂中国女子的勇毅和伟大。学生在艰巨的、不轻松的,有时是异常复杂甚至痛苦的思维过程中,概括、分析、判断、推理,思维得到了锻炼,语言强化了训练,感觉到自己的智慧力量,体验到创造的快乐,产生一种能驾驭知识的自豪感。

在辨疑、析疑过程中,要鼓励学生创新思维,培养思维的逆向性、创造性。求异思维能冲破习惯定势,经常有推测、假说、联想、想象等活动参与,创造出新颖的、不寻常的、耐人寻味的种种看法,有利于创造意识的培养。当然,在培养求异思维能力时,并不能忽视求同思维的锻炼。

语言、思维双发展,总要以语言文字为抓手,为依据,而不是拎空来讲思维。教师应是教会学生思考的人,课堂应是学习语言、使用语言文字、积极思考的王国。

让课堂精彩起来[1]

学习动机是推动学生学习的主观动力,学生有了强烈的学习动机,就会产生迫切的学习愿望,就能积极主动、想方设法克服学习中的困难,取得良好的学习效果。兴趣和动机密不可分。学习兴趣是学习动机的一个重要的心理成分,它是推动学生探求知识和获得能力的一种强烈的欲望。

两千多年前孔子就说过:"知之者不如好之者,好之者不如乐之者。"国外的许多教育家、心理学家对此也有专门的研究和论述。现代心理学之父皮亚杰指出:"所有智力方面的工作都要依赖于兴趣。"俄国教育家乌申斯基也认为:"没有任何兴趣被迫进行的学习会遏制学生掌握知识的意图。"生物学家达尔文在自传中也曾这样说:"就我记得我在学校时期的性格来说,其中对我后来发生影响的,就是我有了强烈而多样的兴趣,沉溺于自己感兴趣的东西,深喜了解任何复杂的问题和事物。"显然,人是有情感的动物,钟情于某个事物,就会有力量勇往直前,克服困难。学语文也是如此,注情于学习之中,学习当然也能生辉。

当下,对学习语文的态度与感情,大部分学生是"爱你真是不容易",淡漠,无所谓,乃至厌倦,已是见怪不怪。形成这种状况的原因错综复杂,有教育内部的,也有教育外部的,而语文教学本身似乎也应"反

---

[1] 本文发表于《中学语文教学参考》2005年第6期。

躬自省"。语文教学是母语教学,母语教学的困难大大超过理科和非母语教学。比如理科,每一章节的知识都是新的,各种数学公式、物理定理、化学分子式对学生而言都有陌生感;再如英语,新的句式,各种语法规律,既有常态又有变态,不是学生能够一目了然的。因此,这些学科的教学过程是学生从不懂到懂,从未知到知的过程,这个过程本身就会成为学习的动机,刺激学生的求知欲。学母语呢?即使是从未见到过的新课文,看一遍似乎全懂,认知没有障碍,似乎教与不教、学和不学一个样,因而学生较难产生学习母语的内驱动力,对母语教学持无动于衷的冷漠态度也就不难理解了。

要改变这种状况,当然要讲道理,增强学生学习语文的责任感,但仅仅晓之以理远远不够,还要动之以情,激发他们学习的主动性和积极性。晓之以理也好,动之以情也好,须聚焦在抓住学生的心理,把一堂课上得精彩纷呈。学生有求知的欲望、好奇的心理,置身于精彩的氛围之中,就会知之、好之、乐之,品评字词,鉴赏作品,遨游于祖国语言文字的海洋,升腾起热爱语文的感情。

怎样让课堂精彩起来?不同的视角可以有不同的做法、不同的论述,本文仅就课的起点、难点、重点讲述一二。

起 点 要 亮

一堂课并不是混沌一片,它是由若干教学环节组成。教师要善于从学生的学习实际出发,调动教材内容,安排讲练环节,有起有伏,有鲜明的教学节奏,促使学生大脑皮层产生兴奋。此时再进行学习投入,效果就比较理想。

课千万不能"温",不能"嘎巴",起始阶段就要精心设计,亮闪闪,吸引学生的注意力。俗话说,文章开头好就成功了一半。课也是如此。古人谈写诗作文的起句之妙处,均可移植过来。如明代谢榛说的"凡起句当如爆竹,骤响易彻",清代沈德潜说的"歌行起步,宜高唱而入,有'黄河落天走东海'之势",清代方东树说的"起句须庄重,峰势镇压含盖,得一篇体势"等,均可为教课所用。课的起点设计方法甚多,关键在着力激发学生学习某篇课文的兴趣,引发他们求知的欲望。常用的方法有:

1. 以旧引新

学生的生活经验、学习所得就是他们学习新知、锻炼能力的宝贵财富。课堂上有意识地经常让学生展示自己掌握的知识,学生就会有一种自豪感。在这个基础上引入新的学习课题、新的学习内容,他们就非常容易接受。如学《雨中登泰山》时这样安排:

"你们游览过祖国的名山大川吗?那奔腾咆哮、一泻千里的长江、黄河,那千姿百态、气势雄伟的三山五岳,孕育了我们中华民族的古老文明,一想到它们,民族自豪感就会涌上心头。请同学们说一说,自己游览过哪些山?又有谁游览过名山?"(学生纷纷举手述说:江西庐山,安徽九华山,山西五台山,江西井冈山,福建鼓山,青岛崂山,无锡锡山,苏州灵岩山,四川峨眉山……)"在所有的名山中,五岳为最。谁能准确地说出'五岳'?'五岳之长'又是哪座山?"(有学生答:东岳泰山,南岳衡山,西岳华山,北岳恒山,中岳嵩山。五岳之长学生说不准确,教师点明:五岳之长是巍巍泰山。泰山有拔地通天之势,擎天捧日之姿,历代多少文人墨客写诗撰文讴歌、赞美。杜甫的五言古诗《望岳》就是其中之一。学生学过,立刻高声背诵:"岱宗夫如何?齐鲁青未了。……会当凌绝顶,一览众山小。")"'一览众山小'的境界是令人神往的,只有登攀到'绝顶',才能领略那无限风光。今天学《雨中登泰山》,就请作者为向导,跟随他攀登高耸雄奇的泰山。"

课起始,学生调动自己的知识和经历积极投入,课堂里抹上了亮色。

2. 以新知激趣

求知是青年学生的天性,课的起始用学生不熟悉不掌握不了解的知识作为导入新课的引子,学生就会兴味盎然。当然,新知可以由教师引入,也可由学生在课外阅读中或网上查找。学生寻求新知,积极性高涨,易立即步入学习境地。如介绍《变色龙》作者契诃夫的小说创作特色,可用生动、形象的语言描述。

他创作的小说主题挖掘很深,而这深刻的主题思想是通过人物形象的塑造来表现的;主人公的典型性格特征为整篇作品的焦点,以此为核心安排场景、情节、细节,和配置不可少的其他人物,形成生动的形象体系。用他自己的话来说,"人在写小说的时候总是不由自主地先忙着搭好它的架子:从一群人物和半人物里只取出一个人物——妻子或者丈夫,把这人物放在背景上,专门描写他,使他突出,把其余人物随便撒在那背景上,像小铜币一样,结果就成了一种像天空的东西,中间是一个大月亮,四周是一群很小的星星"。这就概括了他短篇小说创作的一大特色。

他的创作技巧十分高超,高尔基赞扬他:"只需一个词就创造一个形象,只需一句话就可以创作一个短篇故事,而且是绝妙的短篇故事,它像螺钻钻入地下一样深入到生活的深处和实质中去。"

创作的形象体系,"大月亮""小星星""一个词就创造一个形象""一句话就可以创作一个短篇故事"等知识,学生从未接触过,有眼前一亮之感,因而,以新知引入,一下子就抓住了学生的心,学生沉入阅读之中,探究在《变色龙》中"大月亮"是何等样人,"小星星"又有哪些,起何作用。

3. 以直观演示吸引

数理化教学中有实物演示，以强化学生对事物的认识，语文教学同样也可采用这种方法。使用图画、实物、幻灯、模型、录音、录像、多媒体课件等教学手段，目的是通过视觉、听觉、触觉等途径让学生感知。课的起始恰当地运用，学生有新奇感，注意力被吸引了。

如《藤野先生》，据鲁迅自己说是"从记忆中抄出来"的，那么，什么时候"抄"的，又是"抄"什么时候的？课一开始，教师出示了两张照片请学生辨认。一张是周树人东渡日本，在日本留学时的照片，一张是鲁迅先生1926年在厦门大学任教时的照片。学生感到新鲜，注意力立即集中。课本注释该文选自散文集《朝花夕拾》，学生积极地加以诠释：早上开的花，傍晚捡起来，因而，该文是回忆性散文，是鲁迅先生在厦门大学任教时写的青年时代东渡日本留学的生活片断。

又如教《花儿为什么这样红》这篇说明文，为了激发学生对说明文的重视，认识说明事物的重要性，课起始教师不作任何解释，先请学生做一个小实验，讲台上放着试管、溶液、添加剂、搓揉的不同颜色的花，让学生搓揉出花汁，放在不同试管的溶液里，添加不同的试剂，呈现不同的颜色。操作的学生兴味盎然，观察的学生全神贯注，有的还不断提醒，不断出主意。在小实验的基础上，对照课文中相关的说明文字阅读思考，印象就深刻。

课的起点要亮，要激发学生学习语文的愿望，远不止上述几种方法。还可以检查预习，导入新课；开宗明义，明确学习目标；开拓想象，创设意境；激发感情，褒善贬恶；抓点拎线，条分缕析；紧扣课文个性，形成悬念；创设质疑的条件，让学生发现问题，引出求知的矛盾，触发解疑的积极性，等等。不管采用何种方法，目的只有一个，就是让学生在课间休息时涣散的情况迅速得到转变，精神振奋、兴味盎然地进入学习轨道。

亮点的"亮"不是摆噱头,搞低级趣味,搞轰动效应,而是要紧扣课文特征展开,离开了课文的内涵与外延,就是赘疣,对学习无促进与引领作用。

亮点的设计要从学生的实际出发。高中学生对浅表的、司空见惯的东西无兴趣;初中学生对艰深、偏僻的知识,就有丈二和尚摸不着头的感觉,不注意这些差别,很可能效果适得其反,因而要讲究适用性。

起点的亮、关键在有妙言妙语、妙人妙事,聚焦在点燃学生心中求知的火焰,如果拖拖拉拉,絮絮叨叨,占用较多教学时间,那就犯了本末倒置的毛病。亮点成了黑点,效果可想而知。

难 点 要 清

由于学生生活经验和阅读经验的局限,知识和能力有差异,学习课文必然会碰到这样那样的难题,教师要善于根据课文的实际和学生的实际来确定教学的难点。

指导学生阅读,相当程度是帮助他们化解难点,真正弄懂文章的语言,理解文章的含意,领悟写作的技能技巧,提高阅读能力,受到启发与感染。难点在不同的课文中呈现的方式不一样,有的偏重于文字的艰深,有的偏重于内容的复杂与深奥,有的偏重于表达的曲折与多变,有的对写作的具体背景鲜有了解。凡此种种,教师应根据教学目标的要求,确定教学的难点。

课千万不能"糊",尤其是阅读中的难点,既不能绕道走,也不能马虎从事,要在清楚、清晰上下功夫。

如《"友邦惊诧"论》距离学生的生活实际、思想实际比较远,文中有些语句难以理解,教师就要遵循认识规律和课文内容与形式统一的特点,从形式到内容,从内容到形式,由表及里,逐层认识,化解难点,提高阅读理解的能力。

文章第1段难度较大,不理清层次,难以理解驳论的妙笔。最表层是识字辨词:"束手无策"的"束"和"策"不能在"束"上混淆。前者封口,读 shù,后者"竹"下面是"朿",不封口,读 cè。"攒",聚集,读 cuán,不能与 zǎn 的读音、"储蓄"的含义混淆。第二层是多层次之间的内容,明确:(1)学生请愿是爱国行动,反侵略,反卖国;(2)学生请愿是迫不得已;(3)国民党政府掩盖血写的事实与罪行,极其卑劣地制造墨写的谎言。

在理解基本事实的基础上,再深入一层理解遣词造句在表达思想感情上的功能。可抓住以下几点咀嚼推敲:(1)文章开篇摆学生请愿的事实即可,为何说"只要略有知觉的人都知道"?"略有知觉"寓含什么深意,起什么作用?改为"略有知识"行不行?(说明无须慧眼,无须深入思考,以此来强调学生的爱国行动是不容歪曲的事实,清清楚楚,明明白白;这里的"知觉",指稍有人性,稍有爱国心的,不是"知识"有无问题;下笔带愤激之情,侧击大人老爷们知觉全无,爱国心丧尽。)(2)在揭露反动政府刽子手面目和卖国事实的同时,为什么要夹入读书的议论?是不是有点扯开?在语言表达上有何特点?(貌似扯开,实质上是更深刻的揭露,战斗锋芒直指欺骗学生安心读书的卖国政府。学生在国土沦丧、生命无保障的情况下,放下书包请愿是不得已,这种赤手空拳请求抗日已是"可怜之至",而反动政府竟疯狂镇压,横加罪名,其险恶用心可想而知。这儿插一段议论,戳穿了"安心读书"的骗术,伸张了正义,反衬出国民党政府的反动性,再加上用模拟的口吻写,反动政府降敌卖国的本质昭然若揭。在理解语言与内容的基础上,引导学生比较直接端出反动论点和从以事实和说理的反驳中引出反动论点写法的区别,认识用后者的方法树批驳的靶子,使论敌一开始就处于被动挨打的境地。)

对语言含量十分丰富的文句、段落,用一个个激发思考的小问题指导学生深入阅读,理清相关方面的人和事,把握语言表达的思想和感情,能锻炼学生的思维能力,尤其是辨析能力,帮助他们提高阅读质量。如若扫视一下,蜻蜓点水,对阅读水平的提高无济于事。

有些难点需用分解的方法,有的需前前后后综合起来思考。有些问题表面看来十分矛盾,难以理解,启发学生从整体上考虑,难点就迎刃而解。例如《装在套子里的人》是契诃夫最杰出的短篇小说之一,作者用讽刺手法塑造了一个保守、反动、扼杀一切新思想的"装在套子里的人"的典型形象。学生不解的是:别里科夫只是一名中学教希腊文的教员,怎么可能"全城都受着他的辖制",似乎言过其实。既然别里科夫能"辖制"全城,为什么他又那么胆小、怕事,那么一副可怜相呢?岂不矛盾?指导学生前后联系思考,放在特定的沙皇统治的背景上,咀嚼语言的意味,就可深入其中的内涵。反复阅读领会,就可明白:别里科夫把他的思想极力藏进一个套子里,而这思想的套子实际上是指沙皇统治阶级的思想和落后、保守、顽固的势力。他对政府法令心领神会,忠诚信奉。他的思想来自统治阶级,所以"辖制"着全城,实际上正说明沙皇思想统治的严密,全城受"辖制"。别里科夫这个典型人物与奥楚蔑洛夫不同,后者是19世纪80年代沙皇警察统治的奴仆,蛮横残暴,不可一世;前者是沙皇精神禁锢的工具,"像害怕瘟疫一样害怕新事物,害怕一切超出平凡庸俗的生活常规以外的东西",说到底是害怕不能符合沙皇统治的要求,因此,终日一副可怜相。事物的本质只有一个,不过从不同侧面加以反映罢了。

有些课文从字面上看几乎没什么困难,但要真正理解还有难处,教师适当指点,或组织讨论,学生会有豁然开朗的感觉。如《醉翁亭记》写欧阳修寄情山水的宴游之乐,文中竟然用了十个"乐"字,游玩乐,宴酣乐,禽鸟乐,山林乐,与民乐,著文乐,等等。作者到底在"乐"些什么呢?

真是无忧无虑、忘情山水吗？推敲"……然而禽鸟知山林之乐,而不知人之乐;人知从太守游而乐,而不知太守之乐其乐也",联系作者情况、写作背景,就可知由朝廷重臣被贬为滁州太守的欧阳修,怎么乐得起来呢？欧阳修励精图治,憧憬"乐民之乐"的政治理想,遭到诬陷排挤,确实不可能有忘情的欢乐,只是寄情山水,借酒寻乐,抒发不为世人理解的情怀。

课文的难点不一定是课文的重点。关系课文紧要处的难点须指导学生认真阅读,深入理解,有些难点按照教学目的的要求,学生不一定需掌握,也可暂时放一放,略去不作指导,如《游褒禅山记》与一般游记比,有很多不同之处。一般游记的记叙、描写、抒情最常见,该文记游部分轻描淡写,一掠而过,议论的话语却说得很多,把记游与论学结合起来。从游记来看,可谓之"变格",而"变格"又与作者所处的时代紧密相连。该文的个性特点又是教学的难点,但由于高一年级学生无须探究游记的变格,只要理解文章的内容、结构、语言特色就行,难点可舍弃不教。

重 点 要 热

教课要一清如水,必须有明确的目标,教学目标是驾驭课堂的主宰。然而,在教学实践过程中,繁杂的教学内容往往淹没了教学目标,使得教者事无巨细,完全被教材牵着鼻子走,或者被课堂里突如其来出现的问题所左右。

教学目标制订后,如何通过教学过程来实现,须周密考虑,精心设计。年级要求,整册教材,须心中有数,每一篇课文、每一堂课重点该突出什么,应有全面的安排,并且要由浅入深,循序渐进。教课最忌不分主次,面面俱到,学生好像学了,又好像没学,飘飘忽忽。要让学生学得扎实,学有成效,教师对教材必须做到"减头绪,削枝强干"。怎么削？

怎么强？又要根据学生的实际情况。同一篇课文不同的年级可确定不同的教学重点。如《谁是最可爱的人》可有三个重点：围绕主题选择典型事例，串联三个故事的语句在全文结构中所起的作用，记叙、议论、抒情等几种表达方法的综合运用。作为初中二年级教材，可确定第一个为重点，因为学生写作时大多数不会选材，不是空洞无物，就是材料堆砌。作为初三教材，放在新闻报道单元中，重点可确定为第三个，因学生已基本掌握围绕主题选材，而几种表达方式的综合运用有不少欠缺。至于第二个重点——过渡句在全文结构中的重要，学生有基础，一点就明，不必作为重点。

课文中重点部分的学习，课堂上要热气腾腾，高潮迭起。在课堂教学进程中，由于对教材深入理解的需要，教与学双方全身心投入，尤其是学生积极主动地进行脑力劳动，产生火花，产生智慧，学习能力就可得到充分的表现。

如《明湖居听书》，显然，白妞绝唱是教学的重点。白妞是怎么走到前台来的呢？一个问题吊起学生的浓郁兴趣，于是，有学生拿腔拿调，模仿观众的一席话："他的调门都是白妞教的，若比白妞，还不晓得差多远呢？""好玩耍的，谁不学他们的调儿呢？……只是顶多唱一两句可到黑妞的地步；若白妞的好处，从没一个人能及他的十分里的一分的。"

"这是蓄势！""这是衬托！""告诉大家此曲只应天上有！""对观众是极大的诱惑力……"学生被文中的推崇、评价感染了，不少学生脱口而出，说了上面一些话。

白妞的绝唱究竟到什么程度？我们怎么来感受？有学生出主意：一个人读，别人闭目想象。有学生认为：唱腔的千回百折应该在黑板上用线条来表现，边看边想。于是，朗读，品味，联想，想象，以自己的生活经验补充。唱腔如何像攀登泰山节节高起，接连有三四叠；又如何陡然一落,如飞蛇在黄山三十六峰半中腰里盘旋穿插,周匝数遍;又如何声音愈低愈细,渐渐听不见;又如何有一点声音从地底下发出,忽又扬起,像放东洋烟火,千百道五色火光,纵横散乱……学生边读边用线条高高低低、粗粗细细地表现,用视觉形象的展现描摹声音的形象,看得见,摸得着,领略到声音的无限风光。

"白妞唱是绝唱,但没有刘鹗的绝妙佳笔,绝唱就不可能留世。""妙在先以比喻具体描绘声音入耳的妙境,'像熨斗熨过''像吃了人参果''无一处不伏贴''无一个毛孔不畅快',夸张得可以,神了。""最妙在用通感手法具体描绘声音的千变万化,把抽象的声音通过视觉器官、心理感受写得具体、写得形象,不仅明湖居听书的人享受到,我们读文章的人也感受到白妞说唱的美妙。""你们注意到没有?作者描写白妞的眼睛就和描写绝唱一样,也特别传神。"有学生拿起书来大声朗读:"那双眼睛,如秋水,如寒星,如宝珠,如白水银里头养着两丸黑水银,左右一顾一看,连那坐在远远墙角子里的人,都觉得王小玉看见我了。"为什么要用这么多的比喻?"从不同角度刻画眼睛的美,眼睛的楚楚动人。'秋水'状其清澈,'寒星'状其闪光,'宝珠'状其晶莹,黑白水银状其明亮,顾盼有神。这个博喻用得好,美寓其中,令人有不尽的遐想。"……学生沉浸在美文、美音、美形之中,情不自禁地吐露自己的看法、自己的感受,有的甚至自失起来,手不自觉地画线条,陶醉于其中。

课堂上热气腾腾之时,也就是师生思想碰撞、语言交流的最佳境界,学生之间交流促进的最佳境界,课文内容和表达形式交融的最佳境界。评析、讨论、提问、解答,难以分清你与我,而是我中有你,你中有我,兴奋、追逐、欣喜、顿悟,求知中的欢乐、入宝库赏宝的情怀难以言表。

重点部分教学要能热起来,有几点不可少:一是要注意铺垫,情感的激越是一步步推上去的。例如学生积极投入欣赏白妞的说唱,首先就要感受一下明湖居这个大戏园子里的氛围。座无虚席,人满为患,这种期盼,这种氛围,学生能有所感觉,必然预想到台上出现的人物一定非比寻常,有迫切想了解的愿望。谁知台上出现的一个男人甚为丑陋,然而人丑艺高,抑扬顿挫,入耳动心,这就进一步引发学生探求的愿望。黑妞上场,歌喉似已到了叹为观止的地步,谁知又被观众一席话比下去了。文中环境烘托,弹弦艺人烘托,黑妞的绝唱烘托,观众评说的烘托,层层铺垫,形成了王小玉千呼万唤始出来的气势。教学时把握住作者布局的匠心,顺文章脉络一层层推进,提升学生要洞悉底细的情绪,热气腾腾求知局面的形成就顺理成章。二是教师要学会倾听,耐心听学生发表的看法,保护他们求知的积极性。最忌讳的是随意打断他们的话,充当越俎代庖的角色。三是善于引导。善于把学生看法中哪怕是一丁点儿正确的都要毫不遗漏地聚集起来,提炼出来,增强发言学生的自信力;善于适时适度地鼓励、表扬;善于你中有我、我中有你地激励。气氛宽松、和谐,学习气氛就升温,学习就处于十分兴奋的状态。

　　重点部分的教学,因教材的不同特点和学生的学习愿望,可采用多种多样的方法。如:可抓住关键词语重锤敲打,溅出耀眼的火花;可深情诵读,读出意味,读出气势,读出与作者融为一体的吐露心声的感情;可紧扣语言和写作技巧,谈个人阅读的独特感悟,交流碰撞,互促互补,呈现集体智慧;可用生动流畅的语言进行描述,开展联想与想象,让文中刻画的人、事、景、物栩栩如生地展现眼前,享受文学的魅力,等等。总之,要调动感觉器官和思维器官,用心想、用心说、用心看、用心听、用心写,达到有我又忘我的境地。重点部分学习的质量与能否调动学生已有知识与生活经验关系密切,与拓开视野,恰当地联系文学、艺术、历史、地理、哲学等有关知识也关系密切。因而,不断激励学生运用旧知,获取新知,激励学生课外广泛阅读,积累文化,也是教学中应有之事,平时要坚持不懈地做好。

课堂上要精彩起来,当然远不止抓课的起点、难点、重点,但抓好这三个环节,学生学习语文的积极性和主动性必有提高,学习的主人翁意识也会大大加强,语文能力的锻炼也就乐在其中。

课要追求"三动"的境界[①]

一名今年夏天考入复旦大学中文系的学生谈及中学语文课时说了这样一番发人深省的话:"语文课至少不能让学生厌烦,不能让学生一无所获。同样一个作者的文章,不同的教师教,对我的影响真可说是天壤之别。初中时学史铁生的《秋天的怀念》,这样一篇能感动学生的文章,老师做了一点客观的叙述,只说:'这是怀念母亲的记叙文,读后要弄清楚叙事要完整,有头有尾。'课就这样流失了,心中未留下半点痕迹。她是作为一个旁观者讲一讲、轻描淡写地讲一讲与己无关的事。高中学史铁生的《合欢树》,老师教得激动万分,甚至把自己的坎坷遭遇袒露在学生面前,用自己刻骨铭心的体验剖析史铁生的心灵倾诉,在大难临头、精神濒于崩溃的情况下,母亲是最无私最有力的支撑和抚慰。两年过去了,老师唏嘘的神情和文中一个个形象镌刻在我心里,我第一次认识了邻居的真挚情谊,我第一次感受到亲情的无私无价,'悲伤也成享受',那无言的悲痛常在我脑中萦绕。后来,我自己也去读了史铁生的《我与地坛》,只有一种平面的感觉,缺少了老师教《合欢树》的震撼。老师教课总要有点打动学生心灵的话啊!"

学生的语言很具体,也很实在。是对语文课的评价,是对语文课的怀念,也是对语文课的期盼。无个人好恶感情的纠缠,无丝毫功利色彩

[①] 本文发表于《中学语文教学参考》2005年第12期。

的阴影,是纯朴的,真诚的。谈到自己在语文课上受到的教育与感动,对老师充满了感激之情。由此,我联想到我们的语文课究竟应该追求怎样的境界,是雁过无声,还是感情搅动,留下不尽的思考？显然是后者。这究竟是怎样的一种境界呢？凸显语文课程工具性与人文性统一的基本特点,把语文教学的任务落到实处,课教得有情有义,有声有色。

动听：愉悦，快乐

教师授课常忽略"听"的环节。学生求知十分重要的是打开认识的窗户,善于用自己的眼睛摄入种种物象,提高观察的准确度、精密度；与此同时还要用耳听,听真切,无差错,抓要点,梳条理,既储存,又舍弃。学生锻炼和提高听的能力,在求知过程中与"视"同等重要。语文课上学生看文本,看黑板上的书写,看画面,听教师的讲述、引导,听多媒体中播放的种种音响,实现特定的求知目的。许多事例说明,听的能力强的学生,会听课的学生,求知的质量比不善听的要好得多。于是就有个听什么的问题须研究。与"看"一样,首先是教学内容的确定与选择,其次是怎样输送这些内容,怎样传送到学生的耳中,使学生有愉悦、快乐的感觉。学生有了这种感觉,对"听"产生兴趣,听的能力也会随着专心致志而日益提高。

教师怎样传递信息,诠释文本,怎样激发兴趣,引人入胜,都与教师的语言息息相关。语文课常见到这样的情况：有的是情趣横生,课堂气氛活跃,学生兴趣盎然；有的是平板乏味,课堂沉闷窒息,学生昏昏欲睡。课堂效果的好坏虽然受多种因素的影响,但教师的语言修养,运用语言的艺术,往往起特别重要的作用。"语言不是蜜,但是可以粘东西。"教师的语言应该有磁性的魔力,对学生有吸引力,牢牢吸住学生的思维,启发他们动脑动心,在求知的海洋中搏浪前进。

教师语言的底线是必须清楚明白,不含糊其词；通俗易懂,不佶屈聱牙。真正做到这一点,并非易事。课文中就某个问题开展讨论,学生中或各执一词,或正误纠缠,教师要立即判断,不能含含糊糊,闪闪烁烁。语言是否清楚明白,很大程度取决于思路是否清晰,是否符合逻辑。心里清楚,说出来才明白。对问题的认识、分析,要洞若观火,否则,就会东一榔头西一棒子,枝叶蔓生。说,就有"序"的问题,先说什么,后说什么;怎样开头,怎样过渡,怎样结尾;从哪些方面,哪些角度,按怎样的顺序排列,凡此种种,均须认真琢磨,训练自己思维的条理性。心明,言才明;思路井然有序,讲述就条分缕析。锻炼"心明",可以促使"言明"。

要教学生学懂、学会、会学,再深奥的知识教师也要善于用通俗的话讲出来。口头语言和书面语言有区别,前者作用于人的听觉,瞬息即逝,后者作用于人的视觉,读的人遇有艰深之处,可反复阅读,仔细咀嚼,思索理解。因而,口头语言较之书面语言来说,通俗易懂更为重要。教师诠释性语言很有讲究,如果只是照本宣科,照搬课本中的书面语言,从概念到概念,从抽象到抽象,就会失去口头讲析、评论的意义。语言能否通俗易懂,一是在"透"上下功夫,对教学内容的重点、难点了如指掌,懂得抓住哪个节骨眼儿一点就通。透彻理解,融会贯通,就能深入浅出,讲到精要处,说到点子上。二是有赖于遣词造句的能力。要善于用最常见、最鲜明、最易听懂的有关词语表达情意,深者浅之,难者易之,生僻的、易有歧义、易引起误解的少用或不用。长句要化短,繁句要化简,多用短句,少用复句。有人习惯于外来语的句式,让人听起来佶屈聱牙,苦不堪言。

语言要清楚明白,通俗易懂,还得注意清除语言中的杂质。要坚持讲普通话,力戒羼杂方言土语,更不能加不三不四的时尚语、网络语,夹两句外语卖弄;要避免啰唆,重复,"这个""那个"等口头禅。语言芜杂,拖泥带水,犹如良莠齐生,把该表达的思维感情淹没在莠草之中,大大降低表达效果。清除口语中的杂质,净化语言,努力做到吐字准确,声音响亮,语句完整,语言精练,"丰而不余一言,约而不失一词",学生听起来就愉快,接受起来就比较方便。

当前,教师语言要动听,激发学生求知的热情与愉悦有两点很重要:一是语言的文化含量,二是语言的人文关怀。

教师讲课所用的语言应该是加了工的口头语言,炼字炼句,有文化含量。教师如若说来说去就那几句话,用来用去就那些可怜的有限词语,语言干瘪枯燥,学生真是如同嚼蜡,提不起精神,感到厌烦。语文课应沉浸在语言美的氛围之中,让学生感受到语言表达情意的魅力。典范、优雅、深邃、隽永的文字固然是学生学习的楷模,而教师的语言,不仅是教学用语,在课堂上与学生交流思想、剖析作品、启发思考、撞击心灵的语言同样要讲究生动、优美,有文化含量,有文化品位,对学生起潜移默化的作用。

要使语言有文化含量,有几点须努力。

一是注意积累词语,掌握大量的词汇。汉语的词汇丰富如海洋,它反映了中华民族数千年的悠久的文化,又吸收了各民族与外来语中语言的精华。它反映客观事物、表现思想感情的精密度,同义词、近义词之间的细微差别,在世界上是罕见的。平时广为采撷,认真储存,教课时一旦需要就会源源涌入脑际。善于用同义词、近义词转换,善于运用成语、俗语、专业语,信手拈来,脱口而出,语言的风采就会大增。

二是掌握和运用各种修辞手法,注意句式的变化,增强语言的形象性。教师的语言戒单调重复,根据文本内容和教学情景需要,可绘声绘色,增加可听性。贴切的比喻能启发学生的联想与想象;精当的设问、反问能造成悬念,启发学生深究底里;气势流畅的排比能激发学生感情的波澜;适时的反复、强调能加深学生的印象。句式参差有致,听起来就自然和谐。

三是用心提炼，能抓住课文中的精髓、要害、关键，抓住文句、段落中的关节，切中肯綮，要言不烦，一语中的。挤去水分，显露语言的要义。语言有无文化含量是语言修养问题。苏霍姆林斯基曾这样说："教师的语言修养在极大的程度上决定着学生在课堂上脑力劳动的效率。我们深信，高度的语言修养是合理地利用时间的重要条件。"三尺讲台方寸地，教师语言发挥的作用往往能超越时空，在学生心中弹奏，经久不衰。语言的闪光来自思想的深邃，语言的激昂慷慨来自感情的激荡。不断地锻炼自己敏锐的目光和洞察事物的能力，不断地陶冶自己的道德情操，是提高语言修养，克服平淡无光的有效途径。

语言的人文关怀并不是只在"好""很好"的表扬层面上打转。首先，从思想深处真正承认学生是人，尊重每一个学生，尊重他们学习的权利，平等相待。"以学生为本"不是口号，每个教学行为都须体现。这一点真正做到了，那种教学中的冷淡，用语中的"这么简单，你怎么还不会"等挫伤学生自尊心、积极性的话就会烟消云散。其次，要转换位置，经常设身处地为学生着想。语文能力的提高确实不易，它与学习者的认识水平、文化基础、生活经历、周围环境、悟性等紧密相连，不良的读写习惯已经形成，要改变，更是需水磨的功夫。从理解、指点、帮助的角度交流沟通，学生就会感到亲切、温暖，增强学习的信心。再次是坚持正面疏导，既不可劈头盖脸地批评，也不可冷嘲热讽。即使阅读中或写作中产生这样那样的毛病，也要满腔热忱地分析、指导，让学生分清正误，辨别利弊，端正学习态度，掌握学习方法。师生之间要有情有义，有共同的目标。春风化雨，才能真正暖学生的心。语言的人文关怀不是是非不分，更不是夸大其词地捧学生，而是实事求是地培养与提高学生的语文能力、语文素养，心贴心地呵护，让语言的溪流滋润学生的心田，让他们喜爱语文、学好语文的愿望不断增强。

有一种误解，认为现在的语文教学主要是学生阅读、感悟、讨论，教师课上不说几句话，有什么值得考究的？提倡学生自主学习，不是不要或限制教师发挥作用。学生都能无师自通，要教师干什么？课堂上教师当讲则讲，不当讲当然不必赘言。教师讲述不仅是专业知识、文化底蕴、人格素质的表露，也是语言素养的检验。教师应该是语言运用的行家里手，课上得悦耳动听，学生遨游于母语的韵律之中，会感到学习母语的快乐与幸福。

动情：涟漪、波澜

白居易在《与元九书》中说"感人心者，莫先乎情""诗者：根情，苗言，华声，实义"。写诗作文，无非是以情感人，以理服人，而文学作品尤重以情感人。"情动于中而形于言。"在诗文中，有的直抒胸臆，有的借景借物抒情。总是"有必不可解之情，而后有必不可朽之诗"。教学生学语文，离不开"情"和"理"，而要以理服人，其中必渗有情感，以情为基础。

学生学习一篇篇课文，能在情感的世界泛起涟漪，或在动情之处掀起波澜，必已深入作品，与作者心灵感应，必能对语言的魅力体悟到一二。学生学习要达到这个程度，教师的积极引导、相机启发起相当大的作用。

作者写作是"情动而辞发"，教师读作品，自然应"披文以入情"。要进入作品，读懂作品，真正领悟作品中作者要表达的情和意，教师先要会读课文，读懂课文，身历课文描绘之境，倾听作者的心声，才不至于拿到课文就思想却步、情感枯竭。否则，教师就成了课文的"文外汉"，冷漠旁观，无半点热情。读课文，要像当代俄罗斯小说家尤·邦达列夫说的那样："一个人打开一本书，就是在仔细观察第二生活，就像在镜子深处，寻找自己的主角，寻找着自己思想的答案，不由自主地把别人的命运、别人的勇敢精神与自己个人的性格特点相比较,感到遗憾、怀疑、懊恼,他会哭,会笑,会同情和参与——这里就开始了书的影响。所有这些,按照列夫·托尔斯泰的说法,这就是'感情的传染'。一个不醉心于读书的人,就抛弃了第二现实和第二经验,因而,最终就缩短了自己生命的时日。"显然,阅读是心灵的浅唱低吟,是一种心力劳动。读课文,备课,走进去,进入角色,就会有情感的激荡,就会有独特的认识与体验。只有自己感动,才能感动别人。自己未从书中获得"感情的传染",又如何能"传染"给学生,让学生动情,受到感染?

总观各类课文,稍加思考,就可辨识与感受到它们呈现出或隐含着各种各样的感情。文章不是无情物,不是小情,就是大情,有个人之间的情谊、亲情、友情、景情、物情、乡土情,有祖国情、民族情、天下情,悲天悯人是爱满天下的情。只要是发自肺腑的真情,总能扣人心弦,给人以感染。而这些"情"又是通过语言文字,尤其是一些饱含深情的文字传送的,因而,对文字的推敲、咀嚼、感受就至关重要。

前面提到的《秋天的怀念》是史铁生在母亲离世后写成的,通篇浸满了怀念母亲的悲情。然而,仅是"怀念",又怎能装载得下作者钻心的痛苦?母亲离他而走了,生死两茫茫,才真正体会到母亲对自己博大无私的爱,体会到母亲在灾难降临儿子身上,无法抗争、无力拯救的揪心痛楚。"母亲扑过来抓住我的手,忍住哭声说:'咱娘儿俩在一块儿,好好儿活,好好儿活……'"这哪里仅仅是安慰、排解?制止儿子"狠命锤打"腿的动作?这是以生命相许,以炽热的慈母心支撑儿子活下去的勇气。"她昏迷前的最后一句话是:'我那个有病的儿子和我那个还未成年的女儿……'"生命的全部是为儿女付出,生命结束未了的心愿永远的遗憾仍然是未为儿女尽责。母爱的光辉永照人寰,读到这些文字,怎能不潸然泪下?作者写对母亲的怀念,不仅追忆母亲对自己的慈爱、宽容、体贴入微,笔端还处处流露自责的感情:无知、愧疚、愧恨,永远无法补偿与回报母亲对自己的深情。亲情无价，以教师之情激发学生之情，学生怎会不受到感情的传染？

　　有些课文不是直抒胸臆，而是采用了比较隐晦的表达思想感情的手法。尽管如此，稍加探究，仍然可以触摸到作者的动情之处，通过默读、朗读、品味、鉴赏等不同的教学手段，传送到学生心中，让学生有所体验。如散文诗《雪》，有一定的深度、难度，不可能对其主旨一眼见底。当时北京处于北洋军阀统治之下，鲁迅"总还想对于根深蒂固的所谓旧文明，施行袭击，令其动摇"（《两地书》），然而"因为那时难于直说，所以有时措辞就很含糊了"。（《野草》英文译本序）"难于直说的"是什么思想感情呢？不少作家、文人对此从不同角度作了种种评说，确实是"横看成岭侧成峰，远近高低各不同"，教师可引导学生思考、借鉴，开阔思路，学会探究。有些基本的思路、情感能有所体会，学生的感情世界也会受影响，起变化。

　　这首散文诗脉络十分清晰，从哪儿下笔，怎样收笔，中间怎样转换，一条线索清清楚楚。暖国的雨（引出）江南的雪→朔方的雪→死掉的雨，雨的精魂。简言之：雨→雪→雨。身处寒冷的北平，由朔方落雪的自然现象，回想到江南的温暖，一近一远，一实一虚，构成了鲜明的对比。江南的雪"滋润美艳"，笔调已饱含赞美的感情，从触觉和视觉角度描绘，精确传神。这样写还不足以表达心中的冲动，于是在"滋润美艳"词语的后面加上"之至"，似乎是尽善尽美，到了极点。紧接着揭示这种至美形象中蕴藏的令人振奋、令人向往的丰富内涵——"那是还在隐约着的青春的消息，是极壮健的处子的皮肤"，给人以追求美好、感受美好的无限希望。由江南的雪引出"冬花开在雪野中"的美景，色彩斑斓，景物错落有致，不仅调动视觉，也调动了听觉，仿佛听到了蜜蜂们"嗡嗡地闹着"。一切景语皆情语，作者笔下这番山花烂漫、生机盎然的美景，饱含着甜美的怀念，透露了向往春天的情意。冬花雪野已经够动人了，更动人的是孩子们塑雪罗汉的情景,七手八脚,共同创造,这种纯真无邪的欢乐双手可掬。美丽的江南雪景犹如一幅引人入胜的画,是作者倾注深情一笔笔勾画而成,从"滋润美艳"到"色彩斑斓",从"色彩斑斓"到"欢乐有趣",每添一彩笔,就加深对美好理想的追求和向往。追求美好理想的感情是高格调的情感,是人生奋然前行的重要支撑。学生进入饱含情感的文字之中,身历江南雪野的情境,会情不自禁地感受到春天的温暖与生活的快乐,胸中升腾起对美好事物的向往和追求。文中描绘的朔方的雪是另一番景象,这番景象同样是作者思想驰骋、感情浇铸而成。尽管有"孤独"之感,但要"奋飞",要战斗,雨的活泼流动的精魂不散。整首诗托义于物,用象征手法成功地表达了复杂的、"难于直说"的思想感情。"物"的特征把握,了解了写作的背景,作者"情"的踪迹就能体会,从而扣动自己的心弦。

情多种多样,有的诗文激昂慷慨,如岩浆喷发;有的如潺潺流水,叮叮咚咚。或悲,或喜,或憎,或爱,或同情,或怜悯,等等,教学时均要把握作品的本意,体会作者的感情,千万不能添油加醋,使作品走样。教学时不是为情而情,更不是虚情、浮情。否则,就是做戏给学生看,教学效果适得其反。《庄子·渔父》中早就说过,"不精不诚,不能感人,故强哭者虽悲不哀,强怒者虽严不威"。只有真情实感才能感动人。比如学杜甫的《茅屋为秋风所破歌》时,读到"安得广厦千万间,大庇天下寒士俱欢颜,风雨不动安如山!呜呼!何时眼前突兀见此屋,吾庐独破受冻死亦足!",怎能不心灵震撼,动情动颜!诗人已处于生存绝境,想的不是自己,而是"天下寒士",只要"天下寒士"得以安居庇护,自己冻死也心甘情愿,无比满足。这种舍己忘私、关心他人安危的仁爱之心、博大胸怀,不仅令利己者汗颜,更是对当今学生的精神哺育。教师自己真正为此而动情,就能以情激情,以情传情,丝丝缕缕牵动学生的情怀。

动心：思考，抉择

语文课既要善于让学生动情，感情激荡，又要善于让学生动心，在思想深处留下难以磨灭的印象。怎样才能留下深刻的印象？关键要千方百计引导学生学会思考。理想的阅读过程，应该是阅读的人将自己的全部智力，包括注意力、记忆力、思考力、想象力、创造力等组合在一起，同书本进行化合，产生增长知识、开阔视野、认识世界、感悟人生、完善人格的奇妙作用。其中，"思"最为重要。《孟子·告子上》说："思则得之，不思则不得也。"黑格尔曾在《美学》一书中指出："构成心灵的最内在的本质的东西正是思考。"其实，想象也是思考的产物，奇特的想象源于不落俗套的思考。不会思考的大脑是一片沙漠，只有荒凉，没有花朵，没有美感；善于思考的大脑是一片汪洋，浪花翻滚，船只穿行，珍珠、珊瑚，异彩纷呈，美不胜收。

教与学均需要激情，但激情并不等于真理，它需要积淀，需要净化、深化、浓化、凝化，深入事物的本质，因而，理性思维的锻炼必不可少。理性思维并不是什么神秘玄妙的东西，它是一种依据客观事物之间的内在联系，把事物加以整理、分析和概括，从而更深刻地认识事物的能力。语文课就其本质而言，就是要让学生看到、悟到、感受到他自己个体阅读时看不到、悟不到、感不到的东西，包括文与质两个方面。如果教师的"教"和学生个人的"学"在一个平面上移动，课必然让学生感到寡然无味，课上不上没有什么区别。因而，课须在启发学生"发现"上下功夫，思考围绕着问题而发生，要让学生在看似无疑处产生疑问，学就深入了一步。学生脑中问题萦绕时，要引导学生分析、比较、讨论、交流，做到"疑义相与析"。读课文，分析是不可少的能力。正如朱熹所说："学者初看文字，只见得个浑沦物事，久久看作三两片，以至于十数片，方是长进。"混沌一片是学不好语文的，整体感悟应建立在对每个部分、部分与部分之间的联系与区别的了如指掌的基础之上。对局部的个性特征认识得准确、深入，整体感悟就能上层次、上台阶，有独特的见解与体会，这又是综合能力的体现和检验。

要引导学生对文本有所发现，经分析、综合，解开问题的奥秘，在心中留下痕迹，教师自己就要善于发现，善于分析综合，有解读和挖掘文本的本领。课扎扎实实，还是浮游无根，与教师业务功底、解读本领紧密联系。也就是说，要动学生的心，首先自己在阅读文本时要真正动心，在思考上下一番功夫。比如周国平的《生命本来没有名字》，从一名穷城僻镇的女孩写给他的一封信说起，阐明了一个须直面正视的十分严峻的问题——生命的本色是什么。身居尘世，终日喧嚣，我们有时连最基本的道理都糊涂了，懵懂得非常可笑而不自知。读了此文，突然心惊，有醍醐灌顶的感觉。别的且不说，就说下面这段文字：

"生命本来没有名字"——这话说得多么好！我们降生到世上，有谁是带着名字来的？又有谁是带着头衔、职位、身份、财产等来的？可是，随着我们长大，越来越深地沉溺于俗务琐事，已经很少有人能记起这个最单纯的事实了。我们彼此以名字相见，名字又与头衔、身份、财产之类相连，结果，在这些寄生物的缠绕之下，生命本身隐匿了，甚至萎缩了。无论对己对人，生命的感觉都日趋麻痹。多数时候，我们只是作为一个称谓活在世上。即使是朝夕相处的伴侣也难得以生命的本然状态相待，更多的是一种伦常和习惯。浩瀚宇宙间，也许只有我们的星球开出了生命的花朵，可是，在这个幸运的星球上，比比皆是利益的交换，身份的较量，财产的争夺，最罕见的偏偏是生命与生命的相遇。仔细想想，我们是怎样地本末倒置，因小失大，辜负了造化的宠爱。

这是何等精彩、深刻的生命教育篇章，令人振聋发聩。与每个人，不论年龄、性别，不论职业、职务，均息息相关，无一能回避、逃脱。仅从这一段中就可发现不少大大小小从观点到文字须凝神深思的问题。为什么"很少有人能记起这个最单纯的事实"?"生命的本然状态"是怎样?"比比皆是"的"交换""较量""争夺"和生命是怎样的关系?"生命与生命的相遇"应是怎样的状态?怎样才不"辜负了造化的宠爱"?可以提出一连串问题激发学生思考的热情,寻根究底地觅求解答。在觅求解答的过程中咬文嚼字,联系实际,分析判断,作出抉择。珍爱生命,尊重生命,平等相待,生命的价值与意义,这些做人的根本性的问题绝不是空洞的口号,而是要靠学生在求知中在生活中领悟。读书可以明智,学生学语文,读课文,思考、抉择,就是明智的有效举措,在学习语文知识、提高语文能力的同时,价值取向也受到教育。

有些课文的内容切中时弊,锋芒毕露,引导学生学习,思辨的能力就非常重要。正误、褒贬、现象本质、整体局部、主流非主流等,均要通过对语言文字的推敲、理解,准确地把握。只有仔细辨别,准确把握,思维才能得到锻炼,作出正确的抉择。例如《如果优美的文字离我们而去》这首诗情感浓烈,给人以强烈的冲击波。对文学大师们优美的文字——屈原的恣肆,李白的潇洒,杜甫的沉郁,但丁的深邃,列夫·托尔斯泰的浩瀚,雨果的雄奇……正遭受没有灵魂的时尚文笔的冲击,渐渐远离我们,作者痛心疾首,针砭时下的浮华,呼唤文学应有的真诚和诗意;运用多种修辞手法、艺术技巧、繁复凝重的意象抒发忧心如焚的沉重忧思。读此诗,在受强烈感染的同时须沉思须判断须抉择。"优美的文字"曾给我们怎样的影响?"优美的文字"渐渐"离我们而去"的原因何在?是作者吗?是读者吗?只是简单的谁之错?谁负责任?还是有众多的复杂因素?你能说出哪些因素?面对这种现象,你应该怎样做?为什么要这样做?在做的过程中会碰到哪些困难,哪些障碍,打算怎样解决……举出这一连串问题不在于要学生做书面答卷,而是要他们脑海里翻腾,择其要思考、判断、做决断,在心中留下深深的痕迹。有些痕迹甚至会刻骨铭心,影响自己一辈子。

　　动听、动情、动心并不是教师唱独角戏,师生互动,各尽其责,才能实现"三动"的境界。这种境界不可能一蹴而就,有个逐渐攀登的过程,需要的是热情,是毅力,是不懈的追求。

点评是手段　目的是提高[①]

如今,中小幼教师全员培训的方式之一是观课、评课,这是聚焦课堂教学,培养教师队伍的一种有效方式。通过网络视频,每名教师既是观者,又是评者,只要认真对待,处理得当,必能从中受到启迪,获得提高。

一、对评课的建议

评课须详。评课不是简单地下判断——好、中、差,更不是拘泥于在表格上打多少分。评课是一种学习,一种导向,一种培养,一种激励。它不是就事论事,用线性思维来论是论非,而是要站在理论和实践结合的高度,从教育学、心理学、学科专业理论、学生发展水平等不同角度审视教学理念、教学行为、教学效果,把握整体,推敲局部,品评细部。评论要探讨底细,形成浓郁的研究气氛。评者对所听之课持肯定态度,说"好""比较好",那就须分析好在哪里,为什么好,言之有理,言之有据。对于指出的不足、缺陷乃至错误,须说明原因,剖析影响,更重要的是阐明改进的方向、内容和方法。评者说,授课者说,其他观课的教师也说,

---

[①] 本文发表于《现代教学》2007年第C1期。客观、公正、科学地评价课堂教学,对探讨课堂教学规律、提高课堂教学效率、促进学生全面发展、促进教师专业成长、深化课程改革有着十分重要的意义。作者在本文中提出——"评课是手段,目的是执教教师和评课教师双提高"的观点。

在众说纷纭中择其善者而从之。

评课,坚持一个带几个。几名教师观完一节课后,共同参与点评、讨论。评,要讲究质量。平平淡淡,无独特看法,无精彩发现,就是走过场,起不到培养、激励的作用。评,就要评得执教教师心里热乎乎,眼睛发亮,心中升腾起提高课堂教学质量、追求理想教学境界的强烈愿望;评得参与观课与评论的教师有茅塞顿开、豁然开朗、举一反三的快乐。这样的评课,教师觉得有劲、有味、有提高、有奔头,在心中留下或高兴或得意或震动或遗憾的痕迹,在教学实践中不知不觉获得了发展,一步步走向成熟。

对评课者而言,评课也是一种学问。校长不可能精通所有学科业务,但必须对一两个学科比较通晓,有一定的发言权。另外,学科教学有许多共性,只要肯钻研,对课程论、教学论、学生求知规律具备一定的认识基础,也就具备了发言权。评课组织教师评论,就是组织教育理念、教学内容与方法的学习,就是锻炼分析、综合、判断的能力,锻炼形象思维、逻辑思维、创新思维的能力,是具体可行的、扎扎实实的教学研究。这种研究,不是名词术语炫人耳目,不是贴标签,而是活的教育学的学习与运用,站在教书育人的高度,奉行理论联系实际的原则。

评课不一定要面面俱到,可突出重点,兼顾一般。对当前教学中一些倾向性的问题可多作一点探讨。作为教学目标,常见的倾向性问题是:目标或多而杂,或高而空,实践时与教学内容脱节,难以达成;三维目标的融合或勉强,或残缺。学生在课堂上要真正学有所得,目标的制订最为重要。它必须从教材的个性特点出发,从学生实际水平与身心需要出发,离开了胸中有书,目中有人,目标就浮游无根,成为纸上谈兵。教学内容取舍详略的处理往往影响教学目标的实现。根据教学目标取舍教学内容,重点突出,难点化解,详略得当,线条清晰,教学目标就比较容易达成。

比如教学内容问题，最常见的是糊成一片。这也重要，那也重要，执教教师舍不得割爱，或者是轻重不分，乃至轻重倒置。究其原因，往往对教材中写什么、怎么写停留在浅层次上的理解，知识钻研得不准不深，因而，教什么就会出现胡子眉毛一把抓。只有把握内容框架结构，精心剪裁，重点才能凸显。

再如教学行为问题，它贯穿于教学的全过程。常见的毛病是重方法轻内涵，为讨论而讨论，为多媒体而多媒体，看似热热闹闹，实则空洞不到位。在课程教材教法改革中做种种探索，是教学热情高涨的表现，无可非议；在探索中出现这样那样的不足，也是可以理解的。但必须牢记：崇尚本色，反对包装。课堂教学最为重要的是充分调动学生学习的主动性、积极性，指导学生学会，进而会学。学有兴趣，学有所得，学有方向，学有方法。这是课堂教学的本色、本质。教学方法毕竟是第二位的，方法为达成目的服务。在课堂教学实践中，学生学习习惯、学习方法的培养仍是薄弱环节，情感态度价值观与知识能力的有机整合意识还不强，典型的精彩例子还不多。这些均须深入研究，精心创造。教学行为表现于一个个教学环节之中，是教学目标达成、教学内容落实的必然途径，是师生共同努力的以教材为依据的生动活泼、多姿多彩的大文章，可探讨研究的方方面面很多。评论一堂课，应举其要，深入开掘，执教教师才会真正获得启迪。

二、具体的评课方法

以下是我们名师培养基地观课、评课的要求：

1. 仔细观看录像课，心中有整体印象。

2. 评课不是跟着自己的感觉走，心中须有标尺。评语文课，标尺就是《上海市中小学语文课程标准》（试行稿）。

3. 评课不是只就教师的教论高低，而是要综合思考教师、学生、教材三要素在特定教学环境中的科学把握和艺术处理。

4. 评课可以从教学目标、教学内容、教学行为、教学效果以及教师素养等多个角度评析,教学行为在教学全过程中体现,包括从启发引导到师生互动,到信息技术整合、三维目标的融合落实等诸多方面。分角度是为了深入思考,不是支离破碎,各不相干。一堂课是一个整体,应重视实事求是的总体评价;评价打分是一种做法,但更重要的是质的分析,对数字的崇拜是社会科学中的一条险途。对于教育的功能以及其对人的影响,除了量的指标,更需要进行深刻的质的分析。真正地进行课的质的分析,就步入了教学规律、求知规律的深处。教师认识提升,思想开窍,领悟到育人的真谛。

根据我们听课、评课的实践,课要有所选择,数量不等于质量。一般化的平平的课,评课教师不易有较大提高。选几节有代表性的有倾向性的加以评论,从教育理念的明确、教学内容的确定,到教学过程的安排、教学效果的测定以及教师素养的提升,展开较为深入的研究,就能切切实实地提高教师的水平。

总之,评课是手段,目的是执教教师和评课教师双提高。

珍视教学语言的价值[①]

当前,探讨语文课堂教学质量与效率诸多问题时,常见于语文报刊的有文本解读、学生内在需求、教学内容的预设与生成、教学方法的传承与创新、教学效果的测试与评价等文章,林林总总,不一而足。唯独教师的语言修养、教师教学语言的讨论涉及甚少,虽不能说完全缺失,但确实未受到应有的重视。

不被重视的原因很多,认识进入误区恐为原因之一。有些教师认为,课程改革学生是学习的主体,教师讲授已在课堂上"退位",以教师为中心的课堂教学已成为历史。既然讲授不重要,教学语言也就不必考究。还有的认为,课堂上主要是学生讨论、交流,教师不过提提问题,过渡过渡、衔接衔接,怎么表达,关系不大。也有的认为,多媒体已解决问题,真要说大段的话,制作PPT即可,既便捷,又省心。教师的"说"被信息工具代替是发展的必然趋势;先进技术是进步的表现,又何必拘泥于教学语言的使用。诸如此类似是而非的看法对认识与探讨教师教学语言的价值有所障碍。

[①] 本文发表于《中学语文教学参考》2009年第5期。有感于教师教学语言贫乏而又没有引起足够的重视,作者于2009年在《中学语文教学参考》上连续刊发七篇文章,呼吁教师"珍视教学语言的价值",提高教学效果。在作者看来,"教学语言"具有"教育性、情感性、审美性、和谐性、榜样性、启发性"等诸多价值。"珍视教学语言的功能与价值"是"提高教师语言修养的必须,提高语文课堂教学质量与效果的必须,帮助学生全面提高语文素养的必须"。

众所周知,教师对学生的教育离不开言教与身教。身教具有榜样的力量,言教具有感人的魅力。且不说前者对学生成长的重要作用,仅是言教,无论是晓之以理,动之以情,导之以行,在课堂教学中,在学生成长中,都发挥着任何工具也不能替代的特殊作用。一名教师在课堂上要想开启学生的智慧,打动学生的心灵,点燃学生求知的火焰,主要手段是语言,是清新的、优美的、火热的、丰腴的语言。语言不是蜜,但可以粘东西。优秀的教学语言能激发学生旺盛的求知欲,牢牢粘住学生的注意力,引导他们在求知的海洋中扬帆远航,获得学习的快乐。

无数教育先贤在这方面为我们做出了榜样。

那是1942年早春,在一座破饭厅翻改成的大教室里,在昏暗的灯光下,大教室里坐满了人。闻一多飘着美髯,披着灰旧的长衫,走上讲坛。人声鼎沸的教室顿时完全安静下来,静得连门外最轻的脚步声也能清晰听到。闻一多的声音响起,听的人全神贯注,不知不觉被引到一个富于遐想的情境:

黄昏时分。从四面八方辐辏而来的鼓声,近了,更近了,十分近了。"神光"照得天边通亮。满坛香烟缭绕。

男女群巫,和他们所役使的飞禽走兽以及各种水族,侍立在两旁。

楚王左带玉珥剑,右带环佩,率领文武百官,在庄严的乐声中,鱼贯而出,排列在祭坛下。

坛右角上,歌声从以屈大夫为领班的歌队中泛起。

……

讲坛上好像歌唱一样的声音在大教室里回荡,听者在昏暗的灯光下几乎很难分辨是闻一多还是屈原大夫。讲者与听者的心似乎融成一片,两千多年前的屈原的《九歌》,由于教者用诗意语言创造的神奇诗境而活跃在现代人的心中。课终止了,可情境未消失,音乐般的语言还在听者脑海里激荡。这是何等令人神往的课堂教学情境!美妙的语言轻轻地轻轻地拨动听者心弦,激发听者神思飞越,沉醉于求知的欢乐之中。课堂教学进入如此的忘我境界,正是我们今日课程改革所追求的。学生真正进入自主学习状态,想学、爱学、乐学,语文素养必能有效提升。课堂教学精彩纷呈,授课者的文化修养、学术修养当然是必备基础,但教学语言的作用功不可没。

早在 17 世纪,捷克教育家夸美纽斯在《大教学论》中就提到教师语言的重要。他认为教师语言应是一种教学艺术,"教育人是艺术中的艺术,因为人是一切生物之中最复杂、最神秘的",因此,教育人使用的语言,应当是艺术的语言。在学校里,课堂教学是教育学生的主阵地,教学语言是实施教学工作最基本、最直接的手段,理应讲究质量,讲究品位,讲究艺术。应言之有物、言之有理、言之有序、言之有情、言之有文,悦耳动听,如潺潺溪流、叮咚泉水,伴随着知识传授、能力培养、情感熏陶渗入学生心田,滋养学生成长。

教学语言犹如万能钥匙,功能齐全。只要执教者珍视它,有效地使用它,课堂里学生就会聚精会神,思维活跃,听到精辟精妙处,会情不自禁欢呼雀跃。这种浓郁的求知气氛、求知欢乐,单凭无生命的信息工具是无法创造的。

且不说教学语言创造的教育性价值、情感性价值、审美性价值、和谐性价值、榜样性价值等,仅是启发性价值就够认真研究的。施教之功在于启发引导,点拨开窍。教学过程是个脑力劳动过程,师生共同参与、相互作用,教师的启发引导直接影响着教学质量的高下。启发引导相当程度依靠教师的教学语言。教育家苏霍姆林斯基曾十分明确地指出:"教师的语言素养在极大程度上决定着学生在课堂上的脑力劳动效率。""决定着",而且是"极大程度""决定着",可见教师教学语言在学生动脑学习中的重要性。比如,启发学生学习课文的愿望,不同的教学语言效果就迥然有异。

教学语言之一:

今天学习鲁迅的作品《孔乙己》。这篇小说写于1918年冬,发表于1919年4月的《新青年》,后收入短篇小说集《呐喊》,同学们要认真学。

教学语言之二:

今天我们学习课文《孔乙己》。鲁迅写这篇小说是1918年冬,1919年4月发表于《新青年》杂志,后收入短篇小说集《呐喊》。

据我所知,凡读过鲁迅小说的人,几乎没有不知道《孔乙己》的。凡读过《孔乙己》的人,无不在心中留下这个遭受社会凉薄的苦人儿的形象。鲁迅先生自己也说过,在他创作的短篇小说中,最喜欢《孔乙己》。他为什么最喜欢《孔乙己》呢?孔乙己究竟是一个怎样的艺术形象?鲁迅先生是怎样运用鬼斧神工之笔来精心塑造这个形象的?学习本文之后就可得到明确的回答。

有人说,古希腊索福克勒斯的悲剧是命运的悲剧,莎士比亚悲剧是主人公性格的悲剧,而易卜生的悲剧是社会问题的悲剧。从某种意义上讲,是有道理的。那么,孔乙己的悲剧是什么样的悲剧呢?悲剧,往往令人泪下,然而,读了孔乙己的悲剧,眼泪往往向肚里流,心里隐隐作痛。这又是为什么呢?学习之后我们可得到答案。

这篇短篇小说情深、意深、含蓄、深沉,认真阅读,积极思索,方能领会。

二者比较，可以清晰地看到：前者用简明的教学语言传授知识，但启发性不及后者强。后者在传授与课文有关知识的同时，开阔了学生的视野，更重要的是激起他们思维的浪花，增强了他们学习的愿望。制造的第一个悬念是启发学生学习要聚焦在孔乙己艺术形象的塑造上，第二个悬念是启发学生要探究作品的意义。带着问题寻求解答去学习，积极性就会被充分调动。

整节课的过程应是循循善诱的过程，师生心灵沟通靠的是教学语言这个桥梁。教学语言大多数收到的是教学的即时效应，但不少言简意赅、言简意深的精辟语言常常会影响学生人生的走向、处世的准则、学识的追求，产生长期效应，乃至影响终生。

珍视教学语言的功能与价值，精心锤炼教学语言，不是权宜之计，而是提高教师语言修养的必须，提高语文课堂教学质量与效率的必须，帮助学生全面提高语文素养的必须，应认真对待，不可小视。

正确规范是底线[1]

教师的教学语言不同于其他行业的职业语言,它是教师从事课堂教学的工作用语,有其特殊性。教师的工作对象是朝气蓬勃的学生,面对渴望求知、善于吸收的他们,教师语言的质量有意无意都会起到潜移默化的作用。无论是传授知识,启发引导,还是组织讨论,解答疑难,教师在课堂上呈现的往往是声、义、情、形相结合的整体形象,不仅发挥着"言教"的功能,实质上也在"身教",影响着学生,熏陶感染着学生。为此,教学语言必须正确、规范,这是应该牢牢把握的底线。

现实状况是课堂教学语言的随意性并不少见,包括在一些公开课、"观摩课""示范课"中。如:

"你真正非常非常不了起,大家为他鼓掌。"

"哇噻,太棒了,哇噻!"

"OK,对,OK。"

"现在第一小组与第二小组PK一下。"

"庄子的文章有趣,庄子是古代八大笑星之一。"

"你们阅读后,说说看《背影》中父亲的'招牌'动作是什么,'招牌'表情是什么。"

---

[1] 本文发表于《中学语文教学参考》2009年第6期。

"娘以指叩门扉曰：'儿寒乎？欲食乎？……余泣，妪亦泣。'体会一下母对儿的感情……哦，回答不出，同学们没有丧母的体会……"

凡此种种，不胜枚举。

这类教学用语的出现有多种多样的原因，而社会上语言的失范折射到学校中，是重要原因之一。

一种是语言的膨胀症。说大话，夸大其词，以求博得轰动效应。学生回答问题，发表看法，正确的应该肯定，应该鼓励。如果学习能力强的学生回答，肯定即可；如果学习有困难的学生作出正确解答，可鼓励可表扬，但也要实事求是。合适的才最有教育性，脱离实际的夸大，效果适得其反。如果学生听这些话习以为常，小事用大词，平常事用高端词，下笔也就大话连篇。

上课不是嘉年华，不是狂欢节。课堂是学生求知的场所，是认真严肃的地方，不能让娱乐圈里的语言畅行无阻地进入课堂，成为教学用语。尽管有时会赢得学生粲然一笑，气氛活跃，但这种语言的夹杂、情调的低俗与教育学生正确理解和使用祖国语言文字的宗旨相左，给学习语言带来负面影响。

课堂教学应该有时代活水，激发学生学习兴趣，激发学生感奋，使其更主动积极地投入语文学习之中。追求时尚，把不恰当的时尚语言贴到教学用语里，并不能与时代活水等同起来。"笑星"也罢，"招牌"也罢，原本可能想幽默一下，调侃一下，吸引学生注意，但忘却了求知的场合，忽略了教学语言的规范要求，不伦不类，陷入了令人啼笑皆非的滑稽境地。

教学用语的正确规范还在于目中有学生，出口的语言时时处处都要从学生的实际出发，设身处地从学生的角度着想，千万不能对学生有丝毫的伤害。解读课文时要求学生从文句的表达中体会寓含的情和意,应该是很平常的事,但怎样引导学生体会,从什么角度引导,如果引导不当,该怎样扭转,用什么语言,都须认真考虑,而不是随口说说。十六七岁的学生,要他们具体体验母亲对子女的关爱浓情是有难度的,如果让他们回想一下自己幼时啼哭,母亲对自己的关心疼爱,解读的效果就会不一样。绝不该出现这样的话:"同学们没有丧母的体会。"如此教学语言是极大的荒谬。归有光有丧母之痛,表达得情真意切,不等于只有丧母之人才能读懂,才能领会。未经思考信口说来,无意间就伤害了学生,这是万万不行的。

不正确、不规范的教学用语仅此就可见一斑。

教师必须用标准或比较标准的普通话表达。《中华人民共和国宪法》第十九条明文规定"国家推广全国通用的普通话"。中小学是推广普通话的重要阵地,普通话应是中小学的校园语言。承担基础教育重任的中小学教师理应以讲普通话为己任,语文教师更是责无旁贷。因而,课堂教学用语须讲规范的普通话,力戒夹杂外语和某些时髦的词语、流行的句子,夹杂方言土语,以提高语言的纯净度。

教学语言传授知识,沟通信息,要真实、准确、简明、规范。语言学家罗常培、吕叔湘在《现代汉语规范问题》中指出:"语言的'规范'指的是某一语言在语音、词汇、语法各方面的标准。""共同的语言和规范化的语言是不可分割的,没有一定的规范就不可能做到真正的共同。"课堂教学中,师生频繁地交流,教师的语言要能拨动学生的心弦,启发他们思维,就必须有"真正的共同",在"规范"上下功夫。

教学语言的规范一是受到教学内容的制约。比如教学生学议论文,那就离不开论点、论据、论证。教师对文中呈现的概念、判断、推理的过程要深入钻研,准确把握,这是口头表达的基础。如果对文本书面语言理解得肤浅,若明若暗,教师的教学语言必深受影响。二是教师讲授这些知识时,须用普通话规范自己的表达,力求做到声音清晰响亮,用词准确、贴切,语句符合语法规则,推理符合逻辑,修辞恰到好处,对学生的认知起积极引领的作用。吐字含糊不清,说话模棱两可,词句混乱,东拉西扯,杂乱无章,学生听课就会云里雾里,教学效果可想而知。

教学语言的规范来自思想的清晰和词语积累的丰富、语法及逻辑规则的熟练把握。言为心声,语言是思想的直接现实。对文本中涉及的人、事、景、物认识不清,判断不准,思维纠缠,表达必然东一榔头西一棒子,漏洞百出。词汇的贫乏,不仅使语言干瘪无味,而且容易乱贴标签,用词不当。对词语表达情意的细微之处缺少辨别,就会出现褒贬不分、大词小用或小词大用等状况。教师的语言须完整,一句一句地说清楚,不能没头没脑,也不能缺胳膊少腿。不该省略处乱省,语言残缺,不能达意。讲述的教学内容比较复杂,那就要一层一层把意思说清楚,不能胡子连着辫子,让学生脑子里一片混乱。不良的口头禅,如"呀""这个,这个""嗯""唉"等,也是语言规范的障碍,须大力清除。此外,训练思维的敏捷性,也有利于这种语病的纠正。

教师语言正确、规范,是学生学习语言的鲜活榜样,长时间耳濡目染,学生必深受其益。

清晰动听易入耳[①]

教师的语言如钥匙,能打开学生心灵之门,把知识的种子、做人的"规矩"播撒入内,让他们品尝求知的快乐。教学语言如果清晰响亮,动听入耳,情趣横生,学生就精神振奋,学习愉悦,印象深刻;如果模糊不清,语调呆板,干瘪无味,学生就会昏昏欲睡,教学有效性将大打折扣。

教学语言清晰动听应该是教师进行课堂教学的基本要求,然而,真正做到这一点并非易事。要把特定的教学内容一句句传递到课堂的每个角落,传送到每个学生的耳中,产生良好的反应,激起师生的心灵共振,那就不仅是语言的技能技巧,而且牵涉文本解读的深度广度、文化积淀和思维品质。教学语言的质量高下实质上是专业水平、语言素养和教学能力的综合反映。

语言的清晰在语音、语速、语调等方面均有要求。说出来的话,声音稍纵即逝,因而,一说出来就是最终的形式,不像书面语那样可以字斟句酌,反复推敲,错了划掉重来。它要求一次就准确。语言的高低要适度。尽管每个人声带的长短、厚薄、松紧度不同,形成声音的频率有差别,但教师要善于控制,频率太高,形成刺耳的噪声,学生就会如芒刺在背;反之,太低,嗡嗡闷声,学生听不清楚。语音的强弱要适度。发出的音波振幅大,语音就强,振幅小,语音就弱。"高八度"的吼叫,有气无

[①] 本文发表于《中学语文教学参考》2009 年第 7 期。

力的细说,都是教学语言的大忌。说话前半句响亮,后半句吃进去了,学生竖起耳朵也听不清楚,也是一忌。

　　语速指说话的速度、节奏。日常生活中人际之间的口头交流,语速的快慢往往不大讲究。语速快慢与人的性格、心情或特殊语境的需要有关。宋元话本中《快嘴李翠莲》说话口齿伶俐,泼辣明快,敢于抗争,和她倔强的性格有关。课堂教学的语速不能凭个人的性情,须目中有学生,句句让他们入耳入心最为重要。学生知识基础、智力水平是有差异的,要面向全体学生,不能只考虑反应敏捷、学业优良的。语速是单位时间里吐字的多少。一般地说,教学语言的速度应略慢于生活语言的速度。由于年龄与接受能力的差异,给初中学生上课,语速可略慢于高中生。语速根据教学内容的难易、深浅、学生理解的实际情况而有所变化,有的可快速,有的要放慢。如果整堂课一个语速,那就成了催眠曲,语言的疲劳导致了思维的懈怠,教学效果大为下降。

　　教学语言的语调也不可忽视。语调不仅包括语言的节奏、重音与停顿的使用,也包括话语的情调。同样一句话,用高扬的或低抑的,平直的或曲折的语调表达,对听者而言,效果可能迥然有异。有的教师认为,教学内容的重点与难点要提高嗓门用高亢的语言来讲述,这样能吸引学生的注意力。其实不然。美国耶鲁大学卡鲁博士曾以多种语调向学生讲授,实验结果发现低沉、稳健的语调,比亢奋、热情、煽动性的言词更能让学生记得牢固。

　　和谐的节奏使人愉悦,语调本身就应讲究节奏,给学生以愉悦感、舒服感。根据教学内容与具体的教学情境,有时语调高亢,有时语调平缓,有时激烈,有时舒缓,"一张一弛,文武之道",把握好轻重强弱,张弛有韵,高低适度,适应学生认知心态,学生学习情绪就会持续饱满。那种讲述不注意停顿,重音叠加,不断强调"这儿重要""这一点重要",貌似提高教学效率,教学效果,实则事与愿违。画画还要讲究"留白",课堂学习没有恰当的思维时间与空间是不可能在学生脑海中留下深刻印象的。重音有时是加重音量、加强语势,有时是"轻说",故意减轻某个字词或短语的音量与气势,目的是更好地表情达意,让学生听得清楚明白。强调"重要"无可非议,如果"重要"众多,也就谈不上"重要"了,因而要慎用,把它作为教学用语中的口头禅就更不妥当了。

教学用语是口头语言,往往带有较多的剩余信息和模糊信息。语句里常有重复、脱节、颠倒、插说,以及各种各样的赘语,如"这个,这个""嗯,嗯""哦,哦""但是,但是"等,这些都影响语言的准确、流畅。语流疙疙瘩瘩,断断续续,学生听课的思维时断时续,悦耳动听的求知快乐就难以享受到。书面语言简洁、严密、精练,教学用语要与之靠拢,取其优点,并在通俗易懂、清晰动听上下功夫,尤其是语病,须切实清除。

语言的清晰还包括语义清楚、准确。选择恰当的词语与句式表达讲述的内容,不含糊,不错位,一语中的,要言不烦,学生就会有豁然开朗之感。选择词句的准确,源于对讲述内容的深刻理解,正确把握。知之深才能言之准。"言不逮意",多半是"意"还没有想清楚,"言"不过是达意的形式而已,"语言是思想的直接现实"(马克思恩格斯《德意志意识形态》第一卷)。思想是通过语言表达的,想清楚才可能说清楚,想不清楚就会在词句的运用上纠缠。思想上没有特定的那一个,当然就不可能找到那个最准确的词,最合适的句式。史学大师陈寅恪先生在西南联大讲授隋唐史时,开讲前说明:"前人讲过的,我不讲;近人讲过的,我不讲;外国人讲过的,我不讲;我自己过去讲过的,我不讲。现在只讲未曾有人讲过的。"(《云南文史资料选集》第 34 辑)四个"讲过",四个"不讲",掷地有声,连"自己过去讲过的"也排除,最后一句"只讲未曾有人讲过的",简直如异军突起,旌旗招展,听众的注意力一下子聚集起来,入耳入心,求知渴望激增。这种语言的遣词造句来自深厚的学术功底、执着的追求精神和非凡的创造勇气,是我们教师学习的高标。

锤炼语言的清晰度,能促进思维的清晰有序;思维在清晰、井然有序上下功夫,语言就能表达得日益清晰,二者相辅相成。教学语言循此向前,天长日久,必有成效。

情真意切增温暖[1]

有青年教师对我说:"我追求的语文课堂是饱含情意、富有诗意、体现创意的课堂。学生在浓浓的情意氛围中学习,就无如坐针毡之苦。"想法甚好,经过诸多努力,在教学实践中具体实现,对学习语文的学生而言,是美好的熏陶,情感的滋养,是思想长上翅膀的追求。

这种教学境界的出现,有众多教学要素的制约,但教师的教学语言在其中起相当重要的作用。

语言有温度,字词知冷暖。

同样对文本解读,有的激情洋溢,有的情思绵绵,词句散发热量,学生在不知不觉中被引入文本创设的人、事、物、理之中,身历其境,识别、感受、体验,受到"感情的传染"。有的客观地剖析,有的平板地图解,语言里的情感被拧挤掉了,剩下了骨骼与外壳。学生在认知上可能有所进展,但由于"情"的失落,学生与文本之间、与教师之间出现了看不见摸不着的"隔",而这种"隔"大大降低了学生学习语文的兴趣,降低了教学的有效性,那种品尝语言的快乐、吮吸文本中的养料的情形几乎难以见到。

究其原因,有两点值得探讨。

一是把文本解读只定位在"教"上,忽略了教师首先是学文本,真正

---

[1] 本文发表于《中学语文教学参考》2009年第8期。

进入其中,领悟寓含的真谛。教得好,首先是学得深入,悟得深刻;要感动学生,首先感动自己。自己未被文本中思想见解、情感操守、语言智慧所感动,又怎能以思激思,以情传情,感动学生?教学用语平淡干枯,只是字面上简单地排列组合,就不足为怪。只有自己感动,而又有与学生共享学习所得的迫切愿望,激发学生自主地提升学习的高度,教师才会精心选择词语,精心组织句式,精心运用修辞手法,情真真,意切切,叩击学生的心弦。

我听过两位青年教师教牛汉的《滹沱河和我》,两人都很认真。一位老师的课从教学过程的设计来看,按照文章组织材料的特点,层层推进,无可非议。但咆哮的滹沱河的气势总出不来,学生也感动不起来。"你们看,作者是怎样描写的?""它是怎样的一条河?用了哪些比喻来形容的?""是什么比喻?什么比什么?"……站在文外,在写作方法、修辞方法上兜来兜去,教学语言出现得最多的是"它""作者",缺乏自己的情意投入,当然也就缺乏经过深思熟虑、反复体验后提炼出来的饱含感情的精彩语言。另一位老师课一起始,就情溢课堂,搅动了学生的心。他以自己的阅读体会导入:"从未谋面的一条河流居然因为一篇小小的散文而时常翻腾在我的记忆里,一个原本并不熟悉的诗人因为一条河流会牢牢地占据我的思维。我知道,那人、那河征服了我,于是,我的生命里少了畏惧,多了勇敢;少了委琐,多了豪气;少了屈辱,多了荣耀。那条河流叫滹沱河,那个诗人叫牛汉。"这段导入语是执教老师独特的阅读体会,是从心底里流淌出来的独具个性的语言,充满了对这条河流、这位诗人的深情厚谊。"翻腾""占据""征服"等词语闪耀着鲜明的感情色彩。这样的导语自然贴切,学生迅速对课文产生阅读期待。

学生有了阅读期待,教师仍然要用有温度的语言来引领。"认识一条河流就如同认识一个生命,从来不是一蹴而就的。本文讲述的就是牛汉对故乡的河流——滹沱河的认识过程,其中贯串了作者情感的变化。请同学梳理这条情感线索。"引领的语言有认识的高度,能散发热量,给学生以阅读的温暖。经过朗读、品析、思考、想象,滹沱河的咆哮如在眼前。读到文末"滹沱河是我的本命河"时,教师又满含感情地指出:"本"者根本,"命"者命运,一条河决定了作者一生的根本命运。牛汉把滹沱河的惊天气势藏在了心中,这不是简单的借景抒情,而是作者在用真实的生命真诚地抒写。一条河流的形象与一个人的命运叠加在一起,是生命的呼唤。整堂课学生沉浸在文本创设的情境之中,咀嚼、推敲、诉说,激奋不已。那条河伴随着语言文字和作者、教者的情感激流渗入到学生心中。学生不能自已,要寻找属于自己的生命之河。

语言是心灵的镜子,一个人只要说话,就映照出他的心灵。这位教师之所以能在教学中有如此情真意切的语言,是由于他在备课时读了诗人许多诗文,了解了诗人苦难的人生经历,心灵受到震撼,受到洗礼,深切体会到河的勇猛不驯、执着不懈正是诗人一生的写照;而这种奋勇向前、敢于粉碎一切障碍的气势正是我们民族所拥有的精神与力量,要赞美,要歌颂。情动于中而言溢于外,就那么简单,而就那么不易做到。

二是专注于教学设计的实施,忽略了课堂和谐气氛的营造。学习不能总是剑拔弩张,紧张得透不过气来,须有张有弛,有起有伏,有"理"的教化,有"情"的感化。这不仅是教学内容的把握,教学重点难点的处理,而且关系到教学语言对气氛的营造。教师的语言要有形象性、情感性、制约性和调控性,在传播知识、培养能力的过程中,要从学生求知的内心需求出发,让学生感受到关心、体贴、谅解、尊重、真挚、友好、诚恳、信任,感受到学习环境的温馨。

教学语言的大忌是对学生缺情少意,那些挑拨式的、预言式的、挖苦式的语言对学生心灵是很大的伤害。学生活泼好动,年少气盛,知识储存有限,认知水平有差异,学习中出现这样那样的问题本属平常事,教师不能动肝火,不能以言坑害。台湾作家三毛曾叙述过中学时代数学成绩不好受老师课堂上奚落之事。她说:"我情愿这个老师打我一顿,但是她给我的却是我一生从没有受过的屈辱。晚上我躺在床上拼命地掉泪。这件事的后遗症直到第三天才显现出来。那天早晨我去上学,走到走廊看到自己的教室时,立刻昏倒了。接着,我的心理出现了严重的障碍,而且一天比一天重。到后来,早上一想到自己要去上学,便立刻昏倒失去知觉。"这段话烙在我脑子里的印痕久久挥之不去。青少年学生的心灵是稚嫩的、柔弱的,教师在教学中有意或"无意"说出来的一句恶语,很可能刺伤了那颗稚弱的心,损伤了他的自尊心和自信心,甚至会造成可怕的创伤,以致影响一生。

眼下,有些学生情感的"荒漠化"已引起教育者的焦虑。情感世界是人类独有的,亲情、友情、师情、乡情、赤子情淡漠,不可能热爱生活,事业有成。语文教学是说理的艺术,也是情感的艺术,语文课堂教学应该是以情育情,以情激情的教育。教师要以仁爱之心、宽容的胸怀、诚挚的感情铸造情意浓郁的教学语言,温暖学生心田,催生情感的绿苗,驱散荒漠的侵蚀。

启发思考激智慧[1]

"学而不思则罔,思而不学则殆。"这句学思结合的名言,教师不仅耳熟能详,且能清晰地体会到学而不思的学生,学习必然蜻蜓点水,停留在浅表层面,模模糊糊,乃至迷茫无方向。要引导学生学有进步,学有成效,须在启发学生思考上下功夫,想方设法让不爱思考的学生爱思、会思,让爱思考的学生多思、深思。

语文教学培养学生思维能力、思维习惯有其独特的优势。语言是思维的外壳,思维是语言的内核,思维的存在凭借语言,而语言又是思维的工具。语言表达的过程实际上就是把思维的结果表述出来的过程。这是传统的共识,而今,认识更进一层。郑敏曾说过,"20世纪世界人文科学的一次最大的革新就是语言科学的突破:语言不再是单纯的载体,反之,语言是意识、思维、心灵、情感、人格的形成者"。为此,我们是否可以这样理解:思想、情感、语言同时发生。教学过程应把思维的培养及发展与语言文字的学习品味放在同等重要的位置。

综观我们的语文课堂教学,带领学生解读文本时,不少课重视内容及语言的表述,思维的训练,它的准确度、广度、深度、强度等常被忽略,未放到应有的位置。有时用嚼烂的知识喂给学生,有时在"散装"的词句上兜来兜去,要学生圈一圈,画一画,记一记,鸡零狗碎,把思维方面

---

[1] 本文发表于《中学语文教学参考》2009年第9期。

应有的训练"转嫁"或消失于琐碎之中。学生头脑中思维的发条未拧紧,未转动起来,读、说往往有口无心,语言文字的学习犹如打水漂,不能深究底里。

要改变这种状况,教师语言要多加锤炼,富于启发性,根据教学规律与学生发展的特点与需要,运用恰当的、适时的、巧妙的语言给学生以启迪,激发他们在求知过程中主动思考,积极思考。而教师锤炼语言要取得效果,在思维水平、思维能力、思维的敏捷性、思维的活跃程度等方面应做积极的锻炼。教师由于职业的需要和培养对象的不同,具有其他任何专业领域的人所不具备的特点。这个特点就是其思维有双重性:一是自向性,二是他向性,二者紧密结合。

自向性指教师作为一个自我主体,其思维必须用来解决和处理自身所面临的问题,大到对宇宙人生的看法,小到备一节课,提一个问题都须认真思考,课的教学方案更是要周密设计。比如对一篇课文教学目标的制订与表述,看似文字的使用,具体、贴切,还是大而无当,空泛无边,实为是否把握文本的个性,是否分析深入,推理严密,判断正确。不仅要运用逻辑思维能力,而且要有直觉思维、聚合思维的本领。

教师思维的他向性,是指教师运用自己的思维去引导学生如何运用自己的思维去认识世界,理解和掌握知识和能力,去发现和分析与解决学习过程中遇到的种种问题。也就是指导学生、激励学生学会思维。孟子说:"心之官则思。"学生学会思考是学会学习的关键。教师教学语言有无启发性对学生思维能力的培养起着十分重要的作用。

教师讲述新知,不一定要竹筒倒豆子,噼里啪啦,点滴不漏。语言有时要含蓄一些,留点空白,给学生以思考的时间和余地。比如带领学生学《出师表》,对作者及作品特色不必平铺直叙一一道来,可从学生的已知出发,让学生在不断思考中求得新知。如先引入杜甫《蜀相》中名句"三顾频烦天下计,两朝开济老臣心"让学生品读,学生回顾思考学过的《隆中对》，对前一诗句的含义了然于胸，获得一种快感。后一诗句有点障碍，教师在"两朝开济"上点拨推敲，学生悟到诸葛亮辅佐先主刘备、后主刘禅两朝，开创大业，匡济危时，兢兢业业，一片忠贞。而《出师表》正是这位两朝开济老臣心的具体而深刻的生动写照。然后，简介"表"属于奏章一类的文体，古时臣子对君主有所陈请，就使用这种上行的公文。请学生考虑，应怀着怎样的心情，使用怎样的语言，学生有看电视剧等经验，立即会想到"诚惶诚恐""言多自卑"。在学生思考的基础上指出该文不同于一般的"表"，而是谆谆规劝，诚挚恳切，无虚饰之词，无自卑之言，亦无傲慢之气。为何有此特点？学生立即回应：切合他"两朝开济"的身份，既是先帝托孤的老臣，又是后主的丞相，一句句话从肺腑中流出，老臣之心光照日月。而后再指出《文心雕龙·章表篇》称赞说："孔明之《辞后主》，志尽文畅……表之英也。"苏轼也说《出师表》写得"简而且尽"，让学生抓住"志尽文畅""简而且尽"的特点阅读全文，较为深入地理解、体会。这类介绍也可以发点阅读材料，但远不如开动脑筋，想一想，想几想，印象深刻。

在教学过程中适时恰当地运用提问语、设问语和反问语，可调动学生积极思维，开动脑筋去求知、求疑、求解。学源于思，思源于疑，"疑"是刺激学生积极思维的诱因，激发学习的动力。为此，教学过程中要鼓励学生发现问题，在学生不易产生疑问处设疑，抓住矛盾加以展示，激发学生思考。教学用语中常用"为什么？""怎么样？""有何根据？""理由何在？"让学生通过多科思维，不仅理解和掌握现成的结论，而且懂得形成结论的过程以及怎样去掌握结论。如《一件小事》中有这样一个精彩段落："我这时突然感到一种异样的感觉，觉得他满是灰尘的后影，刹时高大了，而且愈走愈大，须仰视才见。而且他对于我，渐渐的又几乎变成一种威压，甚而至于要榨出皮袍下面藏着的'小'来。"这既是教学的重点，又是教学的难点。作品与学生相距大半个世纪，要学生深入理解作品中"我"内心的感动与觉醒,理解在车夫高尚灵魂感召下自惭形秽的思想感情,困难是大的,单靠读几遍难以奏效。设几个思维点,给学生创造思维的条件,效果就不一样。请学生思考:常规的视觉形象是怎样的?与文中有何区别?把描绘车夫高大形象的"而且愈走愈大,须仰视才见"换成比喻句该怎样表述?效果如何?"榨"是传神之笔,妙在何处?可否有更合适的词来表述?学生积极思维,用心推敲文字,领悟到:这描写一反常规的视觉形象,不是愈走愈小,而是愈走愈大,感觉的"异样"凸显;换用高山、青松、高山上的青松作喻,均不合适,车夫的形象被束缚住、限制住,显示不出本质的光华,而"愈走愈大,须仰视才见"运用了连续摇动的特写镜头,留给读者丰富的想象余地,感染力极强;"榨"开口韵,不仅极言外力之大,而且音调铿锵。学生抓住关键处思考、表述,语言与思维均获得训练,难点化解,理解加深。

教师备课不仅要胸中有书,目中有人,而且须精心设计书与人之间的"桥梁"——足以启发思考的问题,激发学生学有兴趣,学有所得,增长智慧。

生动幽默添情趣[1]

捷克教育理论家夸美纽斯在《大教学论》中指出:"教育人是艺术中的艺术,因为人是一切生物之中最复杂最神秘的。"因此,教育人使用的语言应当是艺术的语言。

许多研究教育的专家,谈到教师的语言艺术时,常提出这样的要求:"语音悦耳,词汇丰富,语调清晰而富有表现力";"讲述生动,具体,有趣味,其中有许多比喻、修饰语、谚语、格言等。这些富于表现力的手段会使教师的语言色调鲜明,趣味无穷,有力地影响学生的情绪";"教师的幽默和笑谑同样对学生有影响力,它能使课堂活跃起来,带来富有朝气的乐观情绪"。凡此种种,举不胜举。概而言之,教学语言要讲究点艺术,要力求生动,有情趣。

确实如此,同样的教学内容,用不同的教学语言,教学效果也会迥然有异。就以遣词来说,语句中动词的选择、锤炼就很重要。动词是语言中活的灵魂,动词选得准,用得妙,准确性、鲜明性、生动性就能凸显,学生印象深刻。李健吾的《雨中登泰山》写作者雨中攀登泰山的"独特之乐"。泰山有拔地通天之势,擎天捧日之姿,既奇美,又壮观,自岱宗坊至南天门长约十千米的中轴线上,飞瀑、祠庙、翠松、古柏、洞天、云海,美景如画。学生读到文章结尾:要深入领悟"格外感到意兴盎然"这

---

[1] 本文发表于《中学语文教学参考》2009年第10期。

句话的意味时,势必回忆途中众多景物。"你们想想看,途中看到过哪些景物,观感怎样?"教师做这样的引导未尝不可,但意浅味薄。如果此时教师用语言助学生回忆的一臂之力,学生脑中会自然而然呈现出种种形象,增添兴致,另有一番滋味在心头。"雨中登山,另有情趣。冒斜风细雨,躲倾盆大雨,观飞瀑,赏松石,攀十八盘,登天街,有雨趣而无淋漓之苦……"学生脱口而出:"当然意兴盎然。""冒""躲""观""赏""攀""登"一系列动词的选用,既表现意趣之浓,又避免语言之干瘪无味,再佐以重音、小停顿,学生就有身临其境之感。

教学语言中叠音词的恰当运用,可增强语言的音乐美;与灵活的句式,长句短句,整句散句,与一定的修辞手法,如比喻、对偶、排比等结合起来运用,就更增添教学的趣味。哪怕是课的起始阶段对文章概貌简介时,也要斟酌语言,挥洒色彩。"全文紧扣一个'雨'字,细描细绘。雨中的山岚烟云,水墨画似的层峦叠嶂,声喧势急的飞泉瀑布,挨挨挤挤、芊芊莽莽的野花野草,扎根悬崖峭壁和狂风争夺天日的倔强松树,灰蒙蒙,雾茫茫,水淋淋,湿漉漉,滴滴答答,游览者饱尝了雨中登泰山的'独得之乐'。"这样的遣词造句活现了泰山的烟雨意韵,给学生营造了雨中泰山灰蒙蒙的色彩,为他们深入学习课文做了必要的铺垫。

教学语言生动形象,语言的表现力就增强。它能诱发学生的联想、想象,启发学生深究底里,激起学生情感的波澜,使学生受到语言美的强烈感染。语言活泼、形象、鲜明,学生如身临其境,见其人,闻其声,注意力会高度集中,学习效率自会提高。语言的生动性还表现在把抽象的道理具体化,深奥的道理浅显化。进行论说文教学、语文知识教学、概念术语讲述时,尤须注意,不能凌空,要举实例,善分解。如修辞手法"移觉",也叫"通感"。直接讲述概念,学生不易理解,例子一举,学生就一清二楚了。"微风过处,送来缕缕清香,仿佛远处高楼上渺茫的歌声似的。"把"渺茫的歌声"移来描写"缕缕清香",听觉和嗅觉打通,学生就有感觉了。

在教学中,教师语言诙谐幽默能活跃课堂气氛,激发学生学习兴趣,启迪学生智慧。据教育学家调查统计,90%的学生喜欢教师幽默的教学语言。苏联作家斯维洛夫曾说:"教育家最主要的,也是第一位的助手是幽默。"同样的教学内容,讲授有无幽默感,效果不尽相同。有些字,学生常写错、读错,一般性的提醒往往难以奏效,纠正时幽默一下,学生往往一下子就能记住。如:"感染""染色"的"染"写成"渁"。"染"原本是用各种颜色的染料着色的意思,现在改变了,着色用丸药,是不是丸药的功能现在扩展了,有谁知道?聪明的学生笑了,嚷着:"没有!错啦!"学了柳宗元的《黔之驴》,默写时,"慭慭然,莫相知"的"慭"错得千奇百怪,有左右换位的,有上下颠倒的,有把"来"写成"木"的、写成"采"的,把"犬"写成"大"的、写成"史"的。于是,我边板书边说:"记住啊,来狗了,要小心!"学生不约而同地重复一遍,边说边用手比画,记住了。有的学生总把"澎湃"读成"澎 bài",b、p 未分清,只要一句诙谐的话,就可有所改变。"真了不起,拜访朋友要入水晶宫,那不沉下去了吗?""不是 bài,是 pài。"有学生大声说。

幽默的语言不是无聊的乱侃、逗笑,不是庸俗、低级趣味,而是寓教于乐,寓庄于谐,有情趣、理趣和谐趣。幽默的语言多运用妙语警句、双关语,描述生动有趣,想象夸张,旧语换新义,特别须注意具体的场景,听者的心理状态。过去在艺术界有一段幽默的语言曾广为流传:国画大师张大千的弟子为老师举行送别酒宴,社会名流应邀参加。宴会开始,大家有些紧张。张大千举杯来到京剧大师梅兰芳面前敬酒,说:"梅先生,您是君子,我是小人,我先敬您一杯。"听者无不惊愕,梅先生也不解地问:"此话怎讲?"张大千笑答:"您唱戏,动口,您是君子;我画画,动手,我是小人!"满堂宾客大笑不止,拘谨消解,欢笑声此起彼伏。"君子""小人"的词义延续多年已成定论,限于特定场景中做别样的新解,令人耳目一新。

教师板着面孔上课,满口严肃的话,学生就会如芒刺在背,学习效果大打折扣。笑是感情激流的浪花,课堂里有笑的细流在潜动,师生感情融洽,课堂气氛就活跃。要善于营造这种和谐、愉悦的气氛,即使遇到不愉快的事,教师也要冷静思考,用风趣的语言对学生进行开导,把情趣和理趣结合起来,让学生在无思想压力的情况下受到温馨的教育。一次做单元综合练习,批改时发现有些学生抄袭。怎么教育呢?课起始,我说了这样一段话:"天工造物真是无比奇妙,即使是同一种同一类的物也会有千差万别。人们不是说,天底下绝对没有完全相同的两片叶子吗?可这一次我们班却出现了一个奇怪的现象,批改作业时我发现不少人的面孔一模一样,比如这个嘴角往下歪,那个嘴角也往下歪,孪生姐妹也没有像到这个程度呀。请你们帮助我解答解答这个问题。"学生先是煞有兴趣地听,接着表情有点紧张,最后大声笑着说:"抄。"毛病由学生自己诊断,教师只要顺势而下,指点迷津就行。风趣、幽默,不可滥用,恰当的场合与时机运用,可催化感情,深化理智,达到教育的目的,与油嘴滑舌截然不同。

闪耀教学语言的光辉[①]

人们听了一堂好课以后,常会发出这样的慨叹:"这简直是艺术享受!犹如聆听一首名曲,余音缭绕,在耳畔回旋;又犹如观赏一幅名画,心醉神迷,流连忘返。"课上到这样的境地,学生绝无如坐针毡或昏昏欲睡之苦,而是身心愉悦,享受求知的欢乐,教师执教的幸福更是难以言表。课上到如此境地,当然有诸多因素,如剖析鞭辟入里,判断准确深刻,点拨切中肯綮,描述别有洞天等,而这些均离不开教师语言的表达。教师教学语言的运用直接影响教学质量的高低与教学效果的有效性。

我国古代教育名著《学记》对此有极为精彩的论述:"善教者,使人继其声。善教者,使人继其志。其言也,约而达,微而臧,罕譬而喻,可谓继志矣。"今天看来,要做到教学语言"约而达,微而臧,罕譬而喻"也是很高的要求,对所授学科的知识不通透,不彻悟,对教育对象、教学规律不了然于胸,是难以实现的。教学语言是一种专业语言,它既不是纯粹的书面语言,也不是日常白话,它须有文化含量,浅显中有内涵,通俗中有端庄,是科学性、教育性、艺术性的融合,具有独特的传递信息、开启心智、交流情感的巨大魅力。

优秀的教学语言总带有磁性,对学生有吸引力、感染力,在课堂上能辐射到每个学生心中,激发他们的求知欲望,佐助他们提升求知质

[①] 本文发表于《中学语文教学参考》2009年第11期。

量。为此,教师须注意语言艺术的研究,加强自身的语言修养。有些教学语言的基本功更是不可忽视。

口头解说在教学语言中占据十分重要的地位。语文知识的传授、文本内容与形式的剖析、语言的推敲、赏析等,均离不开教师的口头讲解。学生自主学习,师生互动,不等于淡化教师的指导作用。有些课讨论得十分热烈,但结论往往似是而非,知识打水漂,教学目标未落实,原因之一是教师解说不到位,含糊其词。口头解说有很强的针对性,总是针对特定文本中的某些人、事、景、物,某些概念、事理进行阐释与说明。最为重要的是准确、科学地反映内容、形式与规律。只有对文本的钻研深入底里,对解说的概念、事理有真切的了解,才能真正做到根据教学目标的要求选择合适的解说方式,确定讲述的重点,用明确、清晰、准确的语言加以表达。语言的明白无误、条分缕析,反映了思想的严密、正确、有序。思想纯正,思路清晰,语言就有了内在的功底。课能否教得一清如水,晶莹透彻,与教师讲解的功力密不可分。

学点演讲的本领也是让教学语言闪发光彩的必由之路。演讲不同于讲课,讲课是按照学科本身内在的逻辑体系,循序渐进地传授知识,讲解问题;演讲则是按某些问题本身的逻辑,深入浅出地讲解其中的某些道理。讲课中如适时适度地运用演讲技巧,可增强感染力,提升教学效果。文本中总有些深邃的思想、精辟的见解、激越的感情、博大的胸怀、石破天惊的语言,美妙绝伦,震撼人心。教学中如轻描淡写、平铺直叙、蜻蜓点水般地一掠而过,课堂呈现出的是"温",活气甚少,更可悲的是学生心中未留半点痕迹,空负精神的哺育。演讲是把口头语言经过严密组织后进行的表达。表达时运用语调的抑扬顿挫、语量的强弱大小、语音的长短粗细、语速的快慢缓急表述重要观点、重要内容,以达到吸引学生、打动学生的目的。讲课中的演讲绝不是长篇大论,而是在关键之处插入,醒学生耳目,在思想深处留痕。要语意鲜明,不晦涩;采用有生命的词汇，不干瘪，不枯燥；语势通畅，有情有味。根据内容与学情，选用不同的语言风格来表达。有的可慷慨激昂，音调铿锵；有的可娓娓而谈，泉水叮咚；有的可循循善诱，破薪析理。方式可多样，但均须内容翔实，语脉清晰，感情真挚，重点突出，富于吸引力。课堂上如能适时运用演讲技巧，发挥语言的魅力，可收满堂生辉之良效。

增添教学语言的文化含量，遣词造句丰富多彩，是教学生辉的重要因素。语言贫乏，干瘪无味，是教师教学语言的大忌。整堂课翻来覆去那几个词，说来说去那几个句式，听者味同嚼蜡，教者苦于找不到恰当的言辞把意思充分表达出来。这种情况貌似语言问题，实质是受到学识与文化的制约。对文本中所涉及的诸多问题有所认识有所了解，但往往局囿于表层，知之不深不透，缺乏自己的见解与领悟，往往只能照本宣科，人云亦云，无自己鲜活的语言，更谈不上旁征博引。例如，指导学生作文，阐述观察的重要性，三次五次，总是说，要仔细观察，观察要仔细，学生耳朵听出老茧，产生厌倦感。如果这次指导说："眼睛是通向心灵的窗户。扑入眼帘的东西要看仔细，脑子里转一转，刻下痕迹，切不可浮光掠影，视而不见。"下次说："要看仔细，识得事物独有的特征，要体察入微，辨毫析厘；要深入底里，识得神气。"再下次说："反复观察，巨细不漏，细微处尤其看真切；多角度观察，看出层次，看出多种形态；边观察、边联想，使静物'活化'。"然后又可说："画家、书法家董其昌曾说绘画、写字要'识得真，勘得破'，我们记人、写景、状物同样要练出好眼力，识得真，勘得破。"与学生谈的是同一个问题，但在不同的场合又有些细微的变化。尽管语言平实，但不重复同一句式同一词语，学生就有新鲜感，易于接受。

教师是人类精神财富的传播者，理应广泛地学习，以知识的清泉滋养自己，不断地积累词汇，丰富语言。描述事物，流光溢彩，阐述道理，透辟深刻，让学生置身于高文化含量的语言环境之中，深受启发与熏陶。每个人都有自己的"语言库",里面存放着自己的全部语言材料,如所识之字,所掌握的词汇与句式,常运用的语法与修辞,包括熟记中外名篇名言。细水长流地输入、添加,仓廪充实,库存丰富,运用时信手拈来,不仅无搜索枯肠之苦,而且能得心应手,左右逢源。哲学家冯友兰说的一段话很值得我们语文教师常思常新,他说:"一个教师讲一本教科书,最好的教师对这门课的知识,定须比教科书多许多倍,才能讲得头头是道,津津有味,信手拈来,皆成妙趣。如果他的知识和教科书一样多,讲来就难免结结巴巴,看来好像是不能畅所欲言,实际上他是没有什么可以言。如果他的知识少于教科书,他就只好照本宣科,在学生面前唱催眠曲了。"教学语言的高低优劣、精粗文野、丰腴贫乏,反映了学识修养、内在素质,此言不假。内在素质提高,语言就闪耀光辉。

每一节课都会影响学生的生命质量[①]

"师者,人之模范也。"什么叫老师,老师就是榜样,是模范。老师是非常特殊的职业,要做老师,你的智慧就要像泉水一样喷涌而出;你的思想言行要能够做别人的榜样。这个分量很重。用现在的话说就是:德才兼备。

我想,做老师,首先是传承优秀的中华文化,不管教什么学科,这是非常重要的。中华优秀文化有很多方面,但基本精神是"人文精神"。中华文化的第一个特点是"尊重人","急功近利""立竿见影"思潮的影响,对技能技巧非常重视,对"人"这个本体,缺乏深刻的领会。

人为本体、核心,是我们中华文化十分重要的特点,这也就是"人文精神"。

我当了一辈子教师,最忧心的是只看到技能技巧,育分不育人,求学不读书。这是对孩子的坑害。

中华文化的第二个特征是对人的修养的重视。人成为"君子"是需要"修炼"的。中国的优秀文化就是要重视人的修养。传授知识是教师的应有之义,但是,在传授知识的同时,一定要融入做人的道理,这是中国教育的特点,中国文化的特点。

[①] 本文发表于《黄浦教育》2009年第11期,是作者在上海市双名工程徐崇文"教心"基地"提升人文素养促进专业成长"研讨会上的发言。

作为教师，必须清醒地意识到，要传承中国优秀文化。传承中国优秀文化，用现在的话说，怎样成为一个不辜负国家期望、不辜负人民嘱托的人民教师。《易经》中有两句话很重要："天行健，君子以自强不息。"天道运行刚劲雄健，君子应自觉奋发向上，永不松懈。第二句是"地势坤，君子以厚德载物"，人要有宽广的胸怀，厚德才能载物。

21世纪的教育变了没有？不管是什么样的市场经济，教育任务还是没有变。教育是什么，教育就是培养人。有时候我们就是把"人"忘掉了，只看到分数，只看到技术技能。知识、技能技巧只是攀登精神世界的阶梯，不是终结的目的，终结的目的是人。当前首先是培养有一颗中国心的人，现代文明人。我们对中华文化有所认识，对事业的价值和意义就会有很深刻的领会，就会激发对事业热爱的感情。

我是语文教师，语文与志士仁人联系在一起，我要感动学生先要感动自己，只有发自肺腑的感情才能感染学生。教学课文《文天祥》，深深感到"爱国主义是中华民族精神的支柱""民族气节是民族魂"。人没有脊梁骨就不能站立行走，如同动物，没有精神支柱就不能成为真正的人。人最重要的是要有一口气，那就是志气，浩然正气。

二尺讲台联系着学生的生命，你讲什么，教什么，传授什么知识，培养怎样的能力，给予怎样的思想熏陶，给予什么价值观，将来都会反馈给你。现在学习，会影响学生一辈子生活。所以，我一刻不敢懈怠，因为我的每一节课都会影响学生的生命质量。在知识的传授和能力的培养中，融合了情感和价值观，培养他学会学习，懂得怎样求知，这是一种立体思维。

什么是成长，教师必须与学生一起成长。教育的生命力就在于教师的成长和发展；教师的真正成长与发展，在于教师内心的深度觉醒。

内驱力来自哪里,只有当自己平凡的日常工作与国家、民族的命运紧密联系在一起的时候,才会站得高、看得远,才会看到自己的工作是多么有意义,有价值。休戚与共,血肉相连。今日的教育质量,就是明日的国民素质。

还是要循循善诱[①]

课堂教学中学生思维进入高度兴奋状态时往往会语出惊人,闪现思维的火花。每忆及当时的情景,那种执教的幸福感就会充盈我的胸际。

那是《白杨礼赞》一课的起始——

师:今天学习茅盾先生的《白杨礼赞》。"赞",我们很熟悉,"礼赞"该怎么理解呢?(生举手,指第一排的小女孩)请你先说。

生:我已经读了两遍,作者把白杨树写得怎么美怎么好,其实白杨树没有那么美那么好,是不成材的,怎能和楠木比?作者这样写言过其实了。我是名初中生,人微言轻,说了人家也不信,可俄罗斯大田园作家屠格涅夫也是这样认为的。(说着,从课桌里拿出一本《猎人笔记》在大家面前扬了扬。)

师:××同学勇于发表自己的看法,而且能运用课外阅读所得作为自己看法的支撑,这种将课内外阅读联系起来思考问题的方法是我们提倡的,应受到表扬。现在请你把《猎人笔记》里相关的描述朗读一下,让大家都了解了解田园作家屠格涅夫笔下的白杨树。

(生高兴地朗读"白杨树叶硬得如金属,枝条也不美,只有夕阳西下时才给人一点光感"。)

[①] 本文发表于《中学语文教学》2013 年 3 期。

师：白杨树在两位作家笔下有不同的形象。《白杨礼赞》这篇散文用的是象征手法，景随情移，仔细阅读，联系文章写作背景思考，就会有新的发现。

生：注释太简单，老师能不能把写作背景说得具体些？

师：可以。这篇散文写于1941年，当时正处于全面抗战的相持阶段。日本帝国主义对华北解放区进行疯狂"扫荡"，华北人民在极其艰苦的环境下，坚持敌后作战，同心同德，团结一致，巩固和发展了敌后的抗日根据地。作者原在新疆学院执教，1940年4月离开新疆，经兰州到西安，在西安遇见朱德总司令。搭朱总司令的车到延安，他在西北高原走了一趟，深为北方人民正直朴质、坚强不屈的优秀品质所感动。作者离开延安到重庆后写下本文。

作者笔下的白杨树是在西北高原见到的印象极深的风景，非取材于一地或一时。作者当时身处国民党统治区的白色恐怖之中，无发表言论的自由，所以采用了含蓄的象征手法。1979年有人写信问茅盾先生，"贵族化的楠木"象征什么，他回信说："贵族化的楠木象征国民党反动派。我写此散文是这样想的。"（一男生举手）请讲。

生：这样一说就清楚了。文章内容大致我能理解，但有个句子，我想来想去想不通。说白杨树不是树中的好女子，而是树中的伟丈夫，说它"伟岸、正直、朴质、严肃，也不缺乏温和，更不用提它的坚强不屈与挺拔"，根据我的生活经验，严肃的人使人敬而远之，温和的人使人容易接近，在一个形象身上，又严肃，又温和，这是什么样子啊，想不出来。是不是茅盾先生疏忽，用词矛盾了？

生：是啊，什么样子啊！用词不当，用词不当！

生：人有时严肃，有时温和，这也是可以的。

生：这是树，不是人。

生：树展现的是整体的形象，不是变脸，一会儿这样，一会儿那样。

师：××同学读书读得很认真，不仅考虑词语之间并列运用合不合适，而且能联系自己生活中的所见展开想象，很好！"学"一定要"思"。

问题提得很有意思，一般说来，在一个形象身上，同时用"严肃""温和"不多见，但在有的形象身上，就可并用。《论语·述而》说孔子是怎样的人呢？"子温而厉，威而不猛，恭而安。"孔子温和而严厉，有威仪而不凶猛，庄严而安静。

生：文中说"也不缺乏温和"，说明白杨树是以"严肃"为主。

没想到上课伊始学生会提出文章"言过其实"的问题，而且显然是"有备而来"，以否定的看法与老师在课堂上较劲，决出胜负，以取得求知的快乐。

当时，由于培养优秀青年教师的需要，我被调到初中插班任教，开始我和学生都不太适应。我语速快，总是往深里教，学生常会提出各种各样的问题。有的问题有质量，能醒人耳目，推动教学发展；有的比较幼稚；有的不着边际，乃至有差错……不管是怎样的问题，我始终持热情鼓励的态度，保护他们质疑的主动性积极性。经过一年多的培养、训练，课堂教学中逐步形成大胆质疑、表达主见的风气。外校外地的老师随堂听课已是家常便饭，故而学生也能旁若无人，大胆发表自己的看法。然而，课起始就如此"语出惊人"还是让我始料未及的。当时听课的老师有二三百人，听到学生的质疑，一愣，看着我怎么来处理。

我仍然坚持我一贯的做法。首先，肯定这位女生质疑的主动性。质疑能力与质疑主动性的培养非一朝一夕之事，从简单的字音、字形、字义的辨别到提出有思考价值的问题，虽说尚不是水磨的功夫，但其中的艰辛、曲折是冷暖自知的。为此，对学生质疑的表现要倍加珍惜，由衷爱护。其次，这种肯定不是凌空地泛泛而谈，而要紧扣其质疑的特点，让该生真正感受到对她的鼓励。为此，我表扬她能课内外阅读联系起来思考,并以课外阅读所得作为自己观点的支撑。语文学习中课外阅读的重要性怎么强调都不过分,而这位学生重视课外阅读,喜欢读书。我的处理既是对她的表扬,又是对其他学生的倡导。

请这位学生朗读《猎人笔记》有关描述白杨树的语句,既满足了她的表现欲,又让同学分享了她的阅读所得,拓开视野。教学不能纠缠于此,所以我立即拎出这篇散文的写作特征,启发她进一步深入阅读,并推动教学的进程。

没有想到课堂上又生成了另一个问题,一位男生提出作者"用词矛盾了"。霎时,课堂里掀起大波,学生七嘴八舌讲开了。一是由于这位同学平时寡言少语,这天竟然侃侃而谈,并以自己的生活经验来佐证,大家有点惊讶;二是说课文用词矛盾触动了大家的兴奋点。我未放手让大家讨论,因为无多大价值,只是引述了经典著作中一句话作为解答。因学生对穿越时空的经典著作心怀崇敬,对其中以一当十的语言十分信服,故而我采用引述的方法。记得教《雨中登泰山》描绘水势水声的"喑恶叱咤"时,学生对"叱咤"接触较多,少差错;读"喑恶",总读不准。便告知:司马贞《史记索隐》曰"上於金反,下乌路反","喑"读平声;《汉书》乃于禁切,读第四声。后人认为以《汉书》读《史记》最为可靠。"喑恶叱咤"出自《史记·淮阴侯列传》:"项王喑噁叱咤,千人皆废。"("噁"现已不用,写作"恶"。)一经阐释,学生音就读准了。高中生如此。初中生又何尝不是这样呢?

课起始环节短短几分钟就一而再地遇到教学设计中未考虑到的问题,真是教海无涯。尽管已经应对,但留下的是不尽的思考:为什么常始料不及?备课时换位思考显然不够,再加上自己习惯性思维拘囿,求异思维薄弱。怎样才能应对得左右逢源,游刃有余?靠文化积淀,靠持之以恒的读书、学习。要不是当时我脑子里跳出一个读高中时背诵的《论语》中的句子,还不知道要怎样折腾呢。

课堂教学琐议[①]
——以语文学科为例

教师专业成长的途径很多,我觉得最重要的是课堂教学实践。

一、课堂教学的价值和意义

从学生角度讲,学生每天上学读书,他生命中的大部分时间都是在课堂里度过的,因此课堂是学生求知成长的主阵地。而各学科的学习是学生求知成长的主渠道。学生的求知来源于课内,也来源于课外,但是课内的求知可以辐射课外,也可以引领课外。课堂教学的质量将直接影响学生求知的质量,影响学生生命的质量。基础教育可以影响人的终身,它的价值和意义是难以用语言来形容的。

从教师角度讲,教师需要专业化,需要高素质。"专业"不同于"科学"。科学研究的对象是"物",研究的结论是"是和非"的问题。比如我国的杂交水稻育种专家袁隆平,他研究水稻杂交"行不行",采用的是实证的方法。教师这个专业研究的是人,解决的是培养什么样的人的问题。不同的时代,培养的是具有不同价值观的人。因此,教师的专业要得到发展,先要弄清培养的目标,然后通过不断的努力来实现目标。

如何实现教师的专业发展呢?教师的素质包含这几个方面:专业

[①] 本文发表于《教育研究与评论(中学教育教学版)》2013年第10期。

知识、专业能力和专业态度。简言之,就是师德高尚、专业精湛。美国教育家舒尔曼曾经对教师专业的内涵提出了"前三角"和"后三角"的理论:"前三角"指的是教师要把握学科知识,要掌握传授知识的方法,要知晓设置这个课程的意义;"后三角"指的是教师要研究学生的内心需求,要重视教学环境,要懂得教育的价值。这前后两者之间有一个中间地带,被简称为"PCK",叫作"教师的临床技术",就是我们通常说的教学实践。教师对"前三角"和"后三角"把握的情况如何,完全可以在教学实践中体现出来。因此,教师专业发展的核心部分就是课堂,是教师对课程的理解和把握、对学生的理解和把握的一个综合体现。任何一个合格的教师、优秀的教师都是在课堂教学中修炼出来的。课堂教学是教师成长的大熔炉。教师在课堂上培养学生成长的同时,也能增长自己的才干,成就自己的专业发展。

二、扫描语文课堂的乱象和产生的原因

(一)乱象

1. 强势的考试指挥棒。

虽然语文课堂教学在二期课改理念的指导下有了不少新气象,很多展示课、公开课都出现了师生互动、生生互动、思维活跃的良好状态。但是一回到上"家常课"的时候,很多教师依然在就课文教课文,依教参画瓢,其中最为严重的就是以考定教,反复地进行机械操练。我曾在一个学习不错的班级做过调查:班里一共35个学生,我询问他们,背作文应试的人有多少?居然有31个学生举起手来。这个结果让人震惊。背作文能叫写作吗?等而下之的教育把学生的灵性和思维硬生生地搞垮了。当前,在考试指挥棒的作用下,很多教师都在研究题型,研究得入木三分。他们研究得分率比研究教材还要深入,比研究学生的需求还要多。考试原本是检测学情、选拔学生的手段,而现在却常常错把手

段当目标。一份调查显示,很多教师一周备课的时间只有 7~8 个小时。如此稀少的备课时间,课能上得好吗?备课的质量决定了上课的质量。因此,公开课为何和"家常课"有着相当大的距离是可想而知了。

2. "时尚"的公开课。

当前,有些公开课、展示课不尽如人意,花花草草太多,乱人耳目。曾听过一节公开课《皇帝的新装》,当时有几百个教师听课。课上,执教教师创设了这样一个情境:把讲台边的一个角落当作酒吧,请两位男生扮演故事中的两个骗子,在"酒吧"里演一演骗子是如何商量欺骗国王的。听到这里,我大惊:"糟糕啊!"居然叫学生做骗子,商量怎样骗国王!这位执教教师连最根本的教育原则也缺失了。还曾听过一位爱卖弄学问的教师上《三打白骨精》,她讲得头头是道,滔滔不绝地把自己的阅读心得统统说了出来,让听课的教师佩服不已。但是她忘记了学生,忘记了教育的适切性。更有甚者,学生交流时,这位教师竟然用"OK""哇塞"这类不合适的词语来评价学生的发言,以此博得学生的掌声。怎么可以这样做呢?课堂是学生成长的神圣殿堂,它是求知的场所,是十分庄严的。我觉得,有的公开课形式主义的东西太多,不合时宜地追求时尚,是在炒作课堂,失去了课堂的本色。

3. 痴迷于教参。

过去,我们上课是没有教参的,只有一本教科书,所以就逼着教师多读书、多思考、多钻研,否则是无法走上讲台的。然而,自从有了教参,有些教师就被教参左右,不再独立思考。我认为,教参是不得已而为之的产物,是为了保证教学质量的底线而存在的,教师绝不能照本宣科。对于优秀教师和骨干教师而言,更不能受它的限制。迷恋教参会使教师失去独立思考的能力。

4. 走形的评课。

如今,评课的形式多种多样,有的用数据评,有的用表格评。我曾经去大学参与博士生论文答辩,论文中有一张课堂评价表格,上面竟然有三十多个指标,分为一级指标、二级指标,比如教师笑了几次、学生举了几次手都有反映。如果听课教师一直关注这些表现,还怎么听课呢?有的教师评课时,常常说:"如果我来教这篇课文,会怎样怎样。"这是在评课吗?我认为,评课的目的是研究一堂课,评课应该站在教育理论和语文实践相结合的高度,分析这堂课好在哪里、为什么好,这堂课又不足在哪里、为什么不足、可以怎么改进等。评课目的在于使执教教师明白怎样教才能把课上得更上一层楼,使执教教师通过评课,有豁然开朗、醍醐灌顶之感。评课的目的是为了培养教师,并不是给他打个分而已。

5. 纷繁的口号。

如今,大大小小的教育专家满天飞,各种各样的口号也层出不穷,让人眼花缭乱。

当前很流行"以学定教"这个说法。我认为,"以学定教"和"因材施教"是两种完全不同的思考。"因材施教"是从学生的实际出发进行教学。如果改成"以学定教"这个口号的话,中小学课程标准还要不要?教师的作用是什么呢?学校与学校之间、班级与班级之间、学生与学生之间都是有差异的,那怎么定教呢?任何一个口号必须站在教育理论的高度,必须站在哲学理论的高度去思考它的是与非,不能随随便便。

综上所述,这么多的干扰,造成很多教师越来越不相信自己的教学能力,越来越缺乏独立思考的能力,令人堪忧。教师要有自信心,要增长自信力,要发挥自己的优势,千万不要随波逐流。

(二)原因

1. "圈内"不重视。

其一,关于高中语文课。我们的高中差一点没有语文课。记得当时,听闻正在制订的语文课程标准,高中学段是没有语文基础课程的,要把它放在拓展型课程里。我很着急,这样跟负责课改的领导谈语文:

"关于语文三年过关的说法,我之前已经听过了两次。第一次是1958年,大跃进的路线是'多快好省'。他们说语文是无法'多快好省'的,而是'少慢差费',应该靠边站。第二次是20世纪80年代初,洋风刚吹来,中国的语文开始动摇。第三次全国中语会在福州开年会,当时张志公先生因故无法出席,任副会长的我在赶往福州的火车上整整写了5个小时的文章,谈《中国语文一定要走中国自己的道路》。在这个上千人的会上,有来自东北的教师提出:语文只要学到初中就可以了,高中不需要学了,三年可以过关。他的发言引起了一场大辩论。我走上台询问:'这关,是山海关,还是嘉峪关?''关'的标准是什么?仅仅是识多少个字吗?'语文这个学科是无法多快好省的。语文和人有着密切的关系,初中的孩子还没有真正地懂事。尤其是男孩子,往往要到高中二年级才真正地懂事。语文的水平是和学生认知水平的深浅、知识面的广窄密切相关的,是和文化积淀、生活阅历紧密相关的,所以语文教学无法立竿见影,不可能急于求成,它需要生活的积累、思想的积累、语言文字的积累。回想当初,提出这些看法到今天,已经过去了近30年,有哪个省市、哪所学校,做到了三年过关? 如果高中毕业了,学生还不能做到文从字顺的话,学生的语言便驾驭不了他复杂的思想。过去有一位物理教师,是华东师范大学五年制物理系毕业的,但学生对他的高中物理课意见很大。他很着急,请我去听他的课。我去听了,发现了问题。虽然这位教师物理知识很丰富,但是他很难用有条理的语言把知识表述清楚,逻辑思维弱,上课常常是东拉西扯,学生怎么能听得懂?"因此,"高中阶段,必须要把语文课排入基础课",在一些有识之士的据理力争下,继续保留高中三年的语文基础课。

其二,关于拼音教学。我不反对部首教学,但是识字工具是多一个好一个,《中华人民共和国宪法》第19条规定必须讲普通话。语言的问题是国家统一的问题,怎么能不教呢? 拼音不学,电脑都不会打。我曾经提出:"小学一年级能不能不学外语?世界各国除了以往的'殖民地',没有一个国家的孩子在小学一年级就学外语的。学外语对汉语拼音的学习干扰很大。军事上的殖民看得见,思想上的殖民往往看不见。"有的幼儿园门口竖起这样的广告——"从小要做国际人"招揽顾客,意思似乎是不要做中国人。我弄不明白,我们的教育是为谁辛苦为谁忙?这样的创新违背育人规律。普通话的推进对祖国语言文字的统一起到了不可估量的作用。我们是从事母语教学的,要有清醒的头脑,站在国家的高度来思考问题,千万不要自己对自己不尊重。

2. "圈外"在干扰。

其一,西方语言过于强势。从小学一年级开始一直到高校,学生花了相当多的时间学英语,而不是母语。在课程标准里,中学学习语文的课时和学习英语的课时是一样的。学生的生命是有限的,学生不堪负担。

其二,误把肢解的方法用于人文学科。科学研究是不断地分析、分析、再分析,而我们的《一课一练》是在分解、分解、再分解。人文学科是需要才气、灵气的,它不仅仅是逻辑思维,它也有直觉思维,感悟、领悟、顿悟……记得20世纪80年代中期的高考曾引入标准化试题,语文试题有选择题、是非题,不少是文字排列组合的游戏,有的甚至连北京大学中文系教授也做不出来。这样的考试导向很差。

母语教学如此困难,难怪台湾作家白先勇讲"百年中文,内忧外患"。面对这些现状,语文教学任重而道远。

三、憧憬理想的语文课堂

理想的语文课堂是怎样的?我以为,应体现在以下几个方面:

(一)学生学有兴趣、学有所得、学有追求、学有方向

学有兴趣就不会昏昏欲睡。英语、数学学得累极了,语文课就成了休息课,这怎么得了?我们的语文课要使学生学有兴趣。

学有所得就是学生每学一课都要有收获。有些语文课太求全,样样都讲,样样都要,到头来只能是蜻蜓点水。我们要牢记:语文课必须要有所为,有所不为。

学生学习一定要有追求,有想法,这样才能产生强大的学习动力。例如,学生参加作文比赛,无论他写得怎样,只要他有追求,总是应当鼓励的。可是现在很多学生只对分数有追求,这样的学习必然是索然寡味的。

学有方向,即全面提高学生的语文素养,或听说,或阅读,或写作,有努力的方向。比如现在求职,口头表达十分重要。有的研究生就是因为口头表达能力太弱,而找不到工作。

当我们在进行课程建设的时候,在研究课堂教学的时候,一定要时时刻刻想到学生。如果我们的语文课堂具有这"四有",那么学生的主体性、积极性一定能得到发挥。

(二)教师思路清晰、语言生动、目标明确、指导有方

教师思路清晰,能把课上得一清如水。语文教学是形象思维和逻辑思维的结合体。学生的思维是在教师逻辑思维的一步步推进中得到训练、得到发展的,所以语文教师的思路要清晰,语言要生动,要有自己的特色。一味地照本宣科,是无法感染学生的。更何况现在的网络四通八达,教师如果没有高招,就难以吸引学生,难以激发学生的兴趣。

我在听课中发现,很多教师存在上课目标不清晰的问题。也许在他们的教案上目标制订得很明确,但到了课堂上,教学目标就消失了。因为教师只想着既定的教学环节,在实施教学环节的过程中忘记了自己制订的目标。教学过程好比是一条路,是专门为实现教学目标而铺设的,所有的教学行为、教学环节也是为实现教学目标服务的,因此教师上课的时候一定要目标明确,指导有方,采用启发式、点拨式等方式,让学生开窍。

做到这些,我们的课堂就会出现师生互动、生生互动这样生机勃勃的场面。在教师的指导下,每个学生都有机会绽放智慧的火花,这样的课堂是最理想的。大家都沉浸在对祖国语言文字的理解、品味、鉴赏、运用的浓郁氛围中,学生的语文素养就能切实得到提高。

(三)精神振奋,具有"气场"

练气功有气场,上课也要有"气场"。何为"气场"?气场就是一种氛围,教师全身心地投入,精神振奋地教,学生浸润其中,全神贯注地学,受到语言文字、高尚情操的感染和熏陶。

我的语文老师是国学大师黄侃的弟子——赵继武老师,上课就具有强大的"气场"。记得他在教《南乡子·登京口北固亭有怀》的时候慷慨悲歌,班里五十几个学生深受感动,爱国主义的情感充盈胸际。听完他的课,我们都不约而同地把课文背了出来,成为我们永远的文化积淀。他的这种"气场"使学生深入其中,学生的语言素养得到了真正的提高。

(四)课型多样,个性鲜明

每位教师都应该形成自己的教学风格,离开自己的个性,要想创造独树一帜的教学风格是很难的,因为我们都处在共性之中。为何要课型多样呢?别的不说,单就文体而言,选文的文体是各不相同的;哪怕是同一种文体,作者不同,写作思路也不相同,所以应该用不同的方法教。如果用一个固定的教学模式来教的话,那一定是一潭死水。比如教记叙文,可以从头教到尾,也可以选取文中最好的一段或一句,先拿出来教,拎起全文。记得我教茅盾先生的《雷雨前》,文章最后一句话是"让大雷雨冲洗出个干净清凉的世界",这句话是文章的主旋律,是作者的呐喊,所以我先让学生挑出来学,倒过来教。

语文课可以生动活泼地教,一清如水地教,花团锦簇地教,高屋建瓴地教,娓娓而谈地教。无论怎么教,都是为了达到最好的教学效果,把课教到学生身上,教到学生心中,激发他们的求知欲,激发学习的积极性和自主性,留给学生无尽的思考、快乐和回味。这样教,学生学得快乐,教师教得有滋有味,师生共享幸福。

这样理想的课堂教学境界绝不是海市蜃楼,也不是空中楼阁,它是一种目标,一种方向,是一种专业追求。怎样才能实现这样的目标?它需要长期的教学实践,认真积累,不断反思,不断改进。

四、理想课堂的实现路径:理念引领、业务支撑

(一)先进的教学理念的引领

语文教学的理念有许多,但有两个理念一定要牢记,第一个是课改的核心理念——以学生为本,以促进学生的发展为本。这不是口号,也不是标语。第二个是"语文课程的基本特点是工具性和人文性的统一"。

1. 核心理念——以学生为本,以促进学生的发展为本。

(1)定位在教育的本质。促进学生的发展是教育的本质。古希腊著名的哲学家柏拉图在《理想国》一书中谈到教育,引用了自己的老师苏格拉底的话来阐述教育的本质——教育是提升人的灵魂不断往上升,达到"真"的境界。人无知的时候犹如一个囚徒,教育能把囚徒带出黑洞,使他的灵魂不断往上升,达到真实之境。中国的古圣人也是这样谈论教育的本质。翻开《大学》,第一句就是:"大学之道,在明明德,在新民,在止于至善。"大学之道,就是求学的这条道路。"在明明德"中的第一个"明"是动词,意思是彰显,第二个"明"是光明的意思,就是善。这句话的意思是彰显人内心的美德。人生下来内心就是有美德的,教育就是要彰显他内在的美德。"在新民"就是不断地修身,不断地修炼。"止于至善"就是不断修炼达到至善的目的。

我国著名的教育家陶行知先生早年就提倡"千教万教,教人求真,

千学万学,学做真人"。英国历史学家汤因比与日本哲人池田大作谈论21世纪的教育,说教育不能停留在功利阶段,要讲人的心灵的丰富、心灵的交流。这一切都表明,古今中外的圣贤之人都认为教育就是育人,育人能提升人的精神世界,也就是我们常说的价值观和人生观。这是核心理念,我们要牢牢地树立育人的观念。

(2) 全面质量观的呼唤。当前,我们的学生德智体美的发展很不均衡,我们的学生解题技能天下第一,谁都比不过,但是我们的求知欲、动手能力、视野却无法与人抗衡,因此我们提倡必须要以人为本,德智体美全面发展。当前提出的三个维度——知识与技能、过程与方法、情感态度与价值观,就是为了把"以人为本"落实到课堂教学。只有这三个维度融合在一起,才能教育出真正的人。

(3) 珍视每个学生的生命价值。如今的高等教育已经从精英教育走向大众教育,我们的基础教育当然必须是大众教育。我们可以培养精英,但不能采用"陪读"的办法,通过牺牲大多数的学生来培养少数的"精英"。

21世纪的教育起点是关怀每个学生,这个观点来源于两个可以支撑的理论。首先是脑科学。最新研究表明,除了极个别的天才和弱智以外,人的潜能都是差不多的,因此人人都可以被开发。教育就是把潜能开发为发展的现实。其次是加德纳提出的多元智能理论。在每一个学生的身上,一定都有他强势的智能和弱势的智能,不可能样样都强或样样都弱,因此教师要发挥学生身上强势的智能,不断地弥补他的不足。教育是重要的,但不是万能的,每个人都有与生俱来的素质,通过后天的教育能使他的素质变得越来越好。

(4) 具备可持续发展的素质。今天的教师在教育学生的时候就应该想到他的明天,使学生具备可持续发展的素质。我们的传统教育是学"答"的教育,就是让学生不断地回答。而要让学生可持续发展,不仅要学"答",还要学"问",因为21世纪的文盲不是不识字的人,而是不会学习的人,学"问"非常重要。学生会发现问题,就会寻找解决问题的途径,就能持续发展,最后找到解决问题的方法。任何一个高明的教师都不可能把学生将来社会生活需要的所有的知识和能力都一一教会他。科技的进步是飞速的,19世纪科技的总量是50年翻一番,到20世纪中叶是10年翻一番,到20世纪的末叶是3到5年翻一番。因此,让学生学会学习是可持续发展的关键。

(5)一定要让学生确立服务祖国、服务人民的志向。我们的教育是为谁辛苦、为谁忙呢?之所以在学科里安排情感与态度价值观的目标,就是要培养学生服务人民、服务祖国的志向,让学生知道自己身为中国公民,要拥有责任感。

因此,"以学生为本,以促进学生的发展为本"不是一个空洞的口号和概念,要认真落实,在我们的教育教学中不断地渗透。

2. 语文课程的基本特点是工具性和人文性的统一。

这个理念非常重要,但是它在实施中存在许多模糊的认识。一是西方强势语言的干扰,二是用自然科学的方法来对待人文学科,分析再分析,量化再量化,嘴上说的是创新,动手做的是标准化。记得我担任第二师范校长的时候,就有人上门向我推荐用工厂管理的方法来管理学校,被我婉言谢绝了。这是为什么呢?因为工厂是人对物,学校是人培养人,学校的管理必须要人性化,不能把教师当作物来管理。我们的公开课存在着很多问题,常常只关注知识点,人却淡化了、虚化了。马克思曾经说:"语言是思想的直接现实。精神思想会受到物质的纠缠,语言和意识有着同样长久的历史,语言是一种实践的、既为别人存在因而也为我自己存在的、现实的意识。"俄国语言学家维果茨基说:"思维不是在言语中表现出来的,而是在言语中实现出来的。"美学大师朱光潜说:"思想与使用语言是同时发生的同一件事。"这些理论都十分清楚地告诉我们,"人之所以为人者,言也,人而不能言,何以为人?"朱熹说:"道是文的根本,文是道的枝叶。"所以说,语言是一种符号,是用来认识世界、阐释世界的意义体系的,它是因意义而存在的。语言文字是表情达意的,表和达是语言文字,情和意是思想,离开了情和意,表达就空掉了,就成了僵死的符号。语言不仅是自然代码,还是意义代码,因此语文不但具有鲜明的人文属性,而且具有鲜明的工具性,所以语文课程的基本特点是工具性和人文性的统一。工具性和人文性是一个同一体不可割裂的两个侧面:没有人文,就没有语言这个工具;舍弃人文,也就无法掌握语言这个工具。现如今,我们的学生的语言文字能力在退化。我曾经看到一名研究生的论文,竟然把"夏丏尊"写成了"夏丐尊",我想主要原因是他对汉语言文字不认真、不尊重、不敬畏造成的。语言文字是民族文化的根,如果我们不尊重自己的语言,那怎么提升民族素养呢?

(二)精湛的教学业务的支撑

1. 课要深入钻研,独立思考。

(1)要有整体思考。语文教育要有整体性的思考,明确各个学段、各个学年的任务,拾级而上,前后照应。而我们的现状是零打碎敲,进行的是碎片化的教学,教师看到这篇文章有什么内容,就教什么内容,其实,这篇文章含有的一些内容并不需要现在就教。

(2)要精读、细读文本。教师要在"读懂"这两个字上下功夫。但是"细读"不等于"细教",这是两个完全不同的概念。要真正地读懂课文,必须要思考这样几个问题:首先,要了解文章到底写了什么。一篇文章,往往是表象容易看,深层次的内容不容易读懂。其次,要了解作者是怎么写的。最后,要弄明白作者为什么要这样写,而不是那样写。这体现着教师的阅读能力。我有这样的体会:如果教师能把文章读到书本上"躺"着的文字都能"站"起来和你对话了,那么说明自己已经读透教材了。清代诗人袁枚曾强调：写文章字要立在纸上，而不是躺在纸面上。只有读到这种程度，你才能和作者对话，才能理解作者遣词造句的苦心，理解作者写这篇文章的用意。高中有篇课文《跨越百年的美丽》，作者梁衡写这篇文章的时候非常用心。他这样写道：

> 1898年12月26日，法国科学院人声鼎沸。一位年轻漂亮、神色庄重又略显疲倦的妇人走上讲台，全场立即肃然无声。她叫玛丽·居里，她今天要和她的丈夫皮埃尔·居里一起，在这里宣布一项惊人的发现，他们发现了天然放射性元素镭。本来这场报告，她想让丈夫来作，但皮埃尔·居里坚持让她来讲。因为在此之前还没有一个女子登上过法国科学院的讲台。玛丽·居里穿着一袭黑色长裙，白净端庄的脸庞显出坚定又略带淡泊的神情，那双微微内陷的大眼睛，让你觉得能看透一切，看透未来。她的报告使全场震惊，物理学进入了一个新的时代，而她那美丽庄重的形象也就从此定格在历史上，定格在每个人的心中。

这段话中，作者用上了"人声鼎沸、肃然无声、全场震惊、定格"这些词，为什么要用这些词？他究竟是为了什么？反复推敲场景的变化，就可体会作者选用这些词是想告诉读者什么叫"美丽"。从年轻美的表达到心灵美的震惊，即对人类科学作出贡献的精神的震惊。作者真是用心良苦！如果教师能这样读，这些词就站在了纸上，这些词就有了生命，就能揭示在特定情形下的意义和生命力。这样，学生的学习领悟也就完全不一样了。

（3）要研究学情。什么才是学生内心的需要？教师重复、啰唆的语言是学生最厌烦的。教师可以从不同的角度，运用不同的语言来讲述独一无二的特点。比如，朱自清的《春》，在作者的笔下，春风、春雨、春花、春草都是水灵灵的,好像是一幅英国的水彩画;鲁迅的《故乡》,农村凋敝,家破旧,从船上看过去满眼萧条,几笔勾勒,就像一幅枯笔水墨画;丁玲的《果树园》,光从树林缝里照到地上是金色的,是紫色的,果子在树上是毛茸茸的,这样描述使景物具有了光感和质感,好比一幅油画——教的时候就要抓住这些特征,教出每篇文章的个性,教出它独一无二的东西,学生才学有兴趣、学有所得。

(4)要寻找最佳切入口。语文教学的切入口一定要小。比如,教吴晗同志的《谈骨气》这篇课文,教师可以抓住直指教学核心价值的问题发问:什么是骨气? 什么是中国人的骨气? 哪些论据可以证明这一切?

(5)要注重取舍、剪裁。教语文一定要舍得割爱,要树立明确的教学目的,要有所为、有所不为。

2. 创造生命涌动的课堂。

课堂教学就是教师的生命涌动激发学生的生命涌动。

(1)语言训练和思维训练要放在同等的位置上。"学而不思则罔,思而不学则殆",一堂课如果思维不流动、不碰撞的话,这堂课是不可能上得生机勃勃的。所以,语言训练和思维训练要放在同等的位置上。

(2)杜绝包办代替与旁观放羊。首先是杜绝包办代替、越俎代庖,千万不能教师动脑子、学生动手脚。每个人都是一个完整的人,他必须手脑并用。汤显祖在《牡丹亭》中借杜丽娘之口道出的名句"不到园林,怎知春色如许",就是告诉我们这样的道理。因此我们的课堂不仅是教师发挥智慧和才能的舞台,还要激发学生的思维,使学生增长语文能力。课堂教学必须要做到师生互动、生生互动。其次是杜绝旁观放羊。放羊是不负责任的做法。过去的语文课常常是"满堂灌",后来是"满堂问",如今似乎成了"满堂闹"。放羊的教法是不可取的,教师必须要起到主导作用。陈景润就是在老师的点拨下走上了研究哥德巴赫猜想的数学之路。如果学生上完了一堂课,仍处于学而无所得的状态,就是在浪费学生的光阴和青春,这是对课堂教学的一种亵渎。

（3）课堂教学结构要网络化。简单地说,就是达到课堂教学预定的三个维度目标。一堂语文课应该是多功能的,以智育为核心,融合了德育和美育。比如,教学范仲淹《岳阳楼记》中的"先天下之忧而忧,后天下之乐而乐"时,教师应挖掘这句话包含的思想精髓——这句话的思想境界超过了孟子的"与民同乐"时,是民族的精华,具有育人功能——让学生终身受用。以往的教师教学生听、教师问学生答的课堂教学是直线形的,呈线形状来回往复。而我们现在的课堂教学应面向每一个学生,教师的教要作用于每一个学生,每一个学生学的状况要反馈给教师。学生之间也要互相切磋、互相作用。这样的相互作用,使课堂不再是以教师一人为师,而是学生在教师的指导下,都有机会为师。课堂上,教师是发光体,在教师的组织引领下,每个学生都可能成为发光体,作用到其他人的身上,进而实现教学相长。

在我的课上,常常会发生我备课时预料不到的问题。比如,我在教学《白杨礼赞》时,一上课,坐在第一排的小女生提问:"老师,茅盾一直说白杨树如何如何好,我觉得他的话有些言过其实。"我说:"何以见得呢?"接着这个女孩子从课桌里拿出了屠格涅夫的《猎人笔记》,继续发表她的观点。她说:"书中写白杨树的叶子硬得像金属,枝条也不美,只在夕阳西下的时候,才有点美。"我先称赞她以课外阅读支撑她的观点,然后我告诉她:"作者是用象征性手法来写的,景随情移（客观的景是随着作者主观的情而变化的）,你学下去就知道了。"原以为我可以继续讲课了,想不到学生之间发生了激烈的讨论,他们问了好多问题。其中一个问题印象十分深刻,学生问:"文中有句话我读不懂,'白杨树不是树中的好女子,而是树中的伟丈夫,严肃、挺拔,而不失温和。'老师,在一个人的身上怎么又温和又严肃呢?"他的问题逼着我积极思考。突然,我的脑海里出现了《论语·述而》中的句子:"子温而厉,威而不猛,恭而安。"这是谈论孔子为人的句子。这个案例告诉我们,学生是能积极思维的。教师必须尊重与爱护学生思维的积极性,教到学生心中,对学生学习产生良好的影响。

我教了一辈子的语文,上了一辈子遗憾的课,没有一节课是十全十美的。我憧憬的理想课堂,是我这位老教师对年轻一代教师的期望。我希望我们的中青年教师能创造佳绩,使我们的母语教学能在我们的教育当中,在我们的人民心中有它应有的重要位置。我们的教学要对得起中华民族的文化,对得起子孙后代。因为选择做教师,就是选择了高尚!

学科教学须坚持育人为本[①]

新世纪课程改革的核心理念是以学生为本,坚持全体学生的全面发展。《上海市中长期教育改革和发展规划纲要》(2010—2020年)开宗明义就将"为了一个学生的终身发展"作为贯穿该纲要的核心理念,并以这一核心理念引领上海教育实现现代化。

当前,教育领域任务繁重,功能多元。服务社会、知识创新、文化引领与交流等均为重要功能,但在教育多元功能中切不可迷失其本原的核心价值——育人。立德树人是教育的根本任务,是新时期教育的基点,全面深化教育改革、全面深化课程改革,最后要落实到"人"上面。立什么德?树什么人?如何树人?树人过程中有哪些难题?怎样才能破解?这些问题不仅要面对,而且要深思、勤思,要不断寻求最佳破解的途径与方法,认真践行。

树什么样的人,定位很明确:全面发展的建设者和可靠的接班人,即德智体全面发展,具有高尚的道德品质、扎实的科学文化素养、健康的身体和良好的审美情趣。这种定位在新时期更须体现方向性,即培养的人要具有中国特色社会主义理想,有中华文化底蕴,有时代精神与

[①] 本文发表于《上海课程教学研究》2015年第1期。本文从当前教育领域任务繁重、功能多元、教育的核心价值迷失的现状,强调"学科教学须坚持育人为本",教育要落实到立德树人的根本上来。文章从历史经验、教育本质、时代发展三个层面对此进行分析与思考,最后指出育人为本的难题是教师队伍的建设,呼唤加强教师育德意,提高教师育德能力。

国际视野。对建什么样的国家，对中华民族、中华优秀文化和时代精神，认识清晰，由衷认同，心向往之。

培养什么样的人，向来是一个国家一个民族事关能否生存、能否持续发展、能否富强的全局性和战略性的大事，我国对此一直高度重视。而今，我们育人的目标清楚、定位明确，按常理说，只要心往一处想，劲往一处使，育人质量必然不断提升，取得良好效果。然而，现实状况并不理想，与培养目标有相当距离，有的方面的培养甚为薄弱，有的几乎是缺失，原因当然多种多样，但最艰难之处还在于认识不到位、干扰因素多，特别是某些有形无形的力量使人难以动弹。育人为本乃正道，且不说如何全面育人，单是学科教学怎样发挥育人功能就值得进行切实可行的研究。

一、历史经验的启迪

回顾中华文化长河，无数对国家、对民族有贡献的人无不与从小受到的良好的学做人的教育密切相关。到近现代，尤其是文史学科教学中的忧国忧民意识、爱国爱民情操、为国为民情怀，数理学科教学中的科学梦想、求真追求、奉献精神，对莘莘学子心灵的滋养、人生的启迪，常常一辈子起作用。

我自己就有切身体会。1937年7月，日寇大举侵略，我的家乡即将沦陷。读小学三年级的我，最后上的一节课是年轻的男老师教唱《苏武牧羊》。"苏武留胡节不辱，雪地又冰天，苦忍十九年，渴饮雪，饥吞毡，牧羊北海边……"曲调温柔敦厚，但老师教得非常激动，他说："学校解散了，关门了，明天大家都去逃难了，要记住你们是中国人，永远不做亡国奴。"他一遍一遍地唱"苏武留胡节不辱"，给我们幼小的心灵以极大的感染。我们从来没有听到过那么多大字眼，也从未看到过老师如此激动地噙着泪水上课，心的最柔软处被震动，从此这爱国的激情伴随着歌的旋律在我的脑海里萦绕了几十年,催我清醒,催我奋进。我高中的国文老师赵继武是国学大师黄侃的弟子,有时哪怕教一个字,也会使你顿悟,乃至刻骨铭心。他教《陈情表》的"外无期功强近之亲,内无应门五尺之僮,茕茕孑立,形影相吊"时,右手食指摇晃着,大声说:"茕,茕,不能读错,也不能写错。"接着,在黑板上写了个大大的"茕",并叮嘱:"和'贫穷'的'穷'一个读音,但字的下面不是一撇,是竖,笔直的,'穷'也要站得笔直。"说着,做了个笔直的姿势。好生动啊,教的是字形、字音,撒播的是做人的道理。德行和智性本是不可分割的整体,是人们二元对立的思维方式硬性地将它们分裂开来,似乎是非彼即此,二者不相容。教学本应具有教育性,没有教育性的教学丢掉了灵性必然苍白无力,沦落为知识的排列组合、重复叠加,难以在学生情感世界激起浪花,掀起波澜。教学,是直指人心的事,绝不是做知识堆积的搬运工。

二、教育本质的回归

教育的本质究竟是什么? 古今中外教育家论述教育,无不聚焦于人的培养和人之完成。例如中国典籍《大学》一开篇就是"大学之道,在明明德,在新民,在止于至善",又如《中庸》开章便说"天命之谓性,率性之谓道,修道之谓教"。要使受教育者自善其身,进而仁爱他人,简言之,就是要"修己以善群"。台湾教育学家贾馥茗教授在《教育的本质——什么是真正的教育》一书出版记言中说:"自从教育的事实与理论出现之后,唯有周代大司徒所施行的教育,是'全民'的教育(见《周礼》)。其教育重在实行的效果,不务空言。后世教育空言无实,离开了教育的本质,不以'教人'为务,而以'虚华'为装饰,因而善不见长而'恶行充斥'。"又指出:"晚近世界物欲横渡,人已沦落到不知自己为何物的境地,更无从谈'万物之灵'。"

显然,教育以"教人""成人"为务,建立价值生命。生而为人,是生物性或生理的生命，与其他有生之物一样。而要具备"人之为人"的特征，超越生物性的生命，须教育进行导引，滋养心灵，培养德行，学习如何做人，开发潜能，发展生存能力。以人为本，这个"本"也就是教育的大计，应该因人并就人长远的进步而筹划，不能只看眼前近效，而忘却立德的根本。教育活动有本有术，本固则人立，切不可舍本逐末。

西方学者论述教育也有许多共同之处。德国教育家雅斯贝尔斯在《什么是教育》中说："真正的教育应先获得自身的本质。教育须有信仰，没有信仰就不成其为教育，而只是教学的技术而已。教育的目的在于让自己清楚当下的教育本质和自己的意志，除此之外，是找不到教育的宗旨的。因此我们常听到的一些教育口号并没能把握到教育的真正本质。"又指出："教育是极其严肃的伟大事业，通过培养不断地将新的一代带入人类优秀文化精神之中，让他们在完整的精神中生活、工作和交往。"教师"全身心地投入其中，为人的生成——一个稳定而且持续不断的工作而服务。"确实如此，为什么要执着于人的生成和人的培养？源于教育的本质，源于教育的信仰。我们一再探讨我们的培养目标，一再研究培养什么样的人，一再强调立德树人的重要性、必要性，并采取诸多措施以求目标的实现，就是因为我们心怀虔诚，有坚定的信仰，深知培养什么样的人与国家未来、人民幸福息息相关，与中华民族伟大复兴的中国梦血肉相连。由此可知，学科教学中坚持育人为本乃教育本质的回归。

三、时代发展的呼唤

当前学生所处的是一个特殊的时空环境，世界和中国都发生着深刻的变化。政治多极、价值多元、文化多样、经济全球化、信息网络化，对缺少人生经历、文化积淀与文化判断力的中小学生会产生多种多样的影响。尤其是金钱至上、自我中心、功利迷漫等负面的思想与言行在各种场合,通过不同渠道作用于他们的耳目,侵蚀他们的心灵,对他们良好思想道德素质与正确的价值观的形成提出严峻的挑战。

中小学生进学校求学,学习科学文化知识,提高学科学习能力,不仅无可非议,而且须扎扎实实培养。然而,学习动机、学习目的的教育常被忽视,甚至错位为学习就是为了考试,为了升学。在教育实施过程中,重术轻人、重智轻德的现象屡见不鲜:重知识、技能的传授,轻人的全面培养;重智育轻德育,轻学生做人的思想道德的培养。更有甚者,到初、高中毕业年级,连知识点的摆布已不解渴,而是专教"得分点",花大量时间与精力反反复复操练,把提高分数作为教学目标。这是一种教学的扭曲,根本谈不上是智育。智育绝不只是知识传授、能力训练,它还发展思维力、想象力、意志力,发展情感,激发未知欲,开发创造意识。"育分"的教学丢失了教育"育人"的真谛,无法应对时代的挑战,也不可能破解学生成长中出现的种种难题。

第斯多惠在《德国教师教育指南》中提出:"任何真正的教学不仅是提供知识,而且是予学生以教育。"赫尔巴特在《教育学讲义纲要》中也有类似的阐述。他说:"教学的最高的、最后目的包含在这一概念之中——德行。但是特别放在教学面前的较近的目的,可以表达为——多方面的兴趣,较近的目的是为了达到最后的目的。"可见,教育寓于教学之中。一门学科教学不但要反映知识本身的性质,还要反映学习者的素质和知识获得过程的性质。

新世纪课程改革迎接挑战,应该说在许多方面,从教育理念到课程设置作了深层次的思考,为学生今日的成长与明日的发展打下了扎实的基础。就说知识与能力、过程与方法、情感态度与价值观三个维度的提出,就将以学生为本的核心教育理念在课堂教学中落到实处。三个维度不是1+1+1相加,而是相互渗透,融为一体,学科教学中如此明确地提出三个维度是首创,也是时代育人的呼唤,关键在于如何认真地实施。

第一,是有无育人的意识。如果只是为分数而战,那对情感态度价值观就会置若罔闻,不得已时在教学设计的目标上列一条,摆个样子。这不仅是对教育的误解,也是教育信仰的动摇。有立德树人刚性责任的担当,就会深入钻研教材,寻觅其中的育人资源。

第二,是有无扎实的学科素养。本体知识过硬,对学科的性质、功能、结构体系、来龙去脉清晰,有一双慧眼能洞悉教学内容中的情感态度价值观的育人资源,并在恰当的时机,采用恰当的方法,与传授的知识、训练的能力融为一体,撒播到学生心中,或激发情感,或启迪深思,或激励立志前行,使学生心灵受到滋养,精神获得增长。学科教学中有根有魂,绝不是脱离学科本体知识,外加一套培养德行的名词术语,外加一些概念说教,而是深入学科教材底里,挖掘其固有的育人价值,使其放射光彩。

第三,对情感态度与价值观有无较深入的理解。情感,既包含学习兴趣、学习动机、学习热情,还包含亲情、友情、乡情、赤子情,更包含内心体验和心灵世界的丰富、高尚的道德情操和审美的情趣与追求等。态度,不仅指学习的态度、学习的责任,更指乐观的生活态度、求实的科学态度、宽容的人生态度。价值观,是一个国家一个民族最深层次的力量,指个人价值与社会价值的统一、科学价值与人文价值的统一、人类价值与自然价值的统一,使学生从内心确立起对真善美的价值追求。内涵极其丰富,不同学年段的学生各有不同的要求。情感态度价值观,从横向角度看,三者有相对独立性;从纵向角度看,三者有层次性,构成一个心灵连续体,由情至理,直觉反映至本质探究,由低级至高级。当下,学科教学进行情感态度价值观的融合,最为重要的是培育和弘扬社会主义核心价值观。中华优秀传统文化是社会主义核心价值观的源头、五千年血脉相承,富强、民主、文明、和谐,自由、平等、公正、法治,爱国、敬业、诚信、友善 24 个字就是其中基因,不是说在嘴上、贴在墙上,而是要渗透到学生心中,成为思想言行的准则。

第四,学生精神成长与课堂教学质量紧密相关。学生入校求学,绝大部分时间在课堂里度过,在各学科学习中度过。课堂教学是只重视发挥知识传授的单一实用功能,还是既结合学科实用功能,又发挥教育功能、审美功能、发展功能,学生受益是大相径庭的。教育的线性思维已不符合时代需要,应立体多维思考,在综合素养的培养上着力,由此,学生不仅智性提升,而且情感、意志、品质等将受到熏陶感染,获益更多。

四、教师特质的提升

学科教学要坚持育人为本,难题是教师队伍的建设,教师育德意识的增强和育德能力的锻炼与提高。我们的青年教师基本上都是一课一练、标准化试题磨砺出来的,碎片化的教学已耳濡目染成为惯性。中年教师也绑在这辆战车上逐步成为识途的老马。如何在学科教学中融德育、美育于智育之中,缺少思考与研究不足为怪。

较长时间以来,我们从事教育教学最可悲的是缺少自己的独立思考,被各种各样的"教育理论""教学案例"以及蛊惑人心的名词、术语所左右,脑子里如马蹄杂沓,一会儿这样,一会儿那样,跟风追风,忘掉了自己,乃至丢失了自己。学习外国,无可非议,中华文明的形成与发展就是与其他文明不断交流、碰撞、冲突、筛选、融合的过程。之所以能心态开放,海纳百川,是由于有"以我为主"的主心骨,对自己的"根"和"魂",也就是核心价值不动摇,把别人好的、先进的拿来本土化,化为养料,完善、丰富自己,对自己落后的、阻碍发展的加以改造。思考不是表面文章,以现象化本质、以局部代整体,只说"利"隐晦"弊",而是对此时此地此人与彼时彼地彼人有清醒的认识与判断,对林林总总的理念与做法的核心价值能洞察、能辨别,择其善者而吸收、融化。要做到这一点,教师须具备"扎实的学识",具备才、学、识;对教育本质、学科的性质和功能,须有自己独立的见解,不人云亦云,鹦鹉学舌;不照搬别人现成的结论,做二传手;不甘心做思想的矮子,以学徒身份仰视老板。

至于为考而教,为考而学,其弊端日益显现。先标准化了学生,再标准化了教师,工厂大生产标准化模式的迁移,师生的灵性、个性、创造性在不知不觉中被消解。知识的记忆与堆积,无休止地进行解题能力的训练,不胫而走,形成笼罩基础教育的强气流。说的和做的距离很大,真正想做点以学生发展为本的改革步履维艰,一些正确的教育理念与做法实施难而又难。把教育与功名利禄紧密挂钩时,教育神圣的身份改变了,目标偏离了,对人的培养、人之完成必然会留下种种隐患。为此,要下功夫进行教育综合改革,要坚持立德树人,学科教学要坚持育人为本,课堂教学要充分发挥育人的功能,使学生在学习知识、训练能力的同时,价值取向、思想道德情操受到良好的熏陶与感染,立志做人,做有道德、有文化的好人。

学科有丰富的德育资源,关键在教师要有一双慧眼识别知识中的育人因素,深入钻研课程标准,深入钻研教材,把握学科特点,因学情不同施以针对性教育,使课程改革三个维度的教育,尤其使情感态度价值观与智育整合,落地生根开花。教学中要探究知识体系和价值体系的有机统一,学科内容和科学方法的有机统一,教师就不仅要学科本体知识扎实,有一定的学术素养和较为开阔的视野,而且要有追求真理、以心育人、以情育人的境界,对学生生命的成长怀有敬畏之心、仁爱之情。习近平主席在2014年教师节时情真意切地对教师提出期望,要求教师"有理想信念,有道德情操,有扎实学识,有仁爱之心",做党和人民满意的好教师。教师教学可以各有千秋,但这"四有"是须具备的共同特质。

探索学科的育人功能,培养育德意识,增强育德能力,就可促使教师自身特质的提升。研究和增强教学实践与教学规律的契合度,研究和增强与学生心灵的共鸣度,研究和增强与学生立体认知的匹配度,转变教育理念,提升专业能力,党和人民需要这样用心专一、有远见卓识、甘为学生全面发展做人梯的好教师。

坚持育人为本是学科教学深层次的自我突破,需要勇气、公心、自信和锲而不舍的毅力。